為什麼
贏家不思考？

金牌運動員教你決勝時刻駕馭心智、開發潛能、主宰全場

In The Zone

How Champions Think And Win Big

Clyde Brolin

克萊德．布洛林 著　黃佳瑜 譯

實現夢想的成功之道

葉君璋（富邦悍將總教練）

心理素質決定一切！本書作者克萊德·布洛林訪問了數百名世界知名的運動選手，提出了一個信念、三個階段、九個關鍵，由運動選手現身說法來說明如何藉著心理準備將我們的潛能發揮出來。

運動員除了訓練之外，我時常試著告訴我們的選手加強心理素質的重要性，如何穩定自己的心智來應對所有場內外的狀況，抵抗排山倒海而來的壓力是一個選手能否成功的關鍵。就像打者在九局下半一分差的比賽中，面臨到兩好三壞滿壘的狀況，如何相信自己的能力替球隊揮出致勝一擊，除了平日的鍛鍊之外，就是選手本身的心理素質是否夠穩定，在緊要關頭時順從直覺、挑戰極限。

沒有永遠成功的人，或是永遠勝利的隊伍，每個人都會有必須要面對失敗的一天。不管是在職場上或是在運動場上，只有相信自己的能力，永不放棄並且懷抱夢想持續向前、努力付出，才有收穫的時刻。在職棒場上有許多的球員容易受到外界影響，當這些選手陷入低潮的時候，往往會因為周遭及網路的冷言冷語，因為過於在意他人的眼光及批評，而導致心理影響到生理的表現，讓他們無法爬出失敗的泥沼。在這個時候，如何找回對棒球的熱情跟自信，就是一件非常重要的事情。

運動員堅強的信念，來自於平日自身的鍛鍊。當選手知道已經準備好去挑戰極限，那就心無旁鶩，去實現目標，自然能夠得到好的結果，這個道理可以驗證到各行各業。不只是運動員需要強韌的心智，希望讀者可以從本書中學習，這些優秀的選手如何從他們執著的信念開始逐步追夢，然後開始相信自己的能力，不要輕言放棄。

只要相信，夢想就永無極限！

致過去、現在和未來每一個有夢的人

開場

他當時在想什麼？那是全球體壇觀眾人數最多的一大盛事——印第安納波利斯500大賽（Indianapolis 500）——最後一圈的最後一個彎道。在八百個彎道的七百九十九次過彎中，J R・希德布蘭（JR Hildebrand）完全不像初出茅廬的印第新手；他一馬當先，穩穩地預備登上媒體頭條，成為八十四年來首位一出道即奪下冠軍的美國車手。J R靠多年飆車而磨利的神經通路，此刻發揮得淋漓盡致。然而，正當這項歷史性賽事的榮耀即將歸於美國本土之際，某處機械突然故障失靈。

歷經五百英里長征，方格旗已經在望，此時，J R必須做出最後一項選擇：爬升到橢圓賽道的側傾角外側，加入查理・金保（Charlie Kimball）的較慢速車輛，或者按兵不動，但願車輛失速能阻擋其他挑戰者超前。他選擇前者；他之前在同一個過彎曾經成功使出類似招數。不過這一次，當他離開穩妥的賽車路線，磨損的輪胎不像先前那麼好商量；而當他大幅轉向、撞上護欄時，混凝土牆也同樣不留情面。

三十萬名觀眾擠滿綿延數英里的賽道看台，他們的驚呼聲輕易淹沒了事故現場的嘎吱聲和轟隆作響的引擎聲。然而即便此刻，JR說不定還有機會化險為夷：衝擊的力道讓他持續擦過護欄，衝向標誌著印第賽事終點線的紅磚道。他猛踩油門，孤注一擲，靠著僅剩的兩顆輪胎跑完最後幾百碼。他最後跨越了終點線，把所有競爭對手拋在後頭——只除了其中一人。

英國車手丹．威爾頓（Dan Wheldon）在散落一地的碎片中鑽出事故現場，贏得印第賽車史上最戲劇性的勝利，為二〇一一年的百年大賽錦上添花。丹率先抵達終點線，僅以二點一秒險勝。運氣也太好了吧。是這樣嗎？事實證明，他之所以能在千鈞一髮之際趁JR末了出事而獲益，全靠一組火力全開的精密機械：他的大腦。

「最後二十圈快得不得了，」丹告訴我，「每個人的策略不同，而我的方法，就是確保每一圈都做到最好。我得拚盡全勁，但是當你處於化境——尤其在生涯中充滿自信的階段——你會油然做出行動，然後才猛然自問……真的假的？

「工作團隊後來告訴我，在那最後二十圈，我在每一次過彎都調整了重量轉移器（weight jacker）和防滾桿（anti-roll bar）。而我渾然不覺。事實上，我根本不相信他們的話。我覺得我調整了不少次，但沒那麼頻繁，絕無可能。於是他們拿數據給我看。我在不知不覺中完成了那些動作。當你處於白熱狀態，就可以全然依本能行動。」

依「本能」行動是人們追求極致表現時，至高無上的目標。這是巨大的投資報酬——多年的磨練迸發出純粹而甜美的執行力，像巨流一般滾滾而來。任何傑出成就背後都經過一番苦幹實幹，但是當收穫的時刻真正來臨，感覺就像不花力氣，彷彿得來全不費工夫。

當然，重量轉移器（轉移前輪之間的重量分布）和防滾桿（調整懸吊系統）聽起來並非最「本能」的賽車元素。它們不像運用方向盤和踏板來控制速度和方向那般理所當然，但是當瘋狂的印第賽車以超過兩百英里時速繞圈奔馳時，這兩項元素扮演了關鍵角色。當你進入這種等級的競賽，自然得充分發揮車輛性能，而調整這些裝置，有助於突破車輛的「極限」。

一直繞著圓圈跑有什麼難的？不妨問問兩屆一級方程式賽車（F1）世界冠軍、後來也在印第安納波利斯500賽事兩度封王的巴西車手埃默森·費蒂帕爾迪（Emerson Fittipaldi）。費蒂帕爾迪膽敢違背冠軍得主喝牛奶的傳統，改喝柳橙汁慶祝勝利，觸怒了若干死忠粉絲。不過當時，他早已明白一點小小改變就可能對印第賽事產生重大衝擊。

「橢圓型賽事看來簡單，但是人們不曉得其中的技術性有多高，」他說，「大家也許看不出來，但是在賽道上持續左轉而不是兩邊轉動，更難讓車輛性能發揮到極致。要在那樣的速度下維持極限邊緣，需要比一級方程式賽事更頻於微調。你必須調整車輛的四個角落，因為每一個輪子的胎壓和傾斜角度都不同。而當輪胎和平衡出現改變，每一吋賽道能達到的極限都不一樣。每一次過彎都和上一次不同，所以你必須感受車子的改變，想辦法減少輪胎磨損，並且在車輛不受控制的時候，決定要讓後輪承受多少重量。方向盤的操縱必須是漸進式的：你不能猛然轉向，免得和防護牆之間只剩咫尺距離。

「就連天上的雲都能產生影響——而且如果不留意風向，說不定會導致車子報銷。在印第安納波利斯，我們就算在每小時兩百四十英里的高速下都會不時查看風向標。如果第三個彎道順風，車子會轉向不足（持續直行）。進入第一個彎道則遇到逆風，車子容易打滑（這是美國人的說法，也就是導致後輪漂移的「轉向過度」）。所以你必須事先預期一輛印第賽車會出現的反應。就像其他運動，關鍵在於持續維持高速而不出錯。要能夠全神貫注、隨時走在臨界點上，你必須超越百分之百。你可以付出百分之一百零一或一百零二，但假使達到百分之一百零三就撞車了——這就是你一直在找的臨界點。」

如果那是標準尺度，丹．威爾頓在二〇一一年必定達到了百分之一百零二點九九。在最後衝刺階段，他放手讓本能主掌整個忙碌的處理過程，以我們大多數人無法想像的速度善用每一吋賽道。藉由行進間頻頻微調，他掙得寶貴時間，在那扭轉命運的最後一個彎道發揮了作用。剩下十五圈時，丹還落後ＪＲ二十秒；ＪＲ當時必須開始配給油料，才能有足夠的油衝到終點線。到了最後一圈，領先的美國車手已近在眼前。丹的團隊沒料到ＪＲ的油料能撐那麼久，但是他們不斷鼓勵自家車手做好準備，以便把握美國菜鳥耗盡油料的時候趁機超前。當競爭對手反而衝出賽道之際，丹還忙著超越整整落後一圈的其他車手。

「我其實不像其他人那樣立刻看見ＪＲ撞車，因為我正專心超越一兩輛車子，」丹說，「然後透過眼角餘光，我發現他撞上護欄。我不確定他接下來打算怎麼做。印第安納５００是如此盛大的賽事，我不知道他會不會掉過頭來橫越賽道，順便把我拖下水。我不確定他的車體碎片會濺到什麼地方。前方還有車子要超越，所以必須百分之百專注。當我看見ＪＲ的賽車側身被壓扁了，而他索性靠兩顆輪子繼續往前衝，我就專心閃避碎片、一心一意衝過終點線。很幸運的，我做到了。」

丹很幸運，因為他是印第安納５００史上，第一位在整整兩百圈賽程中只有一圈取得領先地位的最後贏家。但是運氣不足以說明一切。儘管擁有多年訓練，然而來到最盛大的舞台，就連大師級選手都不像我們想像的那樣經常登峰造極。丹會確保自己處於巔峰。他天性井井有條，即便賽後也總會強迫性地確定賽車服折得妥妥貼貼、整齊擺好。他也同樣注意自己的精神狀態，幾乎達到執迷的地步。

「一切在賽前就開始了，」他說，「你通常得對贊助商盡點義務，而這些活動往往非常接近開賽時間，以便聚集最高人氣。活動之後，我喜歡給自己十分鐘：不一定完全獨處，有時候會跟讓我覺得自在的人相處。然後我會對整個比賽過程做意象訓練（visualize）。我在心裡模擬一遍，回想練習時的車況、我對防滾桿和重量轉移器做了哪些調整、哪些做法可以讓我在車陣中表現得更好或更壞、我們會在維修區停幾次。重點在於預先演練，確定自己已經做了萬全準備。

「比賽一旦開始，你就得全神貫注。在我們的車速之下，任何狀況都會在電光火石之間發生。車輛偶爾會瞬間暴衝，尤其是在橢圓賽道上。你得有能力迅速反應。如果恍神了、如果你不是百分之百地處於化境，車子就會失控。要是撞牆，欸，結果不堪設想。你很可能一輩子別想再開賽車。千萬別從座椅上飛出來。所以必須百分百專注。除了確保自己傾全力駕駛車輛，其他什麼也別多想。」

JR・希德布蘭也對化境知之甚詳，儘管他在印第安納賽事的處女秀未能貫徹到最後：「當你身處化境、當你真正感覺自己充分發揮實力，那幾乎是一場潛意識經驗，」他告訴我，「你讓你的本能接手，追求全然掌控的境界——不只是肢體，還包括對所有變數的充分把握。當你找到那份節奏，你只是放手去做，然後在事後回味腎上腺素灌進血液的感覺。「那是我們鍥而不捨投入如此重大賽事的一大原因。當你把速度和危險因子加在一起，那是別的地方很難複製的感受。但是坦白說，我這幾年比新手階段更常體驗化境；當時很多東西都還很新：是要注意耗油量呢，還是要確保自己不會在維修區出差錯。那時還沒建立肌肉記憶。還是菜鳥的時候，我發現自己經常有意識地覺察周圍一切。」

他當時在想什麼？更確切地說，他為什麼要思考……可以想見，「意識」狀態在最緊要關頭妨礙了希德布蘭。若要進入化境，必須允許一輩子的練習自由發揮，不受多餘訊息、懷疑和意識自找的煩惱所干擾。要阻斷意識片段的流動，絕非一件容易的事；當丹屏除雜念、飛越終點線時，JR體會出了這個道理。幾星期後，當我和丹在古德伍德競速嘉年華會[1]碰面時，他的笑容燦爛、思慮靈動，似乎仍然不為任何事情掛心。

說來遺憾，誰都沒料到印第500的百年大賽，竟是丹最後一次奪冠。幾星期後，他無端受到另一樁意外波及：十五輛賽車在拉斯維加斯嚴重追撞，好幾輛賽車騰空撞上護欄，丹也是其中之一。這一次沒有出路、沒有驚喜的榮耀。他最後傷重不治。

丹的生與死證明了從巔峰到谷底可以跌得多重。但是在丹的兩個極端之間的短暫瞬間，我學到了這一點：儘管我們絕大多數人不敢夢想自己攀登高峰，但高峰仍期待著每一位真心渴望登峰造極的人。而要一窺終極巔峰——也就是化境——上的風景，絕對無法光靠僥倖。

1 古德伍德競速嘉年華會（Goodwood Festival of Speed），位於英國西薩塞克斯的賽車慶典，參賽車輛包括一級方程式賽車、超跑與機車等。

導論

一九七六年奧運會，羅馬尼亞體操選手納迪婭．柯曼妮奇（Nadia Comăneci）完美地完成了高低槓項目，整套動作毫無瑕疵，評審別無選擇，只能破天荒發出滿分十分。這一刻讓她站穩了體壇神話的不朽地位——而這一切，全仰賴於驅策著這副嬌小身軀的鋼鐵意志。

「當一切無往不利，確實感覺如有神助，」柯曼妮奇告訴我，「你的一切成就和努力都裝進一只想像的錦囊，然後當你站在台上，你得全神貫注，從錦囊掏出反覆練習多年的全套動作。奧運是體操界的終極盛事，不過你在奧運打的是一場心理戰，因為每隔四年才舉辦一次。每個項目只有一分鐘時間，你必須在那特定時刻處於最佳狀態。十分鐘前有多厲害根本不重要，你得在此時此刻拿出最優異的表現。

「那是一項艱鉅任務，但我們因此而與眾不同。人人都有夢想、都希望實現目標。成功之後，你回首前塵，想起你投入的每一分鐘。那當然很難；要是簡單，每個人都能成為奧運金牌選手。不過一切值回票價。」

每一個具有遠大目標的奧運選手都必須接受畢生訓練，正如丹・威爾頓或任何一位期望掌握某項複雜技能的人。從音樂家到馬戲團表演者，所有人都必須付出時間練習，因為沒有人一出娘胎就會耍雜技或彈鋼琴。學習是需要過程的，從立定志向開始，然後逐步在意識層面確定這項目標值得你投入一切必要的時間與努力。不過意識層面上的種種努力，用意其實是充填那只潛意識「錦囊」，直到裝備齊全，準備好在最大的舞台接掌一切。讓黃金從砂礫堆中脫穎而出的，就是在關鍵時刻把錦囊裡的內容悉數派上用場的能力。

我有一個朋友每每在劍橋大學的工程學考試獨占鰲頭，他描述了一種類似的、令人忌妒的能力：只要一踏進考場，有關某個必修科目的相關知識便源源不絕湧上心頭。對考場上其他人、或者對這場夏日折磨心懷畏懼的人來說，這種技能未免太佔便宜。但是當一個人全心全意專注於自己的「錦囊」，就有可能突破意識思維，到達另一邊。當事人也許不覺得有什麼神奇——事實上，他們可能覺得這是全世界最自然的事——但是對我們其他人來說，這確實非常不可思議。

神奇魔力沒有年齡限制：雖然大部分小孩只有在玩樂高和洋娃娃的時候才會如此聚精會神，但有些人能走得更遠。體操界長久以來讓年輕選手做出嚇人的動作，特別是以往的東歐集團國家。當柯曼妮奇的朋友忙著享受童年，她則在平衡木上積攢無數次後空翻，往自己的錦囊塞滿訣竅。

羅馬尼亞體操隊聘用心理學家幫助這群女孩針對整套動作，進行意象訓練，直到她們能不假思索地完成表演。最後，為了確保她們在充滿敵意的觀眾面前表現正常，教練甚至從街上招攬路人，要求他們在選手練習時想盡辦法鬧場。柯曼妮奇從這些過程中學到，要在關鍵時刻完成使命，靠的不是肢體，而是大腦。

「你必須處於白熱狀態，」她強調，「但每個人都有自己的方法進入化境。就我而言，我會獨自待在房間，細細思索整套動作和技巧，回想如何才能達到精準表現。在體操比賽，你很容易因為分心而跳出化境，也許是因為旁邊的音樂，也許是因為別人正在演出。所以你必須提前做好準備。即便你有四套動作要做，你必須一次專注在一個項目上。你不能想著一套動作而做出另一套動作。你必須處於當下。」

最後這七個字是佛教禪宗等心靈傳統的基礎。奉行這七個字遠比想像中困難，但是把自己推到極限的人，已經搶先領悟了這類根本的道理。鑒於柯曼妮奇當年還是個十歲出頭的小女孩，她的心理控制能力實在讓人嘆為觀止，偶爾甚至有人尖酸刻薄地批評她似乎不怎麼開心。當時沒有幾個人知道，這名年輕選手已經為高低槓表演所需的專注力拉高了標準。

柯曼妮奇在一九七六年登上人生巔峰，年僅十四；但是歷史往往忽略她後來仍設法「維持不墜」的事實。同一星期，她接連在高低槓和平衡木締造六次完美佳績，奪下三面金牌。四年後，又有兩面金牌入袋。正因為這名羅馬尼亞選手的地位至高無上，她如今承認，在她腦海中縈繞不去的，是她難得出錯的罕見時刻：「時間慢了下來，尤其當你犯了錯誤，而你想重來一次卻回不去了。倘若某個地方不盡理想，它會擱在你的心裡，因為它讓你察覺自己有待加強的地方。我犯錯的次數不多，但我牢牢記得那些時候。」

以生命中的單一事件名滿天下是有缺憾的，不論你的事蹟多麼傑出或先進。在那之後，不論你成就了什麼，世界已經為你定了格：「人們永遠記得他們看見我第一次拿滿分的時候，」柯曼妮奇微笑著說，「但他們不曉得我贏得了多少枚獎牌。」

體操界如今修改了計分系統，滿分已不再是個選項。但是追求內在完美感受的人絲毫不受影響。二〇一六年里約奧運，英國的麥克斯・惠特洛克（Max Whitlock）在一小時內接連奪取地板和鞍馬項目兩面金牌。他用「超現實」來描述這次經驗，並且說：「你為了那一刻而長年累月訓練，投入了龐大的精神與力氣。所以你要確保自己進入化境。正因如此，我不看其他體操選手表演，只是專注在自己的任務上。我明白納迪婭・柯曼妮奇所說的『錦囊』，但我試著不去想它，因為那會造成壓力。只要準備妥當我就開心了。不論我現在做什麼，我都無法做得更好。我全力以赴，要是表現傑出，那很棒；要是做得不好，下次繼續努力。」

功成名就的頂尖選手最令人詫異的是，他們的最大滿足往往不在於勝利的一刻，而在於過程中達到出神入化的境界。對於那些為了贏得獎牌而付出畢生心力的人，你會以為他們最珍視的莫過於獎牌——或至少是伴隨獎牌而來的掌聲。相反地，內心深處的狂喜或許才是真正的報償。

當然，在大多數人眼中，柯曼妮奇所受的訓練似乎太嚴苛，而她當時的年紀似乎也太小了；她在一九八九年叛逃到西方，顯然為這項事實提供了明證。她目前仍然住在美國從事慈善事業，幫助全世界的弱勢兒童。柯曼妮奇本人曾被譽為神童，她知道哪一種起始點最能獲致成功。不論別人怎麼想，她如今以喜悅之心回顧自己的成長過程，並且強調是她自己選擇追隨心中的熱情。除此之外，攀登了人生高峰，意味著她是具有說服力的少數人之一，可以大聲宣告旅途過程更勝於終點。

「小時候，你是一條沒有方向的小船，」她補充說，「你無從選擇自己的目標卻毫不自知。孩子們都希望自己獨一無二；他們想透過所作所為來界定自己。那就是他們必須找到自己擅長的領域並且堅持下去的原因。不僅侷限在體育活動，而是個普遍的概念，讓他們知道自己可以做到最好。我們應該給孩子機會，讓他們選擇自己最喜歡的領域。我從六歲開始練體操，但我身邊有一些好人給了我幾個選擇，並且為我指引道路。

「在今日的世界，如果有人拿了奧運銀牌，下一個問題是：『出了什麼錯？』別人用結果來掂量你的成就。但是重點不在於結果。我總是叮嚀孩子們從過程中學習；你必須完成一些小事，專注於每天進步一點點。那樣一來，你或許能夠成就大事，但你無論如何都會感到快樂，因為你會在過程中學到很多。當然，脖子上掛著獎牌的感覺很好，但是過程更加重要。如果你對自己所做的事情失去了激情與熱愛，你永遠無法獲得滿足。」

＊　＊　＊

不論畫畫或堆積木，兒童與生俱來全神貫注的能力——只要他們熱愛自己正在做的事。然而這個年紀，也正是善意的大人為了孩子們的安全與幸福著想，開始給予負面攻擊的時候。從寶寶第一次爬到樓梯頂端望見父母臉上的驚恐表情開始，「不」、「不行」、「不可以」、「不准」等字眼便成了無時無刻的束縛。如果繼續下去，這些字眼不僅可以一開始就扼殺孩子的夢想，更會在我們心裡根生蒂固，以至於長大之後，我們便會約束自己、避免踏出自己的舒適圈。然後我們必須訴諸心智上的訣竅，強迫自己回到追求卓越表現所需的「勇往直前」的心態。

相較之下，丹．威爾頓的家人始終對他說「你辦得到」，因此，他還沒滿十歲就開始每星期前往英國各地參加卡丁車比賽。他也喜歡填滿他的「錦囊」。他從小看著父親克萊夫比賽，當丹終於有機會自己出賽，他會一大清早去敲爸媽的房門叫醒他們，身上已經穿好了賽車服。沒多久，他開始勝出，然後一路登上卡丁車世界錦標賽冠軍，在年輕的小腦袋裡嵌入一條通往化境的道路。正如他告訴我：「當你信心滿滿，確實能感受一股神奇魔力。即便車子有點狀況，你仍然能夠從中得到樂趣。對我而言，那就是神奇的時刻：完成那無懈可擊的演出。」

在逾十年的印第賽車歲月中，威爾頓屢屢表現傑出，除了在最膾炙人口的印第安納500大賽奪冠之外，還曾拿下二〇〇五年印第系列賽事冠軍，並兩度奪得亞軍。儘管這些時刻充滿神奇魔力，真正的學習卻往往來自較艱難的時期——不論外表多麼風光，絕大多數人背後都有一段艱苦歲月。威爾頓和簡森・巴頓（Jenson Button）在事業生涯分道揚鑣之前，曾經一起打遍英國各個卡丁車賽車場，兩人是最勢均力敵的親密對手。巴頓後來有一陣子在一級方程式賽事排位不佳，吃了一段苦頭；這種狀況在機器性能扮演關鍵角色的運動項目中屢見不鮮。當他在二〇〇九年駕駛優越的布朗賽車（Brawn car）贏得夢想了二十一年的世界冠軍頭銜，他的毅力終於得到報償。「你可以從簡森這種人身上學到許多，」丹說，「我最佩服的，就是他在低潮時期仍能保持樂觀。他從未失去對自己的信心。」

這樣的正面態度具有感染力。車手仰賴他們的賽車，而設計、打造和維修這些車輛的，也都是人；其中每一個人都有機會在行動中進入——或無法進入——白熱狀態。當一群人集體達到巔峰，工作的快感會衝上全新的高度；那是每一個了不起的運動經理人企圖為團隊製造的境界。

令人驚訝的是，丹在二〇一一年甚至沒有全年出賽，只參加了印第安納波利斯的單一賽事。然而，他運用內在驅策力量激勵替他維護車輛的工程師與技師：「打從第一天開始，我的心底就蘊藏了豐富的信心，」他追憶當時的情況，「我的自信讓團隊人員非常驚訝。他們在前一年的印第安納波利斯遭遇挫敗，比較擔心能不能取得出賽資格。過了第一天之後，我說，『聽著，兄弟們：我們可以贏得這次比賽，毫無疑問。但是你們的思維方式贏不了，因為你們一心一意只想著取得出賽資格。』

「我從未對任何人吐露我的信心，但有時候你就是知道自己的狀態很好。我總是打心底覺得這次的印第安納500會有好事發生。我不知道會是怎樣的好事：我究竟會贏得冠軍還是拿下第二。那種事情你不會對別人說，只會藏在心底。懂得意象訓練不代表自信；你也可以想像自己表現不佳。所以重要的是有自信的意象訓練。對我而言，那就是最後的臨門一腳。」

* * *

意象訓練、信心、化境？就我的經驗，學校完全沒教這些東西。現代教育讓我們學會盡忠職守、成為模範公民，學校樂得指示我們如何思考、思考什麼，卻絕口不提遇到緊要關頭如何「不去思考」。事實上，要不是我從小熱衷觀賞全球頂尖運動員表演，我可能一輩子都不會聽說這種特別而自然的表現水準。

在最高境界中，運動是一種美的表現。不論是一顆刁鑽的小球、撞球單桿一四七分、一支全壘打、一次九鏢滿分、一記壓在底線的反手拍、破世界紀錄或者一桿進洞，這類時刻會讓每一個人屏息驚嘆。當一個人在最盛大的舞台達到如此卓越的表現，結果不光是勝利，更讓所有競爭對手望塵莫及。可惜我們只能從局外窺探這個境界。我想瞭解的不只是這個境界的模樣，更想知道置身其中的真正**感受**。幸好有一位傳奇人物能夠特別清晰地闡述他在施展魔力時，腦中閃過了哪些念頭。

賽車界最無可置疑的巔峰經驗，出現在迥異於印第安納波利斯賽道大範圍逆時針繞圈的場地上。一九八八年摩納哥大獎賽（Monaco Grand Prix）排位賽，來自巴西的艾爾頓・冼拿[2]在蔚藍海岸港邊的蜿蜒街道奔馳，最後以一秒半的差距擊敗眾多高手，包括同屬於麥拉倫（McLaren）車隊的世界冠軍亞倫・保魯斯（Alain Prost）。這是賽車界前所未聞的壓倒性勝利，其他運動領域也難得一見，足可比擬牙買加短跑名將「閃電」波特（Usain Bolt）在二〇〇八年北京奧運的成就。

在加拿大記者傑洛德・唐納森（Gerald Donaldson）多年後耐心取得如今成了Ｆ１賽車

2 艾爾頓・冼拿（Ayrton Senna, 1960-1994），巴西知名賽車手。曾連續四年獲得Ｆ１世界冠軍，被譽為Ｆ１史上最偉大的車手之一。

界傳奇的口述之前，冼拿從未透露他在摩納哥豔陽下失神的經過。冼拿眼中泛淚，娓娓訴說他如何經歷一次顯而易見的靈魂出竅，俯瞰著自己一路飛馳：「我已經搶得竿位，而我不斷加快速度。一圈又一圈，一次比一次更快、更快、更快，然後猛然發現自己早已渾然忘我，在無意識下行動。

「我彷彿靠直覺開車，而我在另一度空間，就像在隧道裡。我只是繼續開著、開著——再快、再快、再快、還要更快。我已遠超過極限，卻仍能繼續突破。然後突然之間，我好像被什麼東西踢了一下，醒了過來，我明白自己剛剛處於不同於平常的氛圍。我當下的反應是退縮、放慢速度。我慢慢開回維修區，當天不想再出賽。我嚇壞了，因為我明白自己已遠遠越過意識所能理解的範圍。」

最初就是這段話勾起我對巔峰表現（peak performance）的興趣，促使我投入十年心血寫下《狂飆》（*Overdrive: Formula 1 in the Zone*）。當我鑽研一級方程式大師的生平，很快發現並非只有冼拿達到出神入化的境界；許多車手或多或少都曾體驗登峰造極的駕馭感受。即便這本書在二〇一〇年出版之後，我仍不斷向體育菁英討教巔峰體驗，停都停不下來。紀錄片《冼拿》（*Senna*）上映之後，更激起了全球對這項話題的關注。這部片子後來經過大幅度修剪，但製作人堅決不肯刪掉有關摩納哥大獎賽的鏡頭。

「儘管那部片子東刪西剪，但有幾個環節是不可或缺的，而其中最重要的就是那一圈，」編劇馬尼希・潘迪（Manish Pandey）告訴我，「這部片子之所以打動人心，就在於洗拿親口描述他臻於完美時進入的『境地』。當我聽到那段話，我全身起雞皮疙瘩，毫不誇張。那部影片的精髓就在於此：一個人不露痕跡地在內心觸碰了完美。」

這個看似神祕的境地，絕不僅限於以驚人速度在賽道上奔馳。化境呈現各種面貌，取決於你從事的活動。在腦力活動的領域，它能帶來靈光乍現的一刻。禁不住我的逼問，潘迪承認在製作這部電影的漫長七年中，就連他都曾領略化境的滋味：「籌畫這部片子時，一開始的故事大綱行不通，」潘迪補充，「然後我有一天上健身房的跑步機，全身融入跑步的節奏。我停止思索這部電影，突然間：砰！靈感就這麼降臨。他為什麼開賽車？他開賽車是為了與上帝同在。就是那樣；那是我『豁然開朗』的一刻。我頓時明白這部片子的真正意義：一個人追尋上帝的旅程。」

不是每個人都適合這樣的旅程，但卻是洗拿豐富魅力的關鍵元素，而洗拿的早逝，更為他的豐富魅力增添傳奇色彩。一九九四年，最先到伊莫拉（Imola）失事現場為這名最後傷重不治的巴西車手處理傷口的，是一級方程式賽車的資深醫生席德・華金斯（Sid Watkins）教授。我有幸在《洗拿》首映會後訪問華金斯；這部電影讓隔年（二〇一二年）過世的「教授」感動落淚。身為專業的腦神經外科醫生，對於好友在摩納哥的遭遇，就連這名從事科學工作的人都找不到理性的解釋：「我不認為那是一次腦神經現象，」華金斯告訴我，「我認為那是心靈現象。另一位有類似經驗的人，是英國皇家空軍軍官TE·勞倫斯（後來以『阿拉伯的勞倫斯』之名而家喻戶曉）。有人問他為什麼喜歡飆車，他說，『因為我開快車的時候，靈魂會跑到身體前面。』那和洗拿的感受如出一轍。說來奇怪，但TE·勞倫斯充滿神秘色彩，一如洗拿。」

* * *

洗拿熱烈追求足以匹配其內心境界的外在榮耀，卻受制於跟他充滿恩怨情仇的敵手——法籍的四屆世界冠軍，亞倫·保魯斯。洗拿篡奪了當代最佳車手的稱號；保魯斯為了動搖這位後起之秀的地位，曾經笑著嘲諷洗拿顯而易見的「萬能神力」。但接下來是好萊塢式的峰迴路轉。當我訪問保魯斯的時候，我發現他也曾經進入化境——被洗拿擊敗的兩年前，他也在同樣的摩納哥街道上飛馳。

「我參加過將近兩百場一級方程式賽事，但生涯中大概只有四、五次體驗到這種人車合一的神奇經歷，」他說，「這很難解釋。當你的自我要求非常高，就很難出現這種經驗。不過我記得一九八六年在摩納哥，我整個周末就像這樣，包括比賽的時候。我真的在飛，對速度視若無睹。速度變得毫無意義：時速彷彿只有三十英里一樣。我不會說自己出神了，因為那表示你無法掌控全局。幾乎恰恰相反。你的心智依然全神貫注，但感受到真正的快樂。你充滿幸福感，而且車速很快。你知道自己和車子都在掌控之中，你開得飛快。即便你決定放慢速度都不會有影響，因為一切是那麼容易。」

保魯斯的敘述涵蓋了化境經驗的許多經典要素。一切不費吹灰力氣卻在全然掌控之下。時間與空間的界線開始彎曲：世界放慢速度，在此同時，他的身體往外延伸，直到與車子合而為一。結果就是讓所有人——更別提不帶情感色彩的計時表——嘆為觀止的精采表現。然而，他承認自己對此神奇時刻的反應不像冼拿那樣有渲染力，因為他的神奇時刻出自不折不扣的努力，而不是神蹟。

「每個人都有自己的感受，尤其是艾爾頓。他跟我是不一樣的車手、不一樣的人，」保魯斯接著說，「所以我不願意跟他或者跟任何人相比，因為坦白說，那是一種非常私密的感受。艾爾頓講話很玄，而我恰恰相反。對我而言，那其實非常實際。假如你像我一樣對每一件事情感到好奇：你努力準備，最後產生了好結果，不是因為你渾然忘我。這種境界難得一見，但是我的情況比較實際，因此也許有些無趣……」

保魯斯的作風也許不像他的對手那樣魅力四射，但兩人得到了相同的成果——即便只在這些罕見的喜悅時刻。對細節一絲不苟的工作紀律在賽車界很普遍，丹．威爾頓也不遑多讓。就連冼拿都是個控制狂，他提高了對體能訓練和工程師回應的要求，而這並不減損他對這一行「神秘」層面的敬畏。

這名巴西車手所描述的心靈境界，激發了許多年輕車手的想像——尤其是保魯斯的同胞車手、二〇一六年印第大賽冠軍西蒙・帕吉諾（Simon Pagenaud）說：「我開始對賽車有興趣，是因為艾爾頓，」帕吉諾告訴我，「他是我的偶像，真的，我從小就把他當成榜樣。他的身上總圍繞著一股特殊的氣場。他的凝思和專注能力讓人非常著迷。我一開始開卡丁車的時候，曾在無意間體驗過類似感受。不過我還是有點過於情緒化、過於激動。

「進入賽車界後，我體會到精神層面是最重要的一環。大腦控制身體，所以你必須訓練大腦執行你想做的事。我這些年來的一項訓練，就是學會引導我的能量，找到全神貫注的方法。冥想是我常用的工具之一。多年練習下來，我越來越容易進入狀況。對工作團隊有信心也有助於凝聚心神。我是靠紀律與訓練走到這一步的，不過得有多年經驗才能學會控制。」

這是一種矛盾的感受；既要全神貫注，又要放手讓本能接掌大局。其中的複雜度不僅止於此。正如我們將在這本書中聽到的：巔峰經驗有許多不同模式，每個人體驗到的神奇魔力也有不同程度，一如不同領域各有不同方法爬上巔峰。沒有人真的能說自己掌握了這座難以捉摸的人間天堂，直到隨心所欲的地步——就連最接近這個程度的人都不見得會像帕吉諾所說，出現艾爾頓・冼拿身上的那股神秘氣場。不過他們肯定非常享受心靈狂喜的每一秒鐘。

在深受冼拿啟發的眾多車手當中，有一個人超越了偶像的多項 F1 賽車紀錄，那人就是路易斯・漢彌爾頓（Lewis Hamilton）：「這些年來，我有過幾次不可思議的經驗，」他告訴我，「我不知道艾爾頓在極限邊緣時經歷過什麼，但我曾經到達極限邊緣——甚至超越極限。有一次是因為撞牆，還有一次是因為跑完了不可思議的一圈。那就是讓我持續努力的動力。有幾次——尤其是在摩納哥——幾乎稱得上靈魂出體的經驗。你不敢相信自己開在艾爾頓和過去其他偉大車手曾經開過的道路上。在那樣的速度下竟然還能夠避免撞上護欄，真讓人永生難忘。」

出體經驗聽起來稀奇古怪。在人們描述的化境體驗中，這顯然是最頂級的境界，不過它比我們想像的更常見。當意識退居二線，我們似乎真的可以飛翔。芬蘭的兩屆Ｆ1世界冠軍米卡・海基寧（Mika Häkkinen）曾經描述自己彷彿化身為一頭猛禽，從天空俯瞰自己的賽車。這聽來離奇得足以嚇壞任何人，更別提以輪胎抓地力極限的速度駕著賽車飛馳。為了澄清真相，我問海基寧是否如同他的綽號、成了名符其實的「飛躍的芬蘭人」，真的看見自己駕駛賽車。

「是啊，就是那種感受，」他說，「你高度掌控每一件事，簡直就像跳出軀殼。你開始出現廣闊的視野，不只看到前方，還會察覺前面、後面和旁邊發生的事件，感受到一切。這來自信心、百分百的專注，以及對自己一舉一動的全然掌握。除了當下，生命中再無旁騖。周圍一切變成了慢動作——即便你是以難以想像的速度繞著摩納哥賽道轉圈。那是一種奇妙的感覺，不過並非只發生在巔峰時刻；它經常發生。最好的辦法就是學會保持自我、掌控自我。要我說啊，想成為冠軍，就必須達到這樣的境界。」

* * *

有這樣的巔峰可以企及，難怪賽車手甘願不斷冒著跌入谷底的風險。並非只有史上最偉大的人物才能攀登巔峰，有時候，好日子真的就會降臨你的頭上。二〇一〇年十一月二十八日是費利佩・奧布克奇（Filipe Albuquerque）的好日子，那天，這個沒沒無聞的葡萄牙小子打敗了一群傳奇人物——包括保魯斯、舒馬克（Michael Schumacher）和維泰爾（Sebastian Vettel），這三人共囊括了十五座Ｆ1世界冠軍——一舉摘下世界車王爭霸賽（Race of Champions）的王冠。

哈，還不賴。但今天是我的好日子。我不相信你可以要求柯曼妮奇或波特給個方便，讓你就近觀察他們的行動。然而一年之後，我親臨現場，在舉辦二〇一一年世界車王爭霸賽的杜塞道夫足球場賽道上繞圈——坐在副駕駛座，隨著奧布克奇以他之前用來打敗維泰爾的ＫＴＭ Ｘ-Ｂow賽車在場上馳騁。

我頃刻間打消所有懷疑，立刻看清奧布克奇的態度多麼認真。即便在正式起跑前的暖胎圈，他也把車子操控到極致，我幾乎感覺不到自己坐的是一輛車。當他接連快速蛇行替輪胎加溫，Ｘ-Ｂow突然輕盈得讓人膽戰心驚，我們彷彿坐在漂浮滑板上。等到看見旗號、準備進入真正的計時圈，我得承認我的指關節已失去了血液循環。幸好過程短暫，否則我的敲鍵盤生涯就報銷了。

當燈光熄滅、我們猛然往前疾衝，我知道我得拋開對過彎速度的一切既定觀念；它們來得又猛又烈，我很快認清自己別無選擇，只能完全信任這名年輕車手的技術。他操縱著這輛敞篷賽車，而車上兩人的心理狀態南轅北轍。

這條賽道的特色是一道特殊打造的百噸陸橋，銜接賽道的兩個迴圈，就像一組巨大的路軌玩具模型（Scalextric）。我現在明白為什麼賽車運動很少以橋樑為主打特色：上橋之後，你的視線範圍只剩下看台最上面一排。當我們全速衝向天際，種種證據顯示我們最後將無可避免地落在最後一排座椅。然而，一等物理定律打敗短暫的「騰空」時刻，我那冷靜從容的司機已經踩了煞車準備進入下一個右彎。

我勉強壓抑保命的本能反應，將所剩無幾的腦力專注於奧布克奇無與倫比的技術。這不難辨到，因為頂尖的賽事堪稱藝術。他並非只是開著X－Bow在賽道上橫衝直撞，而是在跳舞。每一次後輪打滑，男主角就把它兜回來，我們在地面上搖擺、旋轉，跳出天衣無縫的舞步。可惜事情結束得太快了，我重重地吐了一口氣。這口氣我一直憋著，害怕破壞了身旁大師的專注力。真是想太多了……

「賽車手要追逐的，無非是跑出無懈可擊的一圈，」奧布克奇說，「極限帶給我們快感。當一切得心應手，那份感受令人難以置信。你油然感到驕傲……『馬的，我真厲害』——並不是因為沒有人贏得了你，只表示你跑了完美的一圈，可以跟朋友炫耀。你不需要看到數據就知道沒有人可以打敗你，因為車子真的突破了極限。你心裡想：『哇，要是有人能贏我，我得跟他握個手。』有時候，甚至連我自己都無法解釋是怎麼辦到的，不過秘訣就是隨心所欲。忠於自己，順其自然，放手去做。如果跑得更快，那太好了。如果沒有，就繼續努力。」

想要大放異彩，你必須在關鍵時刻跑出那完美的一圈。奧布克奇就是在平淡無奇的義大利系列賽事中，贏得了世界車王爭霸賽的分區出賽資格。他抓住這次機會，閃電般躍上世界車王的地位。九屆世界拉力錦標賽冠軍塞巴斯蒂安．勒布（Sébastien Loeb）證實，對這位相對沒有名氣的車手，他輸得心服口服：「我已全力以赴跑出好成績，但他就是比我更快一點。他簡直在飛……」

* * *

真正驅策這些超級巨星攀登巔峰的夢想機器是沒有輪子的——但那是本書的靈感來源。正是為了探索人類潛能的真正疆界，我踏上了歷時七年的全球體壇之旅。過程中，我訪問了數百名冠軍選手——包括塞爾維亞網球員、南非鐵人三項選手、紐西蘭橄欖球員、義大利殘障奧運選手、牙買加短跑選手、英國賽艇運動員、摩洛哥跨欄選手、巴西滑板運動員、荷蘭足球員、澳洲衝浪選手、北愛爾蘭高爾夫球手、日本飛行員、烏克蘭撐竿跳選手、德國拉力賽車手、美國泳將、肯亞跑者、西班牙摩托車車手、印度板球運動員和奧地利跳傘家。有幸探索這些偉大心靈，最棒的部分是什麼？他們全都熱切分享這份神奇魔力，急於幫助芸芸眾生找到化境。

這些登峰造極的少數菁英說出來的訊息簡單得讓人寬心，卻又一致得令人詫異：對於外頭那個廣闊世界，我們能發揮自己想都不敢想的影響力。聽起來或許好得太不真實，但這群菁英迫不及待跟大家分享他們在登頂的路上照例會發現的秘密：心靈的創造力其實沒有極限；我們每個人都是夢想的機器，無一例外。

史上的每一位勝者都從做夢開始。他們勇於築夢，然後在其他人找遍藉口逃避夢想之際，他們只是單純地順從直覺來實現夢想。第一步是認清你真正的夢想；這不像聽起來那樣容易。從出生到離世，我們全都受到各種衝突的訊息和建議不斷轟炸，遮蔽了我們的夢想。夢想不是家庭、朋友、媒體、政府或任何人投射到我們身上的形象，而是我們發自內心深處、縈繞不去的理想。

每個人都有夢；你有，我也有。夢想不必高不可攀，例如立志成為世界第一；夢想有可能只是陷入愛河、建立家庭，或者寫一首歌那樣稀鬆平常。不論看起來多麼平凡無奇，每一個夢想都是純粹而美好的產物，為我們量身訂造、獨一無二。那是身體裡一股喋喋不休、揮之不去的聲音，因為它深植在我們的心上，而不是腦中。

而追逐夢想又是另一回事了；之後會詳細說明。然而不論運動、音樂、科學或其他任何領域，最偉大的夢想家信任自己的直覺，把夢想雕琢成一份願景，然後在腦中編織出許多小步驟，通往這個美好的將來。對有志成為運動家的人來說，第一步通常就是上健身房鍛鍊。不論要花好幾年或數十載，他們必須抵擋種種懷疑，堅信一切終會得到回報。然後等到全球矚目的大日子到來，他們必須放下意識層面的一切努力，讓潛意識發光發熱：進入化境。

正是這些時刻在本書所訪問的運動明星的背後驅策著、鼓勵他們努力不懈——那是讓他們不斷忍受痛苦卻意猶未盡的毒癮。當他們真的在最大的舞台上揮灑自如，那感受如此強烈、如此不同凡響，彷彿整個宇宙都飛了起來。在外人眼中，他們的成就似乎非常神奇；事實上，他們的內心確實感受到無比的神奇，以至於在某些極端的領域，他們就算冒生命危險也在所不辭。相較之下，獎牌、獎盃、獎金以及榮耀的其他種種裝飾品全都不足為道。

夢想機器的三個重大階段可以概括為懷想、相信與實現。三個簡單的詞彙——說來容易，執行起來卻困難得多，因為每一個詞彙都代表我們腦中的一段艱苦硬仗。對於那些跨出腳步進入「懷想」階段的人，絕大多數撐不過「相信」階段。而且，若非具備特別的心智控制能力，否則根本沒機會邁入「實現」階段；那是追逐夢想的過程——真正的勝利——而不是夢想的完成。若要超越懷想、相信與實現而直抵化境——在一切努力繫於一線之際勇敢放手、找到化境——還得仰賴更多的訣竅。

可想？可信？可行？毫無疑問。簡單嗎？做夢去吧……

階段一

懷想

1 意象訓練

假如旅行者大獎賽（Tourist Trophy，簡稱ＴＴ）的概念誕生於今日，人們會笑著排除曼島（Isle of Man）這個地點，另擇比賽場地。在這條具標誌性的斯奈費爾山區（Snaefell Mountain）日常道路騎摩托車衝刺三十七點七三英里——途經住宅、牆壁、樹林和各式各樣同樣無法移動的障礙物——是一項罕見的、不把人身安全當一回事的持續性賽事。儘管一級方程式賽車已經很少出現重傷事故，ＴＴ百年來卻有高達兩百五十人喪命，而且數字以令人沮喪的規律持續增加中。

然而，有一個人很久以前便在腦中跑過崎嶇的道路和種種數據，馳騁在偉大的ＴＴ賽道上。史上第一位以超過一百三十英里平均時速繞行賽道一圈的約翰．麥吉尼斯（John McGuinness），在這項賽事中拿過二十三次冠軍。而且紀錄仍持續更新中。沒錯，他的成功多虧了從小接觸——年僅三歲就初嘗騎車的滋味，這得感謝在英國莫克姆（Morecambe）鎮開摩托車店的父親。正如丹．威爾頓觀賞父親克萊夫出賽而培養出對卡丁車的熱愛，十歲的麥吉尼斯也在ＴＴ大賽之前跑去觀看父親——也叫做約翰——參加哲比摩托車公路賽（Jurby road race），立刻為場上的噪音、氛圍、氣味和純粹的速度感深深著迷。「那總是在學校剛放假的時候開始，」麥吉尼斯告訴我，「而我們的假期總是去那裡看爸爸比賽。我們會觀賞 TT 的練習，然後在正式比賽時打道回府。我會一路又踢又叫、嚎啕大哭，吵著要看 TT 比賽，不肯搭船回家。

「同樣情節上演了好幾年。我想，我整個人沉浸在這件事情上頭。我會閱讀相關書籍、凝視照片。大約在我十二歲的時候，出了一部叫做《旗開得勝》（*V Four Victory*）的片子，破天荒記錄了 TT 傳奇車手喬伊．鄧洛普（Joey Dunlop）的出賽過程。現在什麼都講求高解析度，不過當時還是比較原始的農業時代。他們只是把一台笨重的老攝影機架在車把上，隨著他出征。但是我一遍、一遍又一遍地百看不厭。我會成天坐在那裡盯著電視，被影片催眠。它讓我頓有所悟，從那一刻起，我就知道自己要做什麼。我擁有的只是一個夢——持平而論，更像不著邊際的癡心妄想——以及追求夢想的野心。我從來不知道事情最後會有怎樣的結局。」

反覆觀看這段影片的效果之一，就是把 TT 賽道的兩百個過彎嵌入「被催眠」的年輕麥吉尼斯的潛意識中。那不僅是他的夢想起源，也幫助他為這份夢想生涯開啟了一輩子的準備過程。當然，知識的吸收與實際運用之間有一道巨大落差，但那是他決心跨越的鴻溝。

隨後是一段艱辛的歷程，麥吉尼斯為了展開他的賽車生涯，必須向家人「苦苦哀求，或偷或借」。他至今仍感激在他將幻想化為行動之際，家人所給予他的支持以及「一貫的正面世界」——儘管看著所愛之人投入一項有可能致命的運動，心裡得承受極大的煎熬。麥吉尼斯十八歲那年參加了幾場英國超級摩托車比賽（Superbike racing），明白自己在挑戰大賽之前必須累積更多經驗。

「參加ＴＴ之前，你必須成長一點，」他強調，「年輕時候比較勇敢，可是你需要稍微成熟、需要更瞭解車子的性能。萬一摔車，你也需要知道地面有多硬，而那些樹木和牆壁更不會為你讓路。我二十五歲那年第一次出賽ＴＴ，心情很輕鬆。當時我沒沒無聞，不是個備受矚目的車手。我只是熱愛騎車。我們最後拿到第十五名，心滿意足了。

「我早已透過影片熟悉各個彎道——就像今天可以透過電玩來學習一樣。但是你不會知道地勢起伏、地面上的窟窿和凸塊，以及比賽中的各種突發狀況。那只能靠經驗累積，我花了四年才首度拿下ＴＴ冠軍。事情不可能一夕之間發生，不過我在一九九九年贏得比賽時，時機已經成熟。我已摸清路況、騎過幾輛好車，而且如今擁有賽道上性能最強的摩托車。我奪冠時，打破維持了九年的２５０cc單圈紀錄，不過儘管如此，我的感覺是如釋重負，而不是洋洋得意。說來奇怪，但是當你贏得比賽，你不會想著自己辦到了，而只是：『接下來要挑戰什麼？』我猜剩下的事情都成了歷史，不過我從沒料到自己能在這裡撐過二十個年頭。」

這樣的光輝紀錄嚴重違背機率。儘管經驗對於摸索賽道細節至關重要，但是沒有人能假設自己足以靠技術安全完成賽事。至今仍以奪冠二十六次而穩坐ＴＴ冠軍排行榜王位的喬伊．登洛普，以四十八歲高齡奪下生涯的最後三次冠軍，證明了累積知識的價值——四星期後，他在名不見經傳的愛沙尼亞公路賽中車禍身亡。如今升格為父親的麥吉尼斯，深知自己應給予賽道多高的尊重。

「喬伊以一個『頭髮斑白的老頭』贏得比賽，證明了經驗無可取代，」麥吉尼斯補充說，「如果你仍然保有爭取勝利的體能、力氣和意志，肯定還有機會奪冠。不過我從不自負。我見識過幾齣慘劇。那地方確實有可能咬你一口，而且不咬則已，一咬必定發狠地咬。所以我從不敢掉以輕心。我以最崇敬的心情看待比賽。如今，我或多或少摸清路面的一切高低起伏，不過變化在所難免。車子變了，輪胎變了，而且引擎越來越快，所以你會更快遇到彎道。你騎各式各樣的機車——超級摩托車、超級原廠車（Superstocks）、６００cc、２５０cc、１２５cc，五花八門——所以難免有出乎意料的難題找上門來。但是就算我神經緊張，我照樣冷靜從容地出場。賽車有時是一種自私的運動，而我其實是以自己為中心完成ＴＴ賽事。沒有秘方，沒有魔法，無非帶上優秀的人員和機車，然後義無反顧地投入比賽。」

身為一名「習慣動物」，麥吉尼斯盡可能沿用習慣的機械和輪胎，保持賽道外的一貫性，藉此降低不斷改變的路況帶來的衝擊。但是即便如此，新的挑戰依舊不斷出現。他直到二〇一二年才首度贏得超級原廠車比賽，終於抹除大眾對他殘存的任何懷疑，認為他無非靠性能最佳的機車才能締造他的ＴＴ紀錄。這項經驗是他跟登洛普的另一個相似之處。

「某些人有比賽臉孔，」麥吉尼斯浮上微笑，「假如喬伊擺出他的比賽臉孔，我們就完蛋了。我沒有什麼比賽表情，通常只是四處看看，跟人瞎嚷嚷，等著出發。不過有些人說我在二〇一二年超級原廠車比賽時露出了比賽臉孔。顯然在起跑之前，我低頭凝視路面，心裡蠢蠢欲動。我當時並不明白。不過我十年來企圖贏得原廠車比賽，而我曾經拿過第二，所以這次我決心奪冠。那項比賽向來人人平等，因為只要到店裡花一萬塊錢買輛車就可以參賽。所以贏得那項比賽，會帶來很大的快感。」

就不著邊際的夢想而言，麥吉尼斯幹得不算太差。而這一切，全都從一個受催眠的年輕小伙子一遍又一遍觀賞他最喜愛的影片開始。儘管如此，就算有《旗開得勝》這個觸媒，他仍得付諸實行，並且跨出讓夢想成真的許多必要步伐。歲月如今也許在他身上刻下了痕跡，但是即便到了四十幾歲，麥吉尼斯仍然兩度在ＴＴ賽事中苦熬一整個星期，只為了在最高級別的資深比賽奪下最高殊榮。他心無旁騖，假使有人拿針戳他，他堅稱自己不會有任何感覺。關鍵在於他蒐集的龐大數據，從出道之前，以及多年來在這獨特賽道上累積的經驗。

「出道迄今，我建立了一個龐大的知識庫，以便在必要時刻派上用場。不過一切其實是在潛意識中進行，」麥吉尼斯說，「你憑感覺、憑引擎的脈動之類的事情累積知識。一旦衝出起跑線、放開離合器，你使出全勁，衝上巔峰、跳躍、四檔、三檔、時速一百二十英里、煞車、點煞、輕煞、半速、四分之一油門。許多事情一湧而上，自然而然地發生。

「我不會為TT做特殊準備。我只是照舊過日子，跟孩子們鬼混。而當參加TT賽事，我會盡全力聚精會神，凡事按部就班。你無法對那個地方訂定任何計畫，太多突發狀況了。你無法編出TT的必勝模式。我曾經嘗試用不同方法在TT奪冠，但你不能說：『對了，這回我要一馬當先，打敗所有人。』你必須找到節奏，開始好好呼吸，設法進入化境。然後試著不要用掉太多力氣，假使比賽到了最後陷入混戰，你還有一點力氣應付。那裡絕對是個截然不同的世界。」

* * *

美國文豪海明威說過一段著名的評論；他把賽車、登山和鬥牛並列為三項「真正」的運動，其餘一切都只是「遊戲」。美國的派克峰（Pikes Peak）爬山賽巧妙融合了前面兩者；車手沿著險峻的科羅拉多峭壁馳騁在十二英里的蜿蜒山路上，加速衝上海拔一萬四千英尺的高峰。車手只要稍一不慎就可能粉身碎骨，人們可以從諸如「無底洞」（Bottomless Pit）和「魔鬼遊樂場」（Devil's Playground）等彎道名稱，一窺這個「直衝雲霄之役」的風貌。

曾獲印第500大賽三屆冠軍的美國傳奇賽車手波比・安瑟（Bobby Unser），也是派克峰賽事有史以來最成功的車手。他在一九五六年到一九八六年間奪下十三座冠軍獎盃，當時賽道還是一條塵土飛揚的道路，而不是二〇一一年之後鋪設的豪華柏油路。如果成功的最大秘訣是活在夢想中，那麼安瑟的作法再名符其實不過。他把成就歸功於童年時期的獨特付出。不是投入卡丁車，甚至不是騎自行車，而是舒舒服服躺在他自己的床上。

「八歲那年，我每晚躺在床上想著派克峰，」安瑟說，「這就是我認識派克峰道路的方法，全部一百五十個彎道無一例外。後來我讀到，科學實驗已經證實潛意識在你睡著之後仍不斷運作。這跟我的作法不謀而合，於是我想：『我是對的。』你的身體在睡眠中得到適當休息，但是大腦不需要睡覺。所以它會接續思考，而且通常有所發現。你的潛意識十分重要，而且真的有效。那是賽車手最強大的工具之一。我在賽車生涯中持續使用這項工具，至今仍是如此。」

醫學界正是在安瑟的年代開始研究車手的表現；醫生在賽車手身上放置心率與血壓監測儀，觀察身體在極限狀態下的反應。即便安瑟的車子很重、很難操控，雙手都磨出了水泡，但他的心跳率卻維持不變——他斷定，這就是潛意識發揮作用的證據。

「它無時無刻不在運作，」安瑟笑著說，「如果你是生意人，不妨用同樣方式思考你的生意。補充睡眠，不過睡前思考一下，你的潛意識會繼續接手。潛意識不費你一分一毫，它靠自己的能量做自己的事情。你不會隔天醒來時覺得：『我整夜想著車子，累死了。』不是那樣子的。你可以全年無休，運用潛意識。學著那樣生活，好好想想。保證有效。潛意識完成絕大多數任務，不需要你多花力氣。你會發現不論你做什麼，它都能做得更好。」

然而，安瑟的這套睡前公事偶爾有個壞處。他的任務大抵在於提升賽車性能，而當他陷入思緒，潛意識有可能變得過份「激進」，讓他在凌晨三點被某個點子驚醒。他後來在床邊擺一本記事簿，匆匆記下可以在隔天早晨勾起記憶的三言兩語，以免靈感被效率較差的意識弄得不知所蹤。車隊老闆羅傑·潘思基（Roger Penske）十分欣賞這些深夜見解，安瑟估計在這些洞見當中，十次有七次帶來了可觀的收穫。但是最首要的目標是確保他出賽時，心智可以維持在極限狀態。

「我以前看印第安納波利斯賽事時，所有車子在比賽前半段都開得飛快，然後突然之間，某個傢伙會莫名其妙搞砸，」他補充說，「那是因為完全缺乏專注力：他在做白日夢。一旦分心，即便只有一秒，你就成了昨日歷史。所以重點是學會專心。你猜我們可以多長時間專注在任何一件事情上，例如你想像得到的最漂亮的女孩？答案是大約兩分半鐘。而我必須全神貫注長達三個半鐘頭。我的駕駛操控能力不需要時時刻刻達到百分之一百一，但我的專注力必須如此。而這全然仰賴心智的鍛鍊。」

在運動心理學甚至還不存在的年代，安瑟會想辦法找機會訓練他的心智。輪胎的測試與開發工作是他鍛鍊腦力和專注力的大好良機。窮盡一輩子心力研究這項主題後，他斷定「大腦調校」（brain tuning）是任何人在任何領域脫穎而出的關鍵元素。

「如果一名賽車手渴望進入化境，他必須付出許多心力，」安瑟接著說，「誰都有機會短暫觸碰化境：就把它當成快篩標準吧。不過，真正維持巔峰的車手無時無刻不在付出百分之一百一十，這在遇到問題時尤其重要。你在最糟的狀況下拿出最多成果；當事情一塌糊塗，你必須達到那百分之一百一，否則你就不是史特靈．莫斯（Stirling Moss）、傑奇．史都華（Jackie Stewart）或馬里奧．安德烈蒂（Mario Andretti）的料。以往，隨時維持百分之一百一十的狀態是一件很危險的事，但是頂尖高手一輩子那樣過活。不論商業界或任何運動領域，你不可能靠保守謹慎而獲得成功。我研究過各式各樣的人物，那些功成名就的人付出了百分之一百一十的努力；他們可以活在那樣的境地，時時刻刻全力以赴。」

* * *

麥可．菲爾普斯（Michael Phelps）是全球戰績最輝煌的奧運選手，他在二〇〇四年到二〇一六年之間奪下二十八枚游泳獎牌，其中二十三枚是金牌。他的成功建立在嚴苛的訓練排程和無止無盡的重複練習上——平均每天游七英里，一年三百六十五天。他也是從小開始：到了十一歲時，每天要游兩個半鐘頭。二〇〇〇年，他在雪梨奧運初次亮相，年僅十五。他擠進兩百公尺蝶式決賽，最後卻跟獎牌失之交臂。幾個月後，他破了該項比賽的世界紀錄，從此迎來他的盛世。如今，他個人囊括的奧運獎牌，已超越了一百五十個國家有史以來的總獎牌數。

菲爾普斯很幸運地擁有完美的游泳體格——修長的軀幹和寬闊的臂展；但是讓他發出耀眼光芒的，是他的大腦。若非菲爾普斯事先毫不懈怠地在腦中勾勒出栩栩如生的比賽畫面，並且照著這份藍圖朝未來前進，就不會出現如此令人嘆為觀止、改變歷史的運動生涯。感謝教練鮑勃．波曼（Bob Bowman）的嚴格心智訓練，他學會寫下自己的目標、訂定每一項比賽的標的時間，甚至精確到百分之一秒的程度。即便才十多歲，他很快發現自己能準確達到目標。

「我大概從十四歲開始練習意象訓練，」菲爾普斯告訴我，「預先設想每一場比賽、那些你希望或不希望出現的狀況，這樣才能做好萬全之計。我覺得這真的幫助我進行準備。意象訓練非常重要，如此一來就不會遭遇任何意外狀況，心情得以維持放鬆。不論做什麼事情，那都是關鍵所在。從小開始這麼做，真的對我的生涯幫助很大。」

意象訓練的目的不只在於做好萬全準備，更在於透過心裡的願景來塑造未來。意象訓練也教會菲爾普斯永遠不要相信任何極限。正因如此，他總是編織遠大的夢想，不以奪金為滿：「當我回顧我的生涯，簡直妙不可言，因為我覺得彷彿夢境成真，」他微笑著說，「這就是我小時候所想、所夢的一切。我問自己：『這是真的嗎？』太瘋狂了。我完成了我一直想完成的每一件事，達到了我想達到的每一項成就。我總希望改變游泳運動，並且提升到新的層次——而我做到了。」

從游泳比賽退役之前，如今當了爸爸的菲爾普斯創立了自己的基金會，旨在倡導水上安全：「我仍然游泳，不過現在是為了追求心靈平靜、屏除雜念、出離現實。我在水中最自在。不過，我還有許多追求。我喜歡跟孩子們相處。看到孩子們玩得開心、露出笑容，總會讓我也浮出微笑。如今，我想幫助孩子們實現他們的夢想。」

這些成功的「夢想實現家」如此迫不及待地分享祕密，這件事情本身就值得玩味。他們從遠大的願景開始，然後畫出實現夢想的路徑，把夢想切割成許多更小、更容易實現的畫面。二〇〇〇年雪梨奧運女子七項全能金牌選手、英國運動員丹妮絲・露易斯（Denise Lewis）強調：「我向來抱著遠大的夢想。我一直希望成為奧運選手，沒有其他備案。所以我盡量為自己創造實現夢想的最大機會——學習專業技能、詢問對的問題、盡全力發揮最大潛能、不斷學習，並且敦促自己向前。然後等到你躋身全球前二十強選手，勝負關鍵就在於那份欲念、渴望、反覆執行，以及在運動比賽中扮演了重要角色的意象訓練。

「第一次奪得世界冠軍之後，我知道我已達成自己的目標，接下來就看如何繼續拿出同樣的表現、趁勝追擊，直到贏得奧運金牌。你要花一點時間才會明白，那些重大場合和雄偉的體育館是最初吸引你投入體育界的原因。那樣的環境讓我樂此不疲。的確，一開始難免神經緊張，因為你知道事關重大，可是沒有什麼足以跟那些時刻媲美。在我小時候，就是那些時刻點燃了我心裡的火花。」

壓力值的設定還能有更高強度。潔西卡．恩尼斯希爾（Jessica Ennis-Hill）是少數幾位「幸運兒」之一，得以品嚐被媒體指定為奧運「面孔」所獨享的精神壓力。二〇一二年倫敦奧運前夕，英國代表人物的面孔被貼在希斯洛機場附近，涵蓋相當於十五座網球場的範圍。她沒有因為受到高度矚目而崩潰，反倒鬥志昂揚。

「那是極不真實的經驗，」恩尼斯希爾坦承，「我一開始有點承受不住，但壓力是好事：當你自己和別人對你有所期許，你總會感到緊張。但你需要那樣的壓力來幫助你好好表現。一旦得到觀眾百分之百支持，會激發你更多實力。不是每個運動員都能體驗，所以我覺得自己很幸運能得到那樣的機會，什麼都比不上。」

重點是在腦中刻畫一幅卓越的願景；這是恩尼斯希爾在全國乃至全球的期許之下，用來確保自己進入化境的一項技巧。她在大型比賽前常會焦躁不安，但到了比賽頭一天早上，她感受到一股奇特的冷靜。在八萬名觀眾面前，她如期出場，以十二點五四秒的佳績，締造一百公尺跨欄的英國個人紀錄。欣喜若狂的本國粉絲唯一看不到的鏡頭角度，就是最重要的內心戲碼。相反地，選手本身對這齣戲碼並不陌生：早在踏進比賽場地之前，她就已經仔仔細細看過一遍，鉅細靡遺。

「要進入狀況，你必須花許多時間在腦中仔細排演，」恩尼斯希爾補充說明，「我演練了每一個項目，確定自己想像出最完美的狀態，我的技巧和其餘一切完全到位。但我沒讓自己去思索領獎台，我從不想像自己贏得比賽。我不讓自己想得太遠；我得專注在每一個項目上。我總是逐項思索，想像出完美的賽跑、完美的跳遠，如此逐漸累積。

「第一次踏進奧運場館，我已經完全準備好了。我沒有受傷，沒有任何問題，而我的心神貫注在即將來臨的賽事。對運動員來說，當你知道自己百分之百準備好了，那是一種不可思議的感受。有那樣的觀眾在背後支持，什麼都阻止不了你。當我看到我的跨欄成績，我簡直不敢相信。那是個了不起的開頭。然後我勢如破竹：就是那種得心應手的時刻，所有事情越來越順利。」

恩尼斯希爾從此銳不可擋——她的願景一一實現，最後在隔天衝破八百公尺比賽的終點線，瀟灑地登上榮耀的殿堂。

* * *

在體育界，意象訓練的運用——如今在最高水準的比賽中司空見慣——可以追溯到半個多世紀以前。最早將意象訓練列為正式訓練環節的國家，是冷戰時期的東歐集團。後來，當這種作法出現顯著效果，意象訓練的運用便風行起來。但即便這些表面上的先驅，都是晚來的後進。

「意象訓練成功結果不是什麼新鮮的作法，」運動心理教練唐・麥克弗森（Don MacPherson）說，「事實上，證據顯示我們的穴居祖先就用這種方法來成功狩獵食物。洞口附近畫著被長矛刺穿的野獸；這是他們離開安全的穴居之地、到外頭冒險之前最後所見的圖像。我們看不到穴居人被野獸吃掉的畫面，原因就是你最好想像自己希望發生的事，別去想你不願意看見的結局。

「想像力是大腦的衛星導航器，可以帶領你走向夢想和目標。只要你能『見到』，你就能『達到』。高爾夫球員應該想像小白球優雅地飛越空中，跳上球道的正中央，而不是想像球掉進水障礙區。全世界最成功的高爾夫球員傑克・尼克勞斯（Jack Nicklaus）每次擊球之前，必定先觀賞完他自編自導的所謂『好萊塢電影』。透過意象訓練，你可以是你的電影的製片、導演和片中英雄。」

以往用來訓練飛行員和太空人的模擬器，便是建立在這樣的原理上——這正是一級方程式車隊如今斥資打造模擬器、忠實反映全球賽道真實情況的原因。但是意象訓練不需要任何工具，只需運用我們的兩耳之間。一級方程式大賽有史以來最年輕的世界冠軍賽巴斯蒂安・維泰爾，童年時期無數次開著卡丁車繞行賽道練習，充實了他的潛意識心靈。不過當我在這名德國車手蟬聯四屆世界冠軍的巔峰時期採訪他時，我發現他還需要做最後的修正。每次排位賽出賽前，維泰爾會坐在車庫裡閉上眼睛，靜下心來想像即將上演的賽事。這是他給潛意識暖身、讓它準備好接手的方法。

「排位完全取決於單圈成績，所以比正式比賽更激烈，」維泰爾告訴我，「速度也更快，因為輪胎還很新。在正式比賽中，你得考慮輪胎的狀況，同時應付各式各樣的問題：這個區段還有多長？目標是什麼？有不同的事情要忙。相較之下，排位賽非常原始，一圈決定勝負。所以你花時間思索那一圈：有哪些重點？跟上一輪比起來，你有哪些地方需要改進？有哪些問題需要當心？一旦起跑之後，你就忙得沒時間思索其他事情。所以你屏除雜念，真正融入當下。就算犯錯，千萬別在進入下一個彎道時還想著上一個錯誤。你得專注在每一個過彎——而且最好順其自然。」

追求「活在當下」似乎是巔峰表現的關鍵元素。這也歸結了意象訓練的一個異常現象；意象訓練的本質是專注於未來，讓注意力遠離當下。這是一個費解的哲學難題，有待釐清，不過意象訓練在現實世界的效果不容爭辯：畫面會以某種方法藏在我們腦中，在關鍵時刻引領我們踏上理想的道路。

當那條道路直通天際，勝敗得失也跟著飛得更高。紅牛空中競技飛行大賽（Red Bull Air Race）據稱是全世界最高速的動力競速運動，飛機以高達兩百五十英里時速，穿行於離地僅僅二十五公尺的一連串標塔之間。類似F1的排位賽，飛行員輪流出場計時，開著飛機在賽場上衝刺迴旋，忍受高達10G的力量（重力的十倍）。每次出發前，飛行員會在安靜的停機棚裡預先演練——展開雙臂充當翅膀，在模擬標塔的飲料罐迷陣中迂迴穿梭。加拿大的彼特·麥克勞德（Pete McLeod）精通這項藝術，如今他在停機棚裡演練時，整個身體的反應猶如置身空中一般。

「對抗G力時，我不再有任何感覺，因為我已習以為常，」他說，「但要抵抗那麼高的G力，我們得在機艙裡進行高強度的操作。我們已有多年經驗，所以現在即便我想像自己承受著10G，我的胃部肌肉和雙腿就會自動收縮，就像你想到某件讓你不由自主顫抖的事；那是一種肌肉記憶。這證明大腦非常特別：過了一陣子後，它會自然而然反應。」

駕駛大型噴射機平飛是一回事，但要在如此靠近無情地面的低空競賽，就必須將超級電腦牢牢嵌進人腦，讓大腦成為終極的自動駕駛儀。這具處理器若發揮到極致，依然能戰勝科技世界拋出的一切挑戰。但要達到這樣的水準，它首先必須裝載正確的數據，然後關閉其他程式，以便專注於手上的任務。每次在賽前幾週收到新賽道的航行圖時，麥克勞德便著手進行這個過程，仔細評估最短的路線和關鍵挑戰，然後在他所說的「自製虛擬實境」中，運用精彩的三維影像試飛，解決所有細節問題。他後來藉由分析自己和其他飛行員的計時畫面與影片，將腦中影像琢磨得更細緻逼真。

「第一次上賽道，你只想安然飛完全程，看看哪裡有閘門、樹林和其他驚喜，」麥克勞德說，「在那之後，飛行成了潛意識的工作。你不是純粹關掉大腦，而是將注意力放在更精微的細節上。你也許更早就到達極限，但由於那會讓你進入自動飛行系統，你可以在其中注入更多細節。那就是正式上陣比練習時飛得更快的原因。如果我想要改變飛行路線，我就得從頭開始重新計算。也就是說，你在做你以前沒做過的事。當你以每小時兩百英里的速度穿越閘門，你只有千分之一秒的時間制定決策。不過你沒時間思索：『我穿越了那道閘門，接下來幹嘛？』一切都是自動反應。」

* * *

地面競賽也不乏極端挑戰，尤其是以合法道路汽車奔馳在沙漠到雪原等各種路面的拉力賽（rallying）。和F1賽車不同，拉力賽的車手不是在同一個賽道上持續繞圈，相反地，他們不斷面臨新的疆域，必須隨同領航員利用簡短的「踩點」過程摸清地形地貌。因此，車手的心理素質至關緊要——事實上，正如瓦爾特・羅爾（Walter Röhrl）所證明的，心理準備能幫助你站上世界頂峰。

這名德國車手在一九八〇及一九八二年兩度奪得世界冠軍；當時是B組賽車（Group B）的黃金年代，這個級別擁有史上最無與倫比的拉力賽汽車。由於這些超大馬力的怪獸造成了一連串致命事故，終於在一九八六年基於安全考量遭明令禁止。不過羅爾馴服了這群猛獸。他至今仍被列為史上最偉大的拉力賽車手之一，因為他顯然可以靠第六感應付這項運動加諸參賽者身上的種種恐怖狀況。拉力賽的舉行不分晝夜，涵蓋從泥濘、砂石到冰雪等各種惡劣地形，遭遇的氣候則包括狂風、冰雹、下雪，到羅爾最擅長的：大霧。一九八〇年，他在特殊路段比賽中穿越葡萄牙阿加尼爾（Arganil）森林的經歷已成了一頁傳奇，充分展現出他的天賦……

「我曉得阿加尼爾每年都會起霧，所以特別做了準備，」羅爾告訴我，「我通常一個賽段踩點兩次，但這一回，我在這個賽段跑了六到七次。當我回到旅館，我拿著碼表躺到床上，閉起眼睛。時間跟上一回只差六到七秒。這時我確定自己已完全熟悉這條賽段，開始盼望比賽當天會起霧。果真如此。起跑之後，所有細節全在我的掌握之中，我沒有一個過彎出現任何狼狽狀況。我以四分五十九秒的優勢擊敗第二名的車手，其餘十五位車手間的差距都在三十秒以內。」

羅爾在意象訓練的藝術上也同樣領先群倫。當其餘頂尖車手完全仰賴領航員告知前方路況，羅爾處於一個截然不同的境地。

「每次遇到大霧，我總是比其他人快了許多，」他接著說，「那得歸功於照相機般的記憶。強大的記性在拉力賽是一大優勢。如果你以為可以光靠領航員的訊息開著B組賽車疾馳，那是行不通的。你得在腦中盤算好、選出正確路線，否則無法達到完美表現。我的優勢是我已經在腦子裡掌握一切資訊了。那表示克利斯蒂安（領航員蓋斯特多弗爾）提供的訊息只是用來提醒罷了。

「我向來以這種方式替重要賽段做準備。有時候你到了起跑點，賽段卻還沒有就緒，你只能等著。其他車手下車聊天，但我會留在車裡，拿起克利斯蒂安的筆記，從頭到尾讀一遍：『這個彎道右側有樹林、這裡時速一百英里。』二十分鐘後，他們跳進車裡，但我已經比其他人快了一分鐘。」

由於特殊賽段最高長達五十英里，要記住那麼多資訊是一項令人膽寒的挑戰，但羅爾下定決心、不屈不撓。他也很感激當代的強大機器讓「右腳與大腦的連結」變得至關緊要。同時，當年相對穩定的競爭態勢是另一個有利因素，他得以在五年內四次贏得蒙地卡羅拉力賽，每次都駕駛不同的車輛。儘管如此，當羅爾看到自己全速衝過人群的鏡頭，依舊深受震撼；在那個年代，觀眾經常擠在賽道兩旁，就像觀賞環法自行車賽（Tour de France）一樣。

「這證明了心智的力量有多麼強大，而人們並未真正掌握這份力量，」他說，「我能夠全心全意專注於拉力賽，對我的生涯幫助很大。生命中其他事情都無關緊要，唯獨爭取勝利。當我回顧生涯，我從不覺得有哪一天特別順遂，隔天還更糟，也許只有生病的時候例外。我沒有高峰和低谷：我這一生一直全神貫注，而且向來在同一水平上。只要開始『五、

四、三、二、一』倒數計時，我就把其餘一切拋到九霄雲外。」

這份力量也不會因為年歲而遞減。身為保時捷的長期試車手，二〇一三年，羅爾的團隊在德國著名的紐柏林北環賽道（Nürburgring Nordschleife）創下量產車的單圈紀錄。這條被暱稱為「綠色地獄」的險惡賽車場，在一九七六年的一場激烈事故導致奧地利賽車手尼基・勞達（Niki Lauda）重傷命危之後，便從一級方程式的排程上除名。這個六分五十七秒的驚人紀錄是由三十三歲的德國車手馬克・里布（Marc Lieb）創下的，但在長達十三英里的怪獸賽道上，羅爾只落後幾秒鐘——而他年屆六十七。

「其他領域也適用，」羅爾補充說道，「滑雪選手也是一樣。如果他們真能記得每一個跳躍和擠壓點，會有很大的幫助。我直到今天都還如此。對拉力賽車手來說，紐柏林非常有趣，因為它不是一條正常賽道。這條賽道有高低起伏，時而受到擠壓，時而騰空跳躍。那是真正的駕駛經驗，我樂在其中。當然，歷經二十年的試車，我對每一個過彎、每一塊石頭都瞭如指掌。但是早晨躺在床上時，我還是會在腦中跑過一圈。我熟知每一個細節：應該在哪裡換檔；越過斜坡之後，應該在哪裡跟樹叢平行。所有資訊都存在我的腦中。」

* * *

當然，追求速度感不見得要靠引擎：如果你願意試試，重力本身便綽綽有餘。弗朗茲・

克拉莫（Franz Klammer）從不需要額外的動力讓他在坡道上達到難以想像的速度：只要給他兩片板子裝在腳上就行。克拉莫稱霸滑雪的黃金年代，贏得創紀錄的五屆世界盃冠軍，外加在一場瘋狂競逐之後，奪下一九七六年冬季奧運會男子高山滑降賽的金牌。「克帝」[3]的成就包括連續十次奪冠，無人可以匹敵。他的祕訣就是不把其他參賽者當成敵手；不，他的主要對手比那些人高出大約一千倍。

「我曾在單季中贏得每一項賽事——只除了掉滑雪橇的那一回，」他開心地追憶，「那表示你必須勝過最強的對手。你心裡清楚，那些傢伙當中，總有人會出現極好的成績，因為他們都想打敗你。但我不跟任何人比賽，我是在跟高山比賽。在我打遍天下無敵手的年代，你就是知道自己凡事都比別人領先；你是場上的老大。你胸有成竹，相信自己能征服大山。你就這樣進入化境；否則永遠到不了。我經常如此，而那些時刻幾乎總能確保勝利，因為你是頂尖的翹楚。滑雪橇或山嶺不會告訴你怎麼做；是你讓大山臣服腳下。」

挑戰自然需要大氣魄，但克拉莫對他的全能敵手致以無與倫比的敬意。他並非只是出賽當天露面，然後期望一切水到渠成；相反地，那是一個逐步累積的過程，一切從他的腦海深處開始。

「最重要的是弄清楚你需要做哪些事情幫助自己表現，」他說，「你無法決定何時比賽，所以必須隨時維持一貫的水準。如果比賽訂在星期六白天，你當天可不能狀態不佳；你得立即就緒。所以我會在那一星期逐漸做好心理準備，就像拉弓一樣。星期三到現場探勘賽道時，我開始慢慢拉弓，一點一滴累積張力，直到準備好放箭。然後在星期六當天，我讓箭矢一飛衝天。

「我也總會在腦中進行意象訓練。睡覺前，我躺在床上，想像自己順著滑降坡而下；然後隔天早晨重複一遍，想像自己準備做的事。在比賽生涯中，你慢慢學會這麼做。一旦感覺對了，困難的環節不在彎道，因為你總是在行進中；難就難在平地。平坦的區段大約維持二十秒；你不知道究竟花了多長時間，因為沒有時鐘。儘管如此，在我的巔峰時期，我在腦中跑過的時間跟真正的成績相比，差距可以在十分之三或四之內。然後當我站上起點，我會使出全然不同的作法，因為假使你完全依照路線，你就太慢了……」

克拉莫出賽時，似乎總在極限邊緣求取岌岌可危的平衡——包括賽道、抓地力和理智本身的極限。然而正是由於做好了心理準備，他才能在關鍵時刻突破種種極限。真要說的話，他在賽前運用意象訓練精確計時的本事甚至更難能可貴，因為當你真正攀上巔峰，時間本身恍如成了流動的概念。

「對我而言，所謂『進入化境』是當周圍一切變成了慢動作，而你擁有全世界的時

3 克帝（Kaiser），克拉莫的綽號，在德語中意味「皇帝」。

間，」克拉莫接著說，「滑雪賽道上總會有幾個關鍵區段不容許你出任何差錯。過了這些區段，地勢開始變得平坦，所以如果你犯了錯，你將損失許多時間、無法贏得比賽。但是當你身處化境，你眼前會出現非常清楚的畫面，一切微小細節都逃不過你的法眼。所以你可以放手一搏。當你有如行雲流水般流暢，感覺非常特別。有時候難一點，但你還是得盡力去做。那是一種信心、是你擁有的一切。

「我不得不贊同艾爾頓．冼拿的話；他說當他達到極限，總能找到更多進步空間。你得不斷突破。假設你某一年的極限在這裡；隔年必須把極限推得更遠，否則無法維持頂尖地位。真正的勝者具備高度心理素質，他們隨時做好準備，知道成功所需的生理特質。冼拿和拳王阿里（Muhammad Ali）這類人物深知自己如何才能表現傑出。那來自天賦，也來自長年累積的經驗。技巧不是重點。當然，你必須具備一定的能力，但成功基本上取決於意志。另外，不畏懼失敗也非常重要。」

就連把失敗當成家常便飯的人也能領略巔峰滋味，一如那些顯然戰無不勝的對手。英國奧運滑雪選手葛蘭姆．貝爾（Graham Bell）從來無法像弗朗茲．克拉莫那樣徹底征服高山，但是他擁有類似的順境記憶，即便這些順境的出現較難預測。

「在表現最棒的那幾次，你偶爾覺得事情易如反掌，時間彷彿變慢，」貝爾說，「我曾經在無懈可擊完成每一項動作時領略那種經驗，但我從來無法預測何時發生。對我而言，那是結果而非成因，只在你做對事情時發生，而不是反過來的情況。即使真的發生，你也不會欣喜若狂，因為滑雪比賽轉眼就結束了，衝過終點線之前，你得試著別胡思亂想。那會讓你跳出『活在當下』的感受。

「所以你刻意遺忘任何錯誤。你不能開始擔心剛才的失誤，或者那會讓你損失多少時間，因為前面還有其他挑戰需要應付。但你必須事後回想那次賽程，特別是訓練的時候。也就是說，在比賽過程中，你用盡所有時間忘記剛剛發生的事。一旦抵達終點線，你就得試著回想整個過程。偶爾得花十分鐘才能想起來。你說不定在開車回旅館的途中想到：『哇，我剛剛那麼做了！』」

貝爾現在是電視節目主持人，儘管他仍然扛著電視攝影機挑戰高山，但通往化境之路已渺無痕跡。他認為人必須維持巔峰狀態才能進入化境。事實上，他微笑著坦承不諱，這些日子以來，當他高速滑行時，他只感到「非常、非常害怕……」

* * *

恐懼通常不是壞事，當然更不需要羞愧；那往往只是內心為了提醒我們注意安全而猛然產生的警覺。但意象訓練是一個重要訣竅，我們可以用以平息本能的內在恐慌，幫助我們挺起胸膛迎接重大挑戰。

英國的安迪・格林（Andy Green）必定擁有比其他人更有效的戰略。一九九七年，他駕駛由噴射引擎推動的推進號（Thrust SSC）超音速跑車馳騁於內華達州的黑岩沙漠（Black Rock Desert），在全長兩英里的往返區間內，平均時速達到七百六十三英里，成為陸地上打破音速的第一人。格林至今仍是地面速度的世界紀錄保持人，但是他還沒打算放慢腳步。如今年過五十的他跟獵犬號超音速跑車計畫（Bloodhound SSC Project）合作，試圖超越下一座里程碑：一千英里的時速。

格林中校是皇家空軍戰鬥機飛行員，對這樣的速度習以為常。但就算試飛員也有幾千英尺餘裕，容許他們在犯錯時有挽回的空間。懼飛症和懼高症或許很常見，但高度其實是變相的奢侈品。基本上，人們在空中不會撞死，真正危險的是地面。正是因為如此，地面速度的紀錄除了仰賴轉動的輪子（最高轉速可達每分鐘一萬轉）之外，也得仰賴轉動不停的心靈。

「在高性能賽車或高性能飛行這一行，進入化境是很平常的現象，」格林說，「若要激發大腦潛能、讓它在顯然不正常的速度下運作，就要去除許許多多不確定性。對一級方程式賽車手來說，方法是在同一個賽道跑好幾千次，或至少開到車子報銷為止。至於飛行，則得大量研究、模擬和練習。你不可能第一次飛行就找到化境；化境只會在你累積了上千個鐘點後出現。

「身為陸地極速紀錄駕駛員，棘手的是車子在兩年當中總共只能跑五十次。所以我的實際練習次數非常有限；我必須在陸地極速紀錄以外的真實世界汲取各種技能，包括飛行和駕駛——尤其是飛行。在這種環境下，我無法練到爐火純青，但我可以透過處理類似狀況的經驗，賦予自己龐大的虛擬實力。」

格林的軍事背景和廣博經驗，使他在第一代超音速推進號駕駛員的選拔過程中脫穎而出。甄選時，候選人被丟進各式各樣無法預料的嚴酷情境中。有一次，他赫然發現方向盤向左打會導致車子右轉。就算是小丑單車也夠難騎了，更別提在轉速一欄多加幾個零。格林能夠在災難臨頭之際保持冷靜，多虧他既深且廣的實力基礎。既然無法實際練習，他只能勉強在自己虛擬的電影院中，觀看一次又一次的排演。

「關鍵是模擬、研究和心理準備，」格林說，「你把所有變數琢磨清楚，以便在腦中編織和預期狀況一模一樣的畫面。以看電影打比方，如果你沒讀過劇本、不知道故事內容，你看第一遍就得心領神會。通常一部片子要看到第三遍，你才會開始注意細節。而我需要第一遍就看見。也就是說，你得在進戲院之前就先看過片子。你在腦海中先讀過腳本、看過影片，然後才去見證實際情況，看看有什麼不同。如果你在腦中跑過所有畫面，就可以抓到細微的差異，因為這基本上已經是你第二次或第三次觀看了。

「我會數度詳細檢驗數據，好讓自己熟悉所有狀況，包括啟動每一個按鍵的確切時機。我從多年前就開始意象訓練：『那會是什麼情況？有什麼可以幫我？使用哪一種顯示技術和安全帽？當我達到2.5G的重力加速度時，我的頭會不會往前傾？需不需要防震墊？』你預先考慮周全，以便在車上安裝合適的配備。這都是全盤意象訓練的一部份，如此一來，當你進了戲院，座椅合身、座位位置適中，爆米花也已經準備好了。」

只差沒穿上拖鞋；格林讓事情聽起來相當愜意。但這部腦中電影必須早早拍完，因為起跑前的最後預備階段還有其他事情需要應付。陸上極速紀錄絕不只是個人榮耀，更必須仰賴後援團隊齊心協力。行動當天會建立一股「平緩的衝勁」，確保格林的團隊維持專注，避免最後手忙腳亂，或者有人閒得發慌。光發動獵犬號超音速跑車就得花十分鐘，有三款引擎、液壓器、遙測儀和各式各樣的感應器需要檢查。然後還有救護直升機這類枝節末葉；格林以動人的語氣強調救護直升機不僅為他準備，也為了鄰近的工作團隊。

「不到一切準備就緒，決不會有任何動作，」格林堅持，「準備階段有固定程序和自己的一套節奏，就像發射火箭前的倒數計時。多年來，美國太空總署（NASA）練出了倒數計時半途喊停的能力，但他們絕不輕易喊停，因為你從來無法銜接得天衣無縫。我們可以這麼做，但重點是發展出順暢的節奏。」

儘管倒數計時的滴答聲聽來冷酷無情，但跟格林起跑後面臨的猛烈衝擊相比，那簡直微不足道。正式計時的一英里本身只持續三點五秒，但那只是兩分鐘猛烈加速與減速過程中的一環。他不只要想辦法顧全性命，還得監測一系列奇奇怪怪的系統，其中任何一個都可能突然導致車輛失衡。格林加速之際，也必須將他的心智能力強化到超越一般人類的標準——直到時間顯然跑得比平常緩慢。

「我需要逐秒分析發動階段，」格林補充說，「用意在於解讀車子的結構，釐清每一個時間點該做的事，並且忽略不必要的動作。我需要注意引擎油溫或火箭發動機裡的各項壓力感應器嗎？不用；車子會自動監控、找出問題。發動後十五秒或許會出現一個關鍵點，但在那之前，我可以把注意力放在別的地方。到了那一刻，我需要放下手上工作去檢查壓力。如果一切正常，我可以再度忽略它們十五秒鐘。最重要的是設計一道程序，讓我看起來好像同時處理十五件事情，但其實一次只做一件事而已，只是每件事情就像閃電般紛至沓來。」

就算電影完全照著腳本上演，這道程序也已經夠難的了。要是鏡頭卡了一根頭髮或者演員忘詞，男主角的心智能力就會被推上極限。

「推進號最不穩定的一次，就是我們創下超音速紀錄那一天，」格林說，「我們全速衝刺，時速達到七百六十多英里，但是車子在穿越音速之際開始左偏。我把轉向角度限定在九十度，但車子沒有反應，於是我開始收油門、盡量降低加力燃燒室的使用，設法重新取得控制。當車子開始側移，剛好超出五十英尺的邊線。那兩個數字——轉向限定九十度和偏離五十英尺——是我心中認為可以應付的絕對極限，兩者被我同時撞上了。

「我停頓半晌：這樣安全嗎？這時車子開始出現反應，所以答案是肯定的。在那一刻，我明白自己偏離了五十英尺，所以我是開在四十五分鐘後要開回來的跑道上（陸上極速紀錄要求一個鐘頭內往返各跑一趟）。但我有餘力明白那無關緊要，這時，我已經在降落傘輔助下開始減速。我可以在時速六百英里、每秒加速度二十五英里的情況下進行這樣的分析，是因為我已經把各式各樣的相關事項考慮透徹。我設法在一、兩秒之內集合訊息、制定決策。我竟然能開口說：『在行駛路線上，別擔心，車子正在修正當中。』

「在我腦中有個小小的心理計時器從頭到尾跑著：『再過四秒，你得留意測速線，因為就快到了。四秒之後，你必須查看速度，同時檢查油壓。』這一切全堆積在我的腦海深處。如果我在具有雙倍加速能力的獵犬號超音速跑車上也能有這樣的餘裕，那我就放心了。」

儘管表面上冷靜自持，但格林承認他在極限狀態下陶然忘我。但他強調，他期盼獵犬號計畫能啟迪無數學童對工程學產生興趣，比起這個目標帶給他的興奮感，那樣的陶然簡直小巫見大巫。他往潛意識塞進各種可能情節，好讓他在極限狀態下放慢時間，不過他在對講機上仍維持飛行員應有的鎮定，即便他當時正在跟出狀況的超音速設計原型辛苦搏鬥。

所以說，找到化境的第一步，關鍵似乎就在於夢想本身。巔峰表現始於一份願景，就算這份願景一開始不過是個模糊的輪廓也不打緊。不論抱負多麼極端，唯有當心靈認真看待夢想，才會真正開始精細雕琢這份遠大志向。心靈會慢慢累積衝勁，我們每往前跨出一步，都能讓願景變得越來越清晰。一旦真正孕育出一套計畫，我們就出發上路了。

階段二

相信

2 勇氣

「最特別、最讓人上癮的就是最後那一瞬間：你站在邊緣往下俯瞰，而你還有機會掉頭走開。那是你縱身一躍的最後瞬間。然後你知道自己上路了，再也無法回頭。你加快速度，飛快地加速。你可以聽見空氣發出奇特的呼嘯，尤其當你從高聳的峭壁上跳下來。片刻之後，你拉開降落傘、著陸、回首仰望那座大山，而你還活著。對我而言，那是全然的自由。」

有些人似乎天生注定飛翔。小時候，菲利克斯．鮑加納（Felix Baumgartner）總喜歡爬樹、享受樹梢上的美景，並且沒完沒了纏著朋友和家人把他拋到空中。五歲的時候，他畫了一幅畫，畫中的自己跳傘從天而降，母親伊娃站在地面注視著他。菲利克斯把畫送給伊娃，直到一九八六年，當十七歲的他在家鄉奧地利薩爾斯堡（Salzburg）一家俱樂部第一次真正跳傘，伊娃才把畫交還給他。

鮑加納從教練羅蘭．羅騰巴赫（Roland Rettenbacher）身上學會跳傘的入門技巧；教練的妻子是伊娃的老朋友。然後，鮑加納加入奧地利陸軍的跳傘表演隊，五年時間裡幾乎每天跳傘，不斷累積自由降落的技能。退伍後，他找了份摩托車黑手的工作賺錢餬口，供他繼續跳傘。為了靠他的絕技維生，他後來轉戰定點跳傘（BASE jumping）：一種更危險、甚至更極端的活動，起跳的地點不是飛機，而是從大樓（Building）、天線塔（Antenna）、橋樑（Span）和地表（Earth）一躍而下；定點跳傘的英文名稱，即來自這四種定點的英文字首縮寫。

鮑加納的定點跳傘同行裡，沒有幾個人像他那樣精於自由降落。但他明白在這新領域中，每一次行動都承載著重大風險，包括凡正常人都不會考慮的跳躍地點。所以他只求少跳為妙，不過每次縱身一跳都要達到最大曝光。驚人紀錄很快展開。鮑加納在一九九九年從吉隆坡的國油雙子星塔一躍而下，刷新當時大樓跳傘的最高高度紀錄，同年從里約熱內盧的基督像跳下，則創下全世界定點跳傘的最低高度紀錄。十年來，隨著摩天大樓在全世界如雨後春筍般興起，他的跳傘高度也越來越高，除此之外，他還嘗試穿飛鼠裝橫越英吉利海峽之類的壯舉。他的技術水準逐漸攀升，自信心也跟著水漲船高。這名奧地利人不斷追求更艱鉅的挑戰，逐步攀上人生的巔峰：創下人類有史以來最高的自由降落高度。

* * *

儘管鮑加納活在極限狀態下，但是這輩子恐怕會跟他如影隨形的綽號——「無畏的菲利克斯」——並不完全貼切。每一個人都具有演化而來的求生本能，提醒我們某一件事情可能讓我們提早跟造物主報到。這種本能有許多名稱，例如「內在批評家」、「糾察隊」，或者借用指出「內心戲」（Inner Game）的作者提摩西·高威（Timothy Gallwey）的表述法——「一號自我」（Self 1）。但是最鏗鏘有力的，非「瘋猴心」（Monkey Mind）這個詞莫屬；很久以前，中國佛教徒就用這個詞形容在我們的心念之間跳來跳去、絮絮叨叨、讓人不得安寧的聲音，就像在叢林樹梢之間四處亂竄的猴子。

有些勇於冒險犯難的人，窮其一生追逐鮑加納所謂的「自由」。然而就連他們也聽過這個扮演自動灑水系統、為我們偶爾冒出來的荒誕念頭潑冷水的聲音。這些人，當然包括在此之前力圖打破美國人約瑟夫·基廷格（Joseph Kittinger）在一九六〇年創下的自由降落紀錄的每一位有志之士。當基廷格從十九英里高空的熱氣球一躍而下，他的主要動機並非娛樂大眾或追求榮耀；他參加了美國政府的一項研究計畫，專門研究飛行員從美國空軍新系列的高空機種彈出的狀況。沒有如此強大的經費與後盾，之後嘗試破紀錄的人，最後都是以付出生命為代價。

儘管如此，菲利克斯·鮑加納從第一次聽說這項壯舉，心中便念念不忘。其中一項細節尤其讓他心癢難耐：墜落過程中，基廷格達到了六百一十四英里（九百八十八公里）的時速，只比音速略遜一籌。

要成為第一個不靠動力突破音速障礙的人類，鮑加納必須登上更高的定點——二十四英里高空——並且抗拒拉開「剎車」傘來保持穩定的誘惑，而這就提高了類似高度下的風險。基廷格使用了剎車傘，試圖減緩從平流層的稀薄空氣中急墜而下時無可避免的水平打轉。如果螺旋轉速太快，血液顯然會從它唯一找得到的出口衝出身體：我們的眼球。那聽起來似乎有違求生本能。所以鮑加納的第一項挑戰——遠在他有機會運用跳傘技術減緩外旋速度之前——是學會如何收攝轉個不停的瘋猴之心。

「永遠不要蔑視內心的安全機制，」鮑加納告訴我，「我從不那麼做，而這就是我歷經二十五年生涯仍然好端端活著的原因。我最怕傷害自己，這份恐懼埋藏在我的各項跳傘行動中：不論準備得多麼齊全，總是不乏受傷的機會。正因如此，我總是想辦法找到對的工作團隊。我聆聽他們、從中學習，確保意外不會發生。歷來試圖突破音速卻失敗的人，都想從狗熊一步躍升為英雄。但我衷心服膺事前準備：準備得越充分，表現就會越傑出。跳傘員和任何運動員一樣，都必須接受一絲不苟的訓練。我擁有許多技能，並且嚴守紀律。我不會因為太過吃力而光跳一次就了事，那就是我們會跳很多次累積經驗的原因。」

鮑加納和他的紅牛平流層（Red Bull Stratos）跳傘團隊為了區區一項「特技表演」進行五年的漫長準備，或許顯得有些多餘，但這正是挑戰極限、超越極限所需的紀律。菲利克斯從十五到十八英里的高度逐步往上試跳，在此同時，他的工作團隊兩度將無人的座艙送上破紀錄的高空。到最後只剩下一項未知數：在沒有載體的情況下突破音速障礙，會對人體造成什麼影響？

當然，緩慢漸進的預備階段也讓瘋猴之心有時間發出抗議。人體在高空面臨的主要問題，就是所謂的阿姆斯壯極限（Armstrong Limit）：這道位於海拔十一英里的極限，命名由來並不是太空人尼爾・阿姆斯壯，而是美國的空軍軍醫哈利・喬治・阿姆斯壯；後者找到人體水分開始蒸發、導致致命危險的高度——這就是加壓衣如此重要的原因。

一九六〇年代，在一次未增壓的F-104戰鬥機高空測試飛行中，飛行員透過無線電直陳事實：「我的手套掉了。再見……」然後他失去意識，不幸喪生。一九六六年，熱情的業餘跳傘運動員、來自紐澤西州的尼克・皮亞丹尼達（Nick Piantanida）第三度挑戰基廷格的紀錄，當他升到明尼蘇達州上空將近十一英里處，他的頭盔顯然失壓了。地面人員急忙降下他的座艙，不過皮亞丹尼達已經因為大腦及身體組織受損而陷入昏迷，四個月後辭世。

儘管如此，鮑加納賴以生存的加壓衣卻成了一個重大問題。他有武打英雄的長相，全身線條稜角分明，手臂上黥著「生來飛翔」的刺青。然而，對於一個渴望「全然自由」的跳傘員來說，加壓衣嚴重限制了他的行動，甚至讓他出現幽閉恐懼症。菲利克斯向他的團隊隱瞞問題，直到情況嚴重到他一度流著眼淚開車直奔洛杉磯機場，飛回奧地利家鄉——只為了逃避預定的著裝練習。

「一開始沒什麼，因為我只需要在加壓衣裡待一個鐘頭，」鮑加納嘆一口氣，「但是到了計畫後期，我們得到壓力艙裡穿上全副裝備正式排練，以便模擬跳傘的海拔和溫度。目標是在壓力艙內待五個鐘頭，演練全套程序，操作各個轉盤和按鈕。但我知道自己沒辦法穿五個鐘頭的加壓衣，因為一旦拉下面罩，你就被鎖進一個小小的世界。耳邊所能聽到的只剩自己的呼吸——過了一會兒，我會開始焦慮。我不知道能對誰傾訴，因為我理應是個英雄。但是我光在地面上穿加壓衣就出現大問題了。我需要幫助。」

如此示弱甚至需要更多勇氣。鮑加納原本沒跟任何人求助，但他最後找上了運動心理學家邁克·賈維斯（Michael Gervais）。鮑加納聲稱他們沒做什麼特別的事，只不過「東聊西聊」，不過過程的一部分是讓他熟悉加壓衣；其中三套是為他量身訂製的，造價一百八十萬美金。說到底，這些裝備可以讓他的血液免於沸騰。無論如何，他花了三星期逐漸增加時數，直到終於能夠忍受長時間待在裝備裡，扮演他應盡的角色。

一旦把安全顧慮拋到腦後，鮑加納的瘋猴心便開始真正地肆意抓狂。撇開顯而易見的危險不談，這項行動即將在全球各地直播，從他踏進座艙之前，直到他但願能平安著陸為止。絕大多數瘋猴心在眾目睽睽之下都會顯得神經兮兮，但是鮮少有人需要面對以數百萬計的廣大觀眾。

「當你做這樣一件事情，受到所有人注目，你前一天晚上會輾轉反側，」他坦承不諱，「你心裡想著：『明天，我要做一件歷時大約七個鐘頭的事情，而全世界都盯著你的一舉一動。我說的每一句話都會被許多人聽到。』這就是壓力。

「當然，在靜下來的時刻，你不免心生懷疑。升空前，行動因風勢過強而延誤，我們等了兩個鐘頭。我坐在更衣室裡浮想連翩，想起不幸喪命的同行，想起我們的計畫遭遇過的挫敗。這些事情一一浮上腦海，而你祈求今天一切平安。你做最壞的打算、抱最好的希望。然後你走出去全力以赴，但願那樣便已足夠。」

在這類任務的最後預備階段，人們難免提心吊膽。正式行動當天，鮑加納的面罩明顯起霧，兩小時的升空過程只見他忙著處理這個會在返程中導致他失明的問題。新墨西哥州羅斯威爾機場指揮中心的技術人員──包括高齡八十四的約瑟夫．基廷格本人，他是菲利克斯透過對講機唯一聽得到的聲音──切斷現場收音轉播，一邊設法打消他對電力加熱面板的疑慮。他們最後說服他拔掉主電源，證明光靠他胸包裡的電池就能讓面板自動恢復「高」設定值。即便如此，菲利克斯唯有靠著有條不紊的作風，才能克服內心的最後掙扎。

「當你穿著加壓衣進入座艙，你是被鎖進一個非常侷促的空間裡，」他補充說，「如果任何事情出了差錯，你基本上無能為力。我們為許多情節做好準備，然而事實是，一旦發生任何問題，你就完蛋了。所以我知道我必須主導每一種狀況。那就是我及早提出面罩問題的原因。一旦踏出座艙，而面罩依然故障，就得盲目地完成整個行動。只要仍在座艙裡，我就還有時間；我穿了加壓衣、受到了保護。就是因為這樣我們才會花那麼多時間解決這個問題，確保永遠超前一步。如果事情亂了套，感覺就像踩著別人的腳趾頭跳舞，所以我們總會設法讓事情盡快回歸正常程序。主導大局的人往往表現良好。在升空過程中，我一直維持主導。」

這名男主角也明白劇本要求他一離開（相對）舒適的座艙就得下定決心往下跳，因為加壓衣一旦完全充氣，就不可能再擠進艙門。好戲登場了……

＊　＊　＊

當菲利克斯．鮑加納跨出一小步、踏上座艙外的平台，他從二十四英里的高空鳥瞰地球。但那不是駐足凝望的時候。他喃喃吐出預先寫好的台詞：「有時候你必須爬得很高，才能體會自己究竟多麼渺小……」然後一躍而下。

幾秒鐘後，他慌亂地試圖制服有可能導致他昏厥的瘋狂水平打轉。跳傘運動員習慣根據強風從身旁呼嘯而過的感覺採取行動；然而平流層空氣稀薄，「就像游在水中而不覺得有水」，鮑加納必須先認清楚自己被推向哪個方向才能做出反應。多虧有一輩子的空中經驗，他終於恢復掌控。隨著周圍空氣越來越厚重，他的速度逐漸減緩至標準的終端速度（terminal velocity，大約每小時兩百英里），鮑加納平安著陸，成功搞定歷經五年籌備而在十分鐘內完成的任務。他的最高速度達到一點二五馬赫（每小時八四三點六英里），成了史上以人體突破音速障礙的第一人。

距離人類上次登陸月球已過了四十載，鮑加納在二〇一二年的壯舉或許堪稱連結整整兩個世代的「一大跳躍」。跳躍之前，這名奧地利人——生於阿波羅11號登陸月球的一九六九年——甚至跟尼爾．阿姆斯壯共進晚餐，彼此切磋，並且向他請教值此重大時刻，人的腦子裡會閃過什麼念頭。一年後過世的太空老將強調，他總是全神貫注地按照計畫行動，一絲不苟，沒有多餘時間留給不相干的念頭和情緒。唯有當你回顧影片紀錄、明白了當時發生的事，才會猛然百感交集。果然如他所言。菲利克斯．鮑加納最常被問到的問題是，「那上頭是什麼樣的？」但是他壓根沒留意風景。他正處於化境。

「當你站在起跳點，你整個人聚精會神、意志堅定，看不到或聽不到周圍一切，」鮑加納說，「跳下去之後，前半段時間我逆時鐘打轉五次、順時鐘打轉二十二次。我什麼也沒想，因為我要集中精神停止轉動。那很費勁，花了我將近一分鐘。剩下來的飛行比較輕鬆，因為我只需要設法找到正確方向，朝地面上的救援團隊飛去就行。俯衝的時候，我的面罩開始起霧，幸好不太嚴重。我在五千英尺處張開降落傘，這時我明白我已突破了音速。」

聽來容易。但那是因為二〇一二年十月十四日早就不是菲利克斯．鮑加納首次以肉體突破音速障礙。事實上，在那之前，他已多次完成整套流程——只是不在大眾的注目之下。

「從我第一次聽說約瑟夫的紀錄那一刻起，我就在腦中想像這次跳躍，」鮑加納告訴我，「我已經在腦子裡跳過上千次了——就像我為其他每一次跳傘行動所做的準備：里約的基督像、克羅埃西亞的洞穴、全球最高的大樓。我躺在床上，擬定妥善的行動計劃。我非常擅長在腦子裡預先安排，這是我一貫的作法。我預先設想可能會有的感覺、可能出現的狀況，琢磨得越仔細就越可能成真。而等我終於實際執行，真實情況九成九跟我的意象訓練一模一樣，真實的感受也跟想像的如出一轍。」

正如我們說過的，意象訓練的目的不僅在於做好準備，更是為了掌控未來，讓未來順著我們的心意發展。藉由不斷夢想著從太空邊緣自由落下，鮑加納在腦中勾勒出栩栩如生的畫面、累積動能，如此一來，成功無疑是必然的結果。

「重點在於你具備的意志力和專注力，」他說，「當我站在座艙外的小隔板上，那份感覺幾乎完全如我預期。這就是關鍵。你越能將意念化為現實（從心態的角度來看），你就能做得越好。心理準備至關緊要：你必須確保自己在關鍵時刻擁有正確心態。這樣一來，等你終於站上位置，你不會遭遇任何意外。你為心智做好預先規劃，而它完全照你的期望運作。十有八九如此……」

* * *

追求卓越需要堅定的自信，而上述過程就是自信心的來源。不過，你和我是不可能光靠空談讓自己登峰造極的：大腦沒那麼好騙。相反地，不論我們選擇哪一種領域，締造歷史所需的內在信念，全都源於做足多年的功課。

特技表演者和其他贏家之間的差別，就在於他們的賭注遠高過獎牌或獎盃。不論他們做了多麼周詳的心理準備，要是出現差錯，這群不怕死的豪傑只能想辦法靠自己脫困。正因如此，從熱氣球往外跳所需的勇氣，有賴一輩子的練習作為後盾。即便在如此極端的時刻，你都可以降伏你的瘋猴心——但前提是它相信你不論遇到任何情況都能處理，尤其是現實跟願景之間出現落差的時候：「一旦出現任何紕漏，只有靠高超的技術才能化險為夷，」鮑加納承認，「如果遇到突發狀況，就需要不同的心態和不同的技巧。」

鮑加納進入化境、突破音速障礙之際，已是擁有兩千五百次跳傘經驗的老手。唯有具備如此豐富的經歷，他才有辦法在緊要關頭掌控自己的心智：拋開意念，同時準備好隨時應變。正因如此，對於從地面指揮中心跟他對談的五十多年自由落體紀錄保持人的英勇成就，就連「無畏的菲利克斯」也是滿懷敬畏且難以置信。

「你不得不佩服約瑟夫．基廷格；我很尊敬那傢伙，」鮑加納說，「當他站在十九英里高空，只有三十三次跳傘經驗。那根本不算數：如果你只跳過三十三次，根本還是個該死的菜鳥。我還記得自己只有三十三次經驗那會兒，我簡直連機艙門都邁不出去。然而他卻站在那樣的高度。十九英里和二十四英里沒太大差別：那是非常惡劣的環境，出任何差錯都會要了你的命。

「如果儀器失靈，你會在十五秒內喪生。我們現在可以嘲笑他當時的裝備：那破爛的降落傘和太空衣是什麼鬼東西呀？但是我們必須記得，他擁有的是當時最先進、最精良的設備；他們信任這些裝備。他還有一具減速傘，會在自由降落的過程中張開來幫助他穩定——也就是說他留了一點後路。但是儘管如此，由於他們在一九六〇年代掌握的資訊有限，他幹的事確實算是轟轟烈烈。對我來說最大的差別是，如果我只有三十三次經驗，我絕對打死不幹。我會說，『老兄，我的跳傘訓練還不完整，我辦不到。』」

現實狀況是，基於鮑加納對加壓衣的心理糾結，他恐怕會提早出局，甚至不必被迫選擇。這裡有另一個重大差別值得考慮：基廷格的驚險行動不是某個跨國飲料大廠贊助的公關活動；他的經費來源是美國軍方。軍方可不會有耐心等任何人調整好心理狀態。當他們說：「跳。」你只能問：「多高？」姑且不論對錯，這就是軍事訓練的本質。

這本書提到的冒險犯難者，全都出於自願行動：他們樂在其中；而這就是幫助他們撐過許多起起落落、持續追求夢想的動力泉源，也是他們即便面對極端危險也能保持幹勁、馴服瘋猴之心的原因。但是基於別人的要求而把自己——和其他人——置於危險之中，完全是另一回事，有賴我們對內心的雜音置若罔聞。軍方對服從的執著，其實是將瘋猴心的管控制度化；當他們把軍人推入煉獄般的環境，這樣的掌控至關緊要。

完成高海拔先驅行動之後，基廷格加入越戰，擔任戰鬥機飛行員。當他的F4戰機被敵軍飛彈擊中，他曾以超越聲音的速度彈出座機。他後來淪為戰俘，飽受摧殘。若說到堅忍不拔，他的其他種種成就必定都相形失色。儘管如此，當一位原服役於特種小艇部隊（Special Boat Service，為英國皇家海軍菁英）的退役傘兵堅稱，他的任何一個老同事都可以執行鮑加納的行動、絕不遲疑或囉嗦時，我著實大吃一驚。

紅牛也有自己的壓力：他們靠著把人推向極限來宣傳品牌，但他們知道要是發生事故導致重傷或更糟，說不定會帶來反效果。基廷格的時代沒有全球觀眾盯著Youtube的現場直播或新聞台的跑馬燈；事實上，要是出了紕漏，世人恐怕永遠不會得知消息。某次初期練習中，基廷格被降落傘的繩索纏住脖子，導致他以每分鐘一百二十圈的轉速水平旋轉。他失去意識，直到副傘在地面三千呎高度展開時才被晃醒。即便在他創下紀錄的一跳中，右手手套也出現故障，他的手腫成平常的兩倍大，但是他隱忍不說，以免地面小組放棄這次任務。我問菲利克斯，基廷格是不是憑藉他的軍人心態撐到了最後，他立刻同意。

「軍人心態是一種簡單的心態，因為他們只做不問，」鮑加納笑著說，「軍隊不會問，『你覺得怎樣？』或『你打算怎麼做？』如果你有負使命，他們就找別人把你換掉。所以這是截然不同的心態與技能。我在奧地利陸軍待過五年，所以我也有軍事背景，但是那跟基廷格的經歷根本不能相提並論。他在美國空軍服役，兩度遭到擊落，在『河內希爾頓』（越戰時期的美軍戰俘營）度過漫長時光。

「我們需要基廷格這樣的人：我們稱之為『太空先驅』（pre-astronauts）。他們發展出來的技能和蒐集到的資訊，對於日後進入太空和登陸月球十分重要，因為他們測試了太空衣。現在我們知道了太空衣的效用，也知道人類可以在太空中存活，就可以往下一個階段開展。他們完成的一切和從中得來的情報，全都開放給我們使用。如今我們在做同樣的事。每個人都在另一個人的知識基礎上爬得更高。這就是進步的來源。

「人家說『天空沒有極限』，確實如此。我遇見一個傢伙，他在多年前是老派的花式滑雪選手，曾靠向後翻轉一周而成為世界冠軍。當他說你以後會看到選手做出向後翻轉兩周或三周的動作，人們以為那是科幻小說裡的情節。如今已成現實。還記得第一次有人騎著摩托車後空翻嗎？如今摩托車手可以向後翻轉兩周；翻轉一圈已成了基本動作。體育不斷在進步。設備越來越精良，而我們的知識也日新月異，所以我認為進步永遠不會停止。總有一天，某個人會揮揮手說：『嘿，我要給菲利克斯．鮑加納難看。』我只希望不必等太多年……」

身為先鋒最有趣的地方，就是為其他人打開眼界，很快吸引追隨者踏上同樣的道路。事實上，鮑加納的自由落體高度紀錄只維持兩年，就被自籌經費的 Google 副總裁艾倫．尤斯塔斯（Alan Eustace）超越。不過尤斯塔斯使用減速傘來保持穩定——有效到連一圈都沒打轉；這意味著他沒有打破菲利克斯的速度紀錄。尤斯塔斯的成就雖了不起，但後繼總是比開創容易，所以歷史向來對打開新局面的開路先鋒歡呼致敬。基廷格首創的自由落體紀錄是個維持了半世紀的罕見例外，但鮑加納有許多位先驅需要感謝。在人類首度打破音速的歷史紀錄中，查克・葉格（Chuck Yeager）的地位崇高（雖然他是靠火箭引擎動力）：當時是一九四七年十月十四日——比鮑加納的太空跳傘整整早了六十五年。

鮑加納補充說，「在那個時代，所有人莫不認為超越音速障礙必死無疑，因為確實有許多飛行員因為試圖突破音速而喪命。但查克・葉格不知怎麼的就穿越了音障，從那一刻起，大家都知道事情不無可能。然後一九六九年三月二日和三月三日，超音速飛機首度試飛。我把那些傢伙稱為畫地圖的人。他們畫了地圖，供其他人按圖索驥。

「我從小就想當個畫地圖的人，那對我很重要。我一直想做出讓人尊敬的一番事業，我想聽他們說，『嘿，真酷，我們以前從沒想過這種可能性，現在知道了，我們可以把它發揚光大、推向另一個高度。』我期許自己成為畫地圖的人。我們向全世界證明了，人類可以在超越音速的自由降落中活下來。原本沒有人認為這是可能的，但我們破除了這道思想枷鎖。現在大家知道這可以辦到，人人都想繼續超越。」

最迷人的是，當你下定決心挑戰艱鉅任務，你不見得需要完全靠自己的力量來開闢新的道路。我們故意貶低了機緣扮演的角色，但是當你立下雄心壯志，事情有時就是會順理成章發生，靈驗得很。鮑加納的跳傘生涯多次受到運氣眷顧，引力並非只在他跳躍的時候發揮作用：他被拉到了正確方向——從加入當地的跳傘俱樂部開始（紅牛遠在稱霸全球極限運動之前就開始贊助這家俱樂部），直到最後顯然受到老天幫助為止。在他驚天一跳的幾天前，第一次的嘗試因為風勢過強而耽擱，充了氣的熱氣球只得報廢——所以最後升空當天，菲利克斯乘坐的氣球確實是他的最後機會。但事情原本還可能糟糕得多……

「如果我們失去最後一顆熱氣球，計畫就得順延到二〇一三年，」鮑加納愁眉苦臉地說，「我們完全洩了氣，因為受到媒體等等的推波助瀾，大夥兒都已熱血沸騰。羅斯威爾原本很荒涼，我們在那裡打造了一座小城市，但這時恐怕得關閉一切。事實證明，我們也無法在二〇一三年同一時間完成太空跳傘計畫，因為正巧碰上美國政府停擺，聯邦航空總署（Federal Aviation Authority，簡稱FAA）不上班——而沒有FAA，就無法為記錄認證。

「所以說有時候，雞毛蒜皮的細節會把事情搞得一團糟，真令人啼笑皆非。我們真是幸運，沒有失去最後一顆熱氣球，而且想辦法升空了。我不知道要感謝上帝、運氣或別的什麼東西，但是有時候，你非得有運氣不可。說到底，我們非常幸運，要不然我們到現在肯定還一事無成。二〇一四？見鬼吧……基廷格越來越老了，我也越來越老。你很難維持多年的專注，因為大家會慢慢退燒，到了某一個時間點，人們會說，『告訴你，老子不幹了。』所以我很高興事情結束了。現在我可以專心做別的事……」

＊ ＊ ＊

對氣流的掌握，似乎是一種可轉讓的技術。鮑加納的同胞——漢尼斯・亞克（Hannes Arch）成長於奧地利山區，基於地利之便從小開始爬山、學習滑翔翼，然後在十五歲那年轉戰飛行傘（paragliding）。亞克是另一位定點跳傘先驅；他是嘗試從阿爾卑斯山脈艾格峰（Eiger）北坡跳傘的第一人，也是成功操控飛行傘降落在熱氣球頂端的第一人。然後他縱容自己享受相對舒服的飛機空間，開始向全世界的頂尖特技飛行員挑戰，最終奪下二〇〇八年紅牛空中競技飛行大賽的世界冠軍。

「從事真正危險的運動會讓你認清自己，」亞克二〇一四年告訴我，「沒有人想找死，尤其是我，因為我真的熱愛生命。有時候你會臨陣退縮，因為你知道有危險。這類運動教會你應付風險，所以它們為特技飛行做了完美的預備：專注力是在極限運動中存活下來的關鍵要素，但它也有助於快速飛行。有趣的是，如果你處於這種心理狀態——全神貫注於飛行，沒有分心去擔憂墜機或其他危險——你會達到飛快的速度。而當你速度飛快，你會明白自己其實一直很安全；唯有當開始冒險、危及自身安全時，你才會放慢速度。」

亞克確實很快。他贏了十一項賽事，連續五年位居總排行榜前三名。這位「熱愛生命的人」另外發明了紅牛阿爾卑斯極限越野賽（Red Bull X-Alps）：一項極度耗費體力的競速比賽，靠著徒步和飛行傘征服從薩爾斯堡到摩納哥的險峻山區。他也運用駕駛直升機的能力從事公益活動，幫忙運送物資到尼泊爾偏遠山區。二〇一六年，他開著直升機從他熱愛的奧地利山區起飛，不幸失事墜機，在四十九歲生日前夕離開人世。

這活生生提醒了我們飛行總有風險，不論由誰負責操控。不顧一切危險執意挑戰競技飛行，似乎相當輕率，然而正如亞克所言，其中矛盾之處在於追求百分之百專注能讓你既快速又安全。競技飛行是一項無比極端的運動，迫使飛行員快速屏除雜念——所有活在極限邊緣的人都是如此。

這正是極限勇士一般都對「刺激成癮者」（adrenalin junkie）這個名稱厭惡至極的原因。他們堅稱成就的背後是無懈可擊的計畫，足以證明這個標籤與實際情況大相逕庭。菲利克斯．鮑加納甚至偏愛被稱作「風險管理人」，這讓他聽來彷彿成天坐在銀行裡工作。他現在運用扎扎實實培養出來的能力，管理從開直升機到賽車等所有事情的風險。

我請鮑加納總結他給孩子們的主要訊息，他是這麼說的：「我認為紀律與耐性非常重要。不論你們有什麼志向，都應該專注於目標，不要輕言放棄——別理會那些潑冷水的人。你要做的就是下定決心、想清楚目標、確保自己不會失去方向。

「不只小孩，大人也是如此。做點不同的事情永遠不嫌晚。許多人擁有目標，但是遇到一兩次問題之後，他們就說：『太難了。算了，我來換個目標吧。』十年之後，他們換過十個不同目標卻一事無成。所以你必須專注於一項目標，並且判斷：『這對我真的很重要嗎？我願意為了這個目標付出血汗、淚水和超乎尋常的努力嗎？』如果答案是肯定的，那就勇往直前。我就是靠著這種作法達到現在的成就。所有人都說我不可能突破音速障礙，但我證明他們錯了……」

* * *

要體會內心爭戰的激烈程度，你並不需要飛上天際。對於追尋心靈力量真正極限的人來說，肯定沒有比拳擊場更崇高的擂台。穿越攔繩，然後跟那個準備把你揍趴在地的人四目交接，你保證很快就能發現腦中正向與負向思維間的爭戰會由哪一方勝出。

「馬神」馬文．哈格勒（'Marvelous' Marvin Hagler）是史上最偉大的運動員之一。他在一九八〇年代的中量級拳擊界扮演舉足輕重的角色，同期的還有羅伯特．杜蘭（Roberto Duran）、舒格．雷納德（Sugar Ray Leonard）和湯瑪斯．「殺手」．赫恩斯（Thomas 'Hitman' Hearns）等多位拳擊天王。哈格勒堅稱，在這項最極端的生理競賽中，致勝的關鍵成份是心靈。

「我真心相信拳擊是全世界最殘酷的運動，」哈格勒告訴我，「你的身體與心理都必須進入狀態，缺一不可。拳擊是一種花俏的舞蹈，你讓大家看看你的雙手有什麼能耐——但也在於如何運用心智。你必須靠心智做好出拳的準備，你必須具備嗜血的渴望和殺手的本能。但是首先，你必須靠心智給你勇氣去戴上手套、走到場上跟對手搏鬥。走上擂台的人是你，別無援手。」

儘管肢體傷害是書中許多體育項目的副產品，但唯有拳擊是刻意傷人，以擊倒對手為終極目標。哈格勒仍然將拳擊形容成藝術，把今日的終極格鬥冠軍賽（Ultimate Fighting Championship）斥為「野蠻」，更像是在酒吧裡打架鬧事。然而這名美國拳擊手在學會戰鬥的藝術之前，必須先學會等待的藝術，因為他直到第五十場職業賽事才首度登上世界拳王寶座。這讓他有許多時間心生懷疑，但哈格勒向來堅信自己有朝一日能揚眉吐氣——正如他在出賽時總會立刻揮去執意鑽進腦海的負面念頭。

「你必須想辦法堅守信念，」哈格勒補充說，「我始終相信屬於我的時代終會來臨，我從不懷疑這一點。什麼時候？不曉得。所以你必須不斷練習、隨時調整好心態、保持頂尖狀態，然後在出賽時拋開疑慮，別讓它悄悄溜進腦中。我猜是在你剛開始打拳、剛開始變得有點自負時，給了疑慮鑽進腦海的機會。那是因為你沒有自信。你一旦明白自己的雙手有什麼能耐、你對拳擊比賽有兩把刷子，你會開始產生信心，然後一切自然水到渠成。」

哈格勒對自負與自信的區分很耐人尋味，但是他第六十次出賽時，果然霸氣十足，馬到成功。那是一九八五年在拉斯維加斯，他準備第十一度衛冕中量級世界拳王，延續他無可動搖的霸業。他的對手湯瑪斯．「殺手」．赫恩斯預料拳王一開始會照例慎重行事；拳王通常喜歡慢慢來，然後逐漸爆發。相反地，哈格勒一上場就毫無保留地使盡全力，成了拳擊史上最偉大的經典案例。哈格勒的右眼上方後來被劃傷，場邊醫生在最後的第三回合兩度上前檢查，但這並未阻擋他發動猛攻。他最後左右開弓，僅僅七分五十二秒便以一記右鉤拳擊倒赫恩斯。

「最大的敵手和最大的比賽意味著更難應付和更多痛苦，所以你必須把自己準備好，」哈格勒說，「那就像你在敵手的地盤跟他對打：情況更棘手，所以你得更努力訓練。跟赫恩斯『戰鬥』時，我發現你不能讓他站著，他只要還站著就會有殺傷力。但是最大的報償來自打贏那些硬仗。贏了你就會知道：『我做出犧牲，如今完成了我追求的目標。』」

哈格勒的最大犧牲，就是出了名的在重大比賽前關起來訓練，用意在於同時鍛鍊身體與心智：「我把自己關進監牢訓練，我相信那是必要手段。那是一種犧牲——重點是你必須相信它有效。你全神貫注在希望達成的目標，通常是希望把另一個傢伙打得滿地找牙。所以你必須進入狀況——而你真的需要聚精會神。在拳擊場上，你只要一兩秒鐘就可能被打得兩眼昏花。」

我問他是用什麼心理秘訣進入化境，哈格勒同樣痛快答覆：「對我來說輕而易舉：只要給我對手的名字就行。在那之後，你開始培養恨意，利用那股怒氣為自己的身心做好準備。

不是跟他個人有什麼深仇大恨，那只是為了致勝而必須在心裡累積的恨意。比賽之後，你會見到拳擊手彼此擁抱、親吻、言歸於好；但是拳擊場上沒有愛存在的餘地……」

* * *

仇恨是極端案例，但每個人都需要找到一套方法來平息內心的自我批判——因為就連最自以為是的運動員都可能受到自我懷疑所毒害。千禧年之交，澳洲板球隊在隊長史蒂夫·沃瓦（Steve Waugh）帶領下所向披靡，創下連贏十六場板球對抗賽（Test match）的紀錄——外加一九九九年世界盃冠軍。在這過程中，沃瓦登上了得分超過一萬分的名人堂。然而，這位綽號「冰人」（Iceman）和「戰士」（Man-O'War）的澳洲鐵漢承認，他總是跟浮躁不安的心魔纏鬥不休。

「當然，懷疑沒有一天不悄悄爬進你的腦袋，」沃瓦對我說，「彷彿腦子裡上演一場拳擊賽，正面的一方對上負面的一方。你得接受這種情況經常發生的事實。所以我有一些訣竅。重點是擺脫負面念頭，讓積極的正念在關鍵時刻浮上檯面。這些重大時刻之間，你可以讓懷疑和消極想法在無關痛癢之際滑進心裡，然後等你需要轉念的時候，你只要說：『讓我們回到場上。你夠水準，而且駕輕就熟，這就是你做這件事的原因。專心……』」

沃瓦是熬過腦中種種折磨之後才學會這些訣竅的：「頭一兩年，我的內心並不堅強。事實上我的意志薄弱，因為我經常懷疑自己，我的事業並不順遂。那就是你認清自我的時候；關鍵是不要重拾壞習慣。我慢慢變得強悍，到了生涯尾聲，我的心理素質已很健全。但你不能變得怠惰，以為光有堅強的意志就能成功。你必須持續鍛鍊基本動作，好讓堅強的意志能發揮出那百分之二到三的額外效力。」

板球比賽的規則也讓你有挫挫對手銳氣的機會。單純的人或許覺得傷感，但沃瓦的澳洲隊精通「辱罵嘲笑」的藝術，在投球空檔惡意調侃對方擊球手，打亂他們的節奏（攻守兩方的人數是二比十一，擊球手永遠寡不敵眾）。澳洲球員同樣得對付相應的冷嘲熱諷，但沃瓦最出名的，就是打擊時固若金湯的堅定眼神。事實上，他得要把戲哄騙自己阻擋外來的種種雜音，但附帶的好處是往往同時騙過對手。

「很多時候是虛張聲勢，」沃瓦承認，「運動比賽的心理層面之一，是讓對手相信你比實際上更強悍。你經常狀態不佳或身體不適，但如果你帶著正面態度和正面的肢體語言上場，對手會以為一切都在你的掌握之中。我會快速走到場上，趁著投球手和守備員就定位之前好好打量四周。那意味著我在場上插了旗幟：這是我的勢力範圍，你踏上我的地盤了。如果你慢吞吞，感覺就像走進別人的地盤。所以你必須學會積極樂觀、勇往直前、搶占先機。

「一旦進入場中央，其實就變成投球手和擊球手兩個人一對一單挑。假如你渾身散發強大能量，通常能立刻佔上風。把戲奏效的時候感覺很棒，但是就算心裡高興也不能露出笑容。柯特里・安布羅斯（Curtly Ambrose）這類偉大的投球手向來面無表情，讓人完全猜不透心思。這樣甚至造成更大的嚇阻效果，因為會讓你心中起疑，你搞不清楚他是想讓你出局，還是真的想傷害你。」

板球史上最偉大的全能球員之一——印度的卡皮爾・戴夫（Kapil Dev），使用跟沃瓦相同的秘訣，特別強調以正面態度來投球和擊球。「剛上場時難免害怕，」他告訴我，「可是一站到場中央就得拋掉所有負面念頭，讓天賦和訓練接管大局。許多運動員在比賽不順或表現不佳的時候咒罵自己，但我不是那種板球球員，我不喜歡浪費力氣。板球比賽過程中經常有許多波折。你要咒罵自己還是說自己運氣很好？你得保持平常心。如果你有天分而且努力練習，遲早會進入化境——但前提是身體和心理雙雙準備就緒。狀況好的時候，不要讓那份感受或化境輕易溜走。有時候，上帝會和你站在同一邊。」

矛盾的是，戴夫相信，當事情無往不利，你反而更需要勇氣吞下謙卑的苦藥。「意氣風發的時候，沒有幾個人會為你指出錯誤，」他補充說，「但老是受人稱讚對你沒什麼好處。所以我總會有幾個親戚、朋友和教練專門替我糾錯：『從旁觀者的角度，我們看見這些錯誤。』就算處在巔峰狀態，你仍然需要能隨時為你糾正錯誤的朋友。當你打得不好，你得開始努力練習。而當你打得很好，你得開始更努力練習。」

當然，只要稍一不慎，良好的身心狀態隨時可能煙消雲散。這時，瘋猴之心總是準備好出手反擊。在頂尖的運動比賽中，一切負面消息都會被炒得沸沸揚揚，其中一大原因，就是每一個動作都被其他選手以及現場和電視機前上百萬名觀眾反覆分析，直到令人生厭的地步。如果在板球場上出現失誤，走回休息區的路是全世界最寂寞的道路。

二〇〇六年，英國的板球對抗賽球員馬可斯・特雷斯科奇克（Marcus Trescothick）在生涯如日中天之際，宣布因為「壓力相關疾病」而決定退出國際舞台，引來一片譁然。他後來透露，長時間巡迴比賽、和妻小分隔兩地的生活型態，造成他焦慮症復發。他第一次焦慮症發作，是小學時前往多基（Torquay）的遠足途中。他最後被診斷出憂鬱症，導致體育硬漢世界針對一項禁忌話題展開破天荒的討論。如果你坦白承認身體受傷或生病，毫無問題。但是精神疾病？不論病因是生理、基因或化學失衡，反正板球界沒這回事。

「你得讚美馬可斯・特雷斯科奇克；那是個勇敢的決定，」沃瓦說，「他為其他運動員開了一扇門，讓他們可以說：『我覺得很糟；也許我也可以那麼做。』二十年前情況不同，你只能咬咬牙挺過去；那是身為職業板球員的一部分。但是時代不同了，而改變是有道理的。你必須照顧球員的健康。澳洲人的民族性不喜歡把事情敞開來談，但我看過球員罹患同樣的症狀。你會看到他們意志消沉，只想回家。每個運動員都有過這樣的經歷。累積到一定程度之後，心裡就會想著：『不退出不行了。』

「打了二十年職業板球，我懂那種感受。我自己也多次陷入低潮，尤其早年階段。我打了十三場對抗賽才初次獲勝，花三年半才得到第一個百分。所以我經常自我懷疑。長時間和家人分離，只要事情不順就會非常想家。如果遇到任何狀況——不論個人生活或財務問題——陷在旅館房間裡哪兒都去不了，只能獨自看著不喜歡的電視節目，胡亂點不想要的客房服務。我還記得在印度的旅館，必須等上三個半鐘頭才能打電話回家，然後只講十秒鐘電話線就斷了。雖然盡可能一笑置之，但難免開始胡思亂想。」

* * *

無可否認，精神上的痛苦也可能源於生理因素。沃瓦的澳洲同胞米克．杜漢（Mick Doohan）在一九九〇年代蟬連五屆摩托車世界錦標賽５００ｃｃ級冠軍，但他輝煌的勝利紀錄，卻被兩次重大事故截去了頭尾；第二次摔車——發生於一九九九年的西班牙赫雷斯賽道——終結了原本可能因第一次事故而縮短的生涯。第一次事故發生在他首度奪冠之前，在一九九二年的荷蘭亞森賽道。

當時，杜漢的脛骨和腓骨骨折，手術之後嚴重感染，荷蘭醫院的醫生打算進行膝蓋以下截肢。幸虧克勞迪奧．柯斯達（Claudio Costa）醫生插手，挽救了這名澳洲車手的事業生涯。柯斯達是摩托車界流動診所的主任，經常因決心讓車手重返賽車場——不論骨折與否——而引發爭議；他深信人類有自癒的潛能。這回毫無機會。柯斯達最後將杜漢的雙腿縫在一起十四天，讓左腿為開始發黑的右腿扮演捐贈者的角色。杜漢滿懷感恩；這樣的心態或許也有幫助。

「我不知道心智是否可以幫助身體更快復原，」杜漢告訴我，「但我持續鞭策自己向前，而不是自怨自艾。正向思考者的共通點就是沒有裝後視鏡；人生不斷在我們前面發生，我們無法改變過去：『向前走吧，那是我想去的地方……』在日常生活中，因為車禍或其他重大事故而傷殘的人經常會問：『為什麼會發生這種事？』賽車世界沒有這樣的疑惑；我們知道意外、受傷甚至喪命確確實實有可能發生。所以一旦事到臨頭，你不會成天糾結在這個問題上。」

這不表示杜漢徹底拋開恐懼；事實恰恰相反。歷經那樣的重大事故，他每次騎上摩托車都明白自己面對的風險，不需要別人提醒。但他毫不退縮。相反地，他把恐懼當作正面的激勵工具，驅策他更靠近極限。

「每個人都會害怕，」他強調，「你需要適量的畏懼來保持安全。但你得運用那份畏懼。當你經驗越豐富、越理解自己的行動，越能將畏懼推到一旁。你必須把自己推到畏懼的極限邊緣，才能將極限往外延伸。如果你持續延伸極限，極限便會不斷移動。每個人對事情出錯的恐懼都有不同的接受程度，你得知道自己的那條線在哪兒。然後你沿著極限行動，盡可能靠近界線而不越界（越界就是意外發生的原因），讓你的界線變得更有彈性，你也會更有餘裕。你越長時間停留在極限邊緣，極限越容易往外延伸。

「我絕對不想傷害自己或周圍任何一個人。許多人認為賽車手需要花大錢改裝車子，要不就得是徹頭徹尾的瘋子。我不同意。那種作風的車手通常沒有太大前途；他們也許能飛快衝完一圈，但下場是被救護車載走。衝勁是需要有節制的。」

你可以拿「瘋猴之心」換掉上面這段話裡的「畏懼」，如此一來就跟這章的內容完全呼應。正如菲利克斯．鮑加納制定周全的計畫，直到瘋猴之心無話可說、舉手投降，杜漢也同樣專注於細節。

「你明白這項運動有多危險，但你把自己的身、心和車子都準備好，讓騎車幾乎成了第二天性，」杜漢補充說，「所有事情都一樣：沒有妥善計畫就無法順利進行。在賽車場上，你總是提前思考下一個彎道，以免猝不及防。但一切還更提早開始：前往賽道之前，你試著回想前一年的表現，以免浪費時間。出賽前一天晚上，我思索所有可能情節：『要是發生這種情況怎麼辦？』你永遠走在前頭。如果你全神貫注，你會知道自己瀕臨極限，但感覺彷彿可以突破極限。不論怎麼做，你似乎一直在安全範圍裡。競爭對手不斷追逐他們心中認定的你，但是如果你持續突破，他們永遠追趕不上，因為你已經向前邁進一步……」

當前的頂尖摩托車賽車手馬克．馬奎斯（Marc Márque）似乎在抵達之前就已向前邁進。馬奎斯受到父母鼓勵，六歲開始騎著越野車在西班牙的賽道上奔馳。這樣的背景幫助他以驚人的風格登上賽車舞台：他以極為傾斜的角度過彎，必須配戴特製的鎂合金護肘，因為一般護肘磨損得太快。這名西班牙車手囊括125cc和Moto2兩個級別的冠軍，但當他首度參加摩托車世界錦標賽便登上世界車王的寶座，就連他自己都大吃一驚。他是該項賽事三十五年來第一位首度參賽即奪冠的車手，也是史上最年輕的冠軍，年僅二十。當其他人忙著追趕，他已又贏得另外兩項賽事。但是在兩輪機器上，就算是最早慧的學生也難免遭受重創。馬奎斯在二〇一一年摔車，導致視網膜剝離，摩托車生涯很可能因此驟然畫下句點。然而，這起事件反而將他推上另一個層次。

「那是我生涯中最難熬的一個月，」馬奎斯對我說，「因為醫生告訴我：『我們不確定你能不能再度騎車。』我必須動手術，但視力可能無法百分之百恢復；平常生活或許還可以應付，但騎車就不行了。不過我很幸運。我的醫生醫術精湛，給了我再度騎車的機會。現在已完全康復。這件事情改變了我的心態，我開始享受每一刻、每一次比賽和每一件事。我從這次復原中醒悟，我們必須享受生活，因為你從不知道未來會發生什麼。你需要恐懼——但一點點就好；過於害怕會拖慢你的速度。最重要的是享受當下，以及伴隨而來的每一件事。」

3 風險

幸好，我們其餘人等不需要為了進入化境而投入太空跳傘或摩托車賽。書中幾位人物由於熱愛速度，不得不無止盡地撩撥受傷或致命的風險，顯示有些人為了尋找這座心靈天堂，是多麼義無反顧。但是化境並非專為冒險家開放，沒有人需要為了進入化境而置生命安全於不顧。儘管如此，若要找到自己真正的天職，總得踏上某種程度的未知道路——不論是辭掉白天的工作，或是鼓起勇氣追逐夢想。

那就是英國工廠工人傑米・貝茲維克（Jamie Bestwick）在一九〇年代尾聲面臨的抉擇。儘管他工作認真，卻總有一個願景在眼前揮之不去：他發現自己每天夢想著靠騎極限單車（BMX）的嗜好來賺錢謀生。沒什麼不好，只有一個小小技術問題：這樣的職業並不存在。無論如何，他開始前往大西洋彼岸參加比賽，編造出越來越天馬行空的故事替曠職找藉口。有一次，他胳膊上掛著吊帶跑到工廠，佯稱鎖骨骨折——然後搭飛機前往聖地牙哥參加初具雛形的極限運動會（X Games）——這項賽事後來成為極限運動明星的聖地麥加。

每個需要養家活口的人都知道，拋棄一份固定薪水很不容易。不過，當一家自行車公司願意比照貝茲維克的工廠薪水付他錢，他毅然決然移居美國；這是唯一可以靠騎車賺（一點）錢的國家。他只給自己一年，並且再三確定如有必要，工廠會答應他復職。

「那個時候，我沒有立刻豁出去，因為你不知道未來會怎樣，」貝茲維克承認，「如果有人給你機會實現夢想，那是很嚇人的事。我還有房貸要付，還得吃飯、加油。而我壓根不相信小輪車運動會風行起來。搬到美國後，我的心底仍有這樣的想法：『要是我嚴重摔車，整件事情明天就落幕怎麼辦？』世事難料：這句話適用於生活裡的每一件事。一個來自英國小鎮的小子縱身跳進一個新興的職業運動世界，拋下熟悉的一切，離開家人和家鄉編織的安全網——只為了追逐一份夢想。想想都覺得害怕。」

當他在賓州的一片雪地裡摔車，倒臥在「名符其實的荒郊野外」，他很快認清自己所冒的風險。他出現血腫，腿部腫成平常的三倍大。這趟旅程並未得到他預期的掌聲與喝采；離開朝九晚五的規律工作、必須自己管理時間並維持體能，也比他想像的困難得多。貝茲維克沒有一炮而紅；他不斷質疑自己是否做了錯誤決定。然而到了一九九九年，在他出道三年之後，極限運動會開始成為眾所矚目的焦點，許多運動明星共襄盛舉，例如摩托車越野賽的崔維斯・帕斯特拉納（Travis Pastrana），以及滑板高手東尼・霍克（Tony Hawk）。

「那年，我對自己的騎車技術深具信心，結果才三十秒就摔得不省人事，」貝茲維克說，「我騎車回旅館，氣自己氣得要命。以前每天上班，我總是兢兢業業，因為隨時有被開除的危險。但我沒有用同樣的工作倫理、沒有以最高的技術水準來騎越野自行車。我跟自己談談，決定堅持下去。我參加下一場比賽，贏得冠軍，感覺就像中了樂透頭彩一樣……

「在那之後仍然不時遇到亂流。當你生涯早年贏得勝利、志得意滿，感覺就像站在一波大浪頂端，你只需要乘浪而行就好。你失去了專注力。當我大搖大擺走進工廠說『我不回來了，我要靠騎單車賺錢』，有些人覺得很好笑。但是我下定了決心。然而每次心生動搖，似乎就會導致災難性的結局——下場通常是受傷。我接連因為前一天晚上骨折而錯過兩場極限賽事……」

長年累月在單車上顛簸，終於導致貝茲維克椎間盤骨折。二〇〇六年，他動手術將兩節脊椎融合在一起。麻醉之際，醫生告訴他有可能無法繼續騎車，他甚至準備好接受現實——直到他甦醒過來，明白自己連目標的邊都還沒碰到。那年，他在傷癒復出後的第一場比賽表現不佳，氣得發誓徹底退出極限單車比賽。不過和自己另一番「閒談」之後，把他推上了另一個高度。當他在二〇〇七年重返賽場，被問起「退休」的事，他回答說：「那傢伙退休了，新的傑米．貝茲維克剛剛登場。」

二代貝茲維克的表現不算太差。二〇一四年，他以四十二歲之齡連續第九次奪下極限單車U板賽（BMX Vert）冠軍，刷新任何一項極限運動賽事的紀錄。他回憶當時情況：「我輸掉手術後復出的第一場比賽，因為腦子裡有一個聲音：『我今天很遜，不配跟那些傢伙同台較勁。』但是輸掉比賽並不丟臉，那只是一次教訓。事實上，痛失金牌可以讓你學到許多。你會回頭反省：『這是怎麼一回事？』我必須在腦中重溫整個過程，弄清楚哪裡出錯，確保不會重蹈覆轍。歸根結柢，重點在於別讓大場面打敗了你。

「你見到的是最後抽著雪茄享受成果的一刻，但你沒見到讓那一刻如此光彩奪目的無止境投入。我每天從早到晚練習各種動作招數，因為我樂在其中。但是，如果你承受龐大壓力，那都是你自己給自己的。其他傢伙會影響比賽結果，但他們所做的，無非是想動搖你的意志。他們試圖告訴你：『你以為你腦中現有的招數足以贏得比賽？想得美！』是你給自己的壓力害你連最簡單的招數——你平常閉著眼睛就能完成的動作——都出現失誤。」

這些年來，二代貝茲維克透過包括瑜珈在內的鍛鍊，進一步提升心理層面的掌控能力。更高的專注層次是他創下連贏紀錄的基礎，因為他的心靈已成了一座堡壘，任何心機把戲——不論來自外在或內在——都無法攻破。

「現在，站在坡道頂端等著大會唱名，已成了一個觸發點，」他說，「那是我的暗號：輪到我上場，釋放出我為了在任何時刻都能拿出最佳表現，因而日復一日重複演練所達到的訓練成果。當主辦單位喊出你的名字，你最想置身的地方莫過於坡道頂端，等著讓全世界看看你的本事。

「比賽的刺激讓我上癮：知道自己做了周全準備，卻無法百分之百保證能完成其中任何一項。隨時可能出差錯──但那就是你活著的意義。你擔心會輸掉比賽，卻總能設法保持鎮定與掌控；你就是為這樣的日子而活著。那份感受如今成了一種需求──我很幸運有機會親身體驗。」

幸運？這是書中各個運動明星最喜歡的字眼，可是他們說的是一種特別的運氣，需要靠自己掙得。主要的戰爭並非來自任何外部敵人，而是要對抗內心的恐懼──就一項真的可能害你受傷喪命的運動項目而言，恐懼從不斷設法開創新局面的日常風險開始。

「你得冒險，但很值得，」貝茲維克強調，「這個年代做什麼事情都有風險。上網有風險，電話貼著耳朵也有風險。我活在充滿風險的世界，而我怡然自得；風險的回報遠遠勝過風險本身。人類在必要時刻所能激發的潛力非常驚人。如果我做的事情安全無虞，我大概會找更冒險的事情去做。你不會幹毫無危險的事，就像小時候，你總會一點點地朝極限邊緣摸索，直到被反咬一口，然後你重新開始。

「所以重點是與恐懼共存，明白恐懼是你的朋友。恐懼是個好老師，會讓你知道你什麼時候超過了界線。我在其他生活層面也喜歡活在極限邊緣嗎？我開始參加摩托賽車，所以我的確不斷追求刺激。但我不會說自己是個隨便冒險的人；我謹慎得多。我會綜觀全局，希望一切完美無缺──優雅、順暢、耀眼、精緻。我期許我的騎車技術能進入這樣的境界，而我打算比所有人更努力練習來達到這個目標。」

在貝茲維克參與的極限單車U板賽中，選手必須凌空做出動作，然後在U型的半管（half-pipe）著地。每次嘗試新的招數，他們私下都得承受難以避免的疼痛，但是回報就是在大眾面前完成動作時感受的激動。

「從前，極限運動會曾在一百二十五英尺長的半管上舉辦最佳特技比賽，」貝茲維克說，「有一年，我看著選手一遍遍撞上坡道，心裡想著，『老天爺啊，看起來真恐怖。』我記得自己出發，然後時間凝結。我聽不見觀眾叫喊，聽不見音樂或那個拿著麥克風鬼吼鬼叫的傢伙；我只聽得見車輪轉動的聲音。如此而已。我甚至可以聽見針掉在對面看台的聲音。我向後翻轉，趁著頭下腳上之際兩度擺尾。這是我首度演出這個花式動作；你得放手讓單車旋轉，聽著輪子在車身翻轉時發出的聲音。正當我聚精會神之際，整個世界轉到我的面前。就像在劇場中，當他們拉起布幕，所有卡司站在那裡最後敬禮。坡道敞開了，我看見閃光燈此起彼落，我看見看台上的觀眾。

「著地那一瞬間，就像有人嘩地打開開關，音樂回來了，人們爆出雷動的歡聲。這個時刻，你照理應該蹦蹦跳跳放聲大叫，因為你剛剛完成一項最瘋狂的特技，就算在你最瘋的時候都沒想過自己居然辦得到。但是我站在平台上，一動不動。我不知道要做什麼。我其實不覺得發生了什麼事，因為我太忙著行動，完全出神了。整個過程太不真實。這並不經常發生——通常，你在心底深處等著一聲強烈的撞擊。每次我嚴重摔車，心裡就會出現砰的一聲，彷彿安全帽裡的回音，緊接著是一片死寂。那聲撞擊是你最後聽見的聲音，因為接著就暈過去了。然後你知道情況不妙。不過當你再度聽到觀眾歡呼，你就知道沒事了……」

* * *

所謂風險，並非只是在追求內在完美或外在榮耀時避免痛苦。對某些人來說，完美的人生涉及了正面迎擊痛苦。戴利．湯普森（Daley Thompson）在一九八〇年代活躍於專為超人設計的田徑項目：十項全能。這是體能的重大考驗，選手必須在兩天內完成十項競賽。這名英國運動員每次踏進體育館，都知道痛苦正在前方等待，因為不論比賽或訓練，他都會把自己推上極限。這樣已是重大犧牲。但是當我見了湯普森之後才明白，畢生只專注於一件事情，凸顯的是另一項人格特質：願意孤注一擲的賭性。

「我是那種樂得把所有雞蛋放進同一個籃子裡的人，」湯普森告訴我，「生活中沒什麼大事，因為作為一名運動員——尤其是年輕運動員，你沒有其他責任，所以整天只能思考你的生涯、投入其中，要不就去睡覺。如此而已。就連走在街上，我也確保所有事情不離本行。我看準人行道上的裂縫下腳，然後稍微停下來看看我拿捏得是否精準。走十步以後再來一次。所有事情莫不以跳遠多跳兩公分為目標。那就是你成天做的事——起碼我是這樣。

「鐵餅選手歷經五年訓練才能臻於成熟。如果你的訓練時數只有三分之一，就得花三倍長的時間。所以十項全能選手必須投入一輩子心血，因為我們每個人都有一兩個弱項。我不曉得我哪兒來的耐性，但我知道我確實有耐性，因為從十六歲開始受訓起，我就有一本專門記載目標的《戴利日記》。上頭說我希望一九八〇年首度出征奧運，一九八四年躋身前十名，一九八八年獲得一枚獎牌，最後在一九九二年奪冠。我準備好面對這一切，因為我沒把它當成一時玩玩的事；我把它看成一份事業。」

湯普森提早達成了目標；一九七六年的奧運是他後來連奪兩屆金牌的唯一跳板。十七歲的戴利知道自己不急於一時，於是花時間在蒙特婁向周遭的運動名將請益。之後，他便展開長達九年的不敗紀錄，儘管——或者正因為——有一位強勁的對手：湯普森的速度比子彈更快，但是德國選手尤爾根．亨森（Jürgen Hingsen）的力量比火車還強。這兩人不斷交替打破世界紀錄，但是金牌從未旁落，總是被戴利收入囊中。

「人們認為十項全能實在太辛苦了，」湯普森補充說，「確實如此。那不會是我的第一選擇；我寧可當全世界跑得最快的男人，他們一天只訓練半個小時……但我曾聽人家說，不管你練得多麼辛苦，從達到巔峰狀態到正式比賽之間，最好不要超過六個星期。那六星期的重點不是訓練，而是更重要的事情：調整好心理狀態。即便你在成千上萬名觀眾面前出賽，感覺上也沒什麼不同——至少我是如此；因為你一直處於狀態中，而那就是我的正常狀態，不是反其道而行。」

這是湯普森在逆境中維持沉著的秘訣。一九八四年奧運，他前兩輪的鐵餅成績不佳，領先地位眼看就要拱手讓給亨森。然後他在第三次、也是最後一次機會一舉擲出生涯最佳成績，引來朗·皮克林（Ron Pickering）的經典講評：「這次更遠、這次更遠、這次更遠、這次更遠！」太冒險嗎？不算吧。戴利已經累積好幾千次鐵餅投擲經驗，「就算在訓練過程中」，他也從來沒有連續擲壞三次，所以戴利從沒想過自己或許會在最重大的舞台連續三次失誤。

「我從不因為一時表現不佳而灰心喪志——事情過去就過去了，」湯普森說，「就像打高爾夫球：你得不斷往前看。停留在過去只會扼殺了現在和未來。不了，你就是得忘掉它，你得活在當下。每個人都必須如此，不論做不做得到，每個人都必須為此時此刻而活，因為當下是唯一重要的時刻。你不能等著晚一點再打敗對手，現在就去做；因為他晚一點可能會變得非常強大……」

英國跳遠選手葛雷格·盧瑟福（Greg Rutherford）在二〇一五年加入湯普森的行列，成為包辦奧林匹克運動會、世界田徑錦標賽、大英國協運動會和歐洲田徑錦標賽四面金牌的極少數運動員之一。對於追求卓越，他跟他的本國前輩同樣執著。盧瑟福甚至在自家後院蓋了一座沙坑，讓自己沒有藉口逃避練習。「田徑運動佔據我清醒時的每一分鐘，」他強調，「我所做的每一件事情都有影響——不論是吃了什麼，或睡得如何；你必須把這些影響納入計畫中。當你走進體育場，腎上腺素一湧而上，但你已經徹底準備好了，所以瞬間進入化境。每一位勝者都有極強烈的驅策力量，目標是成為領域中的翹楚。問題是，我們從小被教導不要爭強好勝，要接受『人人都是贏家』。在最底層，這個觀念讓所有人都有參與感，但它阻礙了人們的進步慾望。這個觀念不符合生活的任一層面——不只是體育界；要是有二十個人爭奪同一份工作，最後只能有一個贏家。」

為了追求勝利而付出一切有個缺點：必須承擔失敗所帶來的痛苦。當盧瑟福在二〇一六年奧運「只」拿到銅牌，你可以看見他臉上的懊惱神色，正如湯普森一九八八年沒有奪牌時所受的心裡掙扎。傾盡全力卻仍落居人後會令人傷心，但偉大的運動員認為箇中的回報遠超過痛苦。對戴利而言，失敗絲毫沒有打擊他辛辛苦苦建立起來、並且希望大家都能擁有的強大自信。

「當今絕大多數奧運項目的問題是太辛苦了，尤其是十項全能，」湯普森嘆息著說，「現在的青少年不想聽到必須訓練七年才能變得真正厲害。他們不想經歷短跑還不錯、但是鐵餅或撐竿跳完全不行的過程，寧可在其他項目發光發熱。他們似乎沒辦法這麼想：『這只是過程，得放長遠來看。』他們想要賺大錢、拿下鞋子代言合約、參加大型活動。那就是當今年輕人的心態——我自己的孩子也不例外。如果我問他們，他們會說：『我今天下午要成為世界越野錦標賽冠軍——在電視遊樂機上。』這跟二十年前判若天淵，但情況就是如此——時代變化本來就是天經地義。

「有些人比其他人更有自信，但是多相信自己一點，對每個人都有好處。我很幸運，一生都很順遂。但要是不能盡如人意，我也做好心理準備暫時離開、繼續磨練，然後回來再試一次。態度是阻礙人們表現傑出的因素，不論在體育界或其他領域。說到態度，許多人其實沒興趣回答『你有多厲害？』這個問題。他們或許寧可搞不清楚。我呢，那是我唯一想探索的問題。我想把自己推到有點冒險的地步，因為我想知道我是否像自己說的、或以為的那麼厲害。許多人壓根不想知道自己的極限。」

* * *

我有多厲害？有多少人真的想找出答案？匈牙利心理學家米哈里・齊克森特米海伊（Mihály Csíkszentmihályi）長年沉迷於這個問題；他在一九七〇年代發明了「心流」（flow）這個詞彙，用來描述人們因為活動本身、而非任何外在酬賞而投入一項活動的狀態。從那時起，他便開始研究並撰寫這個主題，直到如今八十多歲仍持續不輟。他相信當我們冒險稍微跨出極限，可以在乏味與焦慮之間找到一個愉悅的平衡點。

「人們挑戰比以往困難一點的活動時，往往得到愉快的經驗，這是演化過程中的一個有趣意外，」他告訴我，「不斷追求更高難度的挑戰，顯然會在我們的腦中製造出腦內啡（endorphin），而這似乎是我們從老祖宗身上繼承來的特質。它幫助我們在其他物種不求進取、安於現狀的環境中存活下來。相較之下，我們的祖先更喜歡偶爾跨出舒適圈。那表示他們學會新的生存方法，更懂得善用環境。如今我們繼承了這項潛能，樂於跨出自己的舒適圈。這不見得是一件好事，因為它有可能驅使人們太過踰矩：然後從他們攀爬的岩石上跌下來，或者打牌輸錢之類的。所以我們必須學會以有利的方式運用這項特質。

「我們研究一千名來自世界各地的網路西洋棋玩家，請他們在棋局結束之後，針對這一局的樂趣給予評分；我們發現，當對手的棋力比他們高出百分之五，玩家得到最大的享受。也就是說，所謂的甜蜜點（sweet spot）是在略高出我們能力範圍的地方：贏了非常痛快，但輸給比你厲害的對手也無傷大雅。而且你還能從經驗中學習，長遠來看，你會變得越來越強。不僅下棋如此，生活整體都是如此。」

整個電玩產業也是建立在這樣的原理上。電動遊戲的設計原則，是一步步帶領玩家直到他們掌握基本技巧，然後逐漸提高挑戰，不過總是將挑戰控制在可應付的範圍，讓玩家得以持續向前。如此一來，遊戲世界忠實反映出在「現實生活」學習新技能的過程，但它的回饋系統經過精心設計，不斷誘使我們追逐下一個刺激。這個策略奏效了——我見過許多玩家進入神馳的化境。不過，一切在螢幕上完成，有一個缺點。

「一開始，取得電腦並且得以跟全球各個角落的人溝通，對兒童——尤其是邊緣兒童——是莫大的自由，」齊克森特米海伊補充說，「所以網際網路和智慧型手機具有龐大商機。但是它們也可能讓人無法自拔，直到你忽略了周圍一切、不知道如何運用肢體也不懂得如何交朋友。所以說，你必須不斷掙扎著找到一組平衡的挑戰，並且不要對虛擬的挑戰玩到成癮。高度互動性的戰爭遊戲很容易讓人沉溺其中，但假如你的整個生活是建立在虛擬實境上，你最後會覺得自己是電腦裡的一個頭像，活在別人的遊戲中，而不是一個能主宰自己生活、使用自己身心的人。

「我知道有些孩子的生活因此發生劇變，但還不曉得他們長大成人後會變成什麼樣子，所以遊戲的長期效果還沒有定論。對於這個新的虛擬環境，會對兒童成長造成什麼影響，我抱持嚴重的懷疑。但是年輕一代並不擔心，因為他們已經克服障礙、從中學習，並且開始自己寫程式。這是很大的挑戰，所以可能具有正面的潛力——但是也有負面的可能性，而最後或許由負面勝出。消費永遠比生產輕鬆，絕大多數人依舊會是消費者。他們的發展會變得更糟，倒不如當初去後院踢足球、釣魚或作其他活動。我們也應該活在上天分配給我們的實境生活中。」

這世上還有一些歷險活動跟坐在沙發上打電玩無關。從極限單車到衝浪，當今「極限運動」的重點就是把整個世界變成一座巨大的遊樂場。這些娛樂原本被視為另類活動，如今開始進入主流，因為它們展現螢幕角色才具有的技能，並且提供照理只有金錢才能買到的自由。有些活動甚至不需要任何器具——不論昂貴或便宜。你純粹跑、跳、爬、躍過和翻過找得到的任何東西——身體和心靈就是你所需的一切。

* * *

「這些最基本的動作居然那麼久以後才擁有屬於自己的名稱或原理，真令人驚訝，」全球自由奔跑及跑酷聯盟（World Freerunning and Parkour Federation）的創始運動員萊恩・多伊爾（Ryan Doyle）說，「在自由奔跑與跑酷中，你透過移動來表達自我，學會發揮肢體的最大可能性，釋放它具有的潛力。每一項運動都可以從跑酷中找到基礎。你學會肢體的活動方式，然後隨心所欲移動。當你在創意環境中落實這項技能，會感覺自己將生命發揮到極限。你原本受到束縛，如今解除了枷鎖。

「你看見自己以前的模樣和其他人現在的模樣；他們沒有效率。如果目標在前方，就應該勇往直前。但是假如有一道三尺高的牆擋住去路，他們被灌輸了這樣的觀念：『那很危險，我有可能折斷骨頭。』我把跑酷發揮到極致，但對人體來說，翻越三英尺高的牆輕而易舉。如果每個打電動和看《蜘蛛人》的小孩都花同樣時間開發自己的肢體，他們就可以當個名符其實的蜘蛛人。我做這件事情不是為了讓自己好看，而是為了給他們難看。」

我見到多伊爾時，他的熱情溢於言表，因為他正忙著教導孩童運用全身上下進行遊戲的藝術，而不是光使用拇指打鍵盤。他強調跑酷的一大吸引力就是持續不斷的進步（跑酷比自由奔跑稍微更著重於速度），正如電玩遊戲。他建議孩童從基本的側手翻開始發展空中概念：上下翻轉、左右扭動、運用每一根肌肉。更棒的是，這類屬於現實世界的任何進步，可以立即套用到生活的其他領域。

「跑酷釋放出新的自由感，徹底改變你的思維方式，」他補充說，「而且它具有內在報償。你不是在這個月結束前拿到黑帶，而是在今天結束前學會新的技巧。如果你為自己設立挑戰然後持續超越，報償會不斷累積。一旦你養成達到目標、克服肢體障礙的習慣，你的大腦也會開始習慣建立連結，達成精神上的目標。你要是遇到財務問題或者希望得到某個職位，它教會你如果一條路行不通，那就換一條路，再試一次。別光悶悶不樂連著消沉兩天。真要說的話，你反倒應該慶祝，因為你如今學會了什麼事情不該做。全都是心態問題。錯過生命的，就是那些跌倒之後決定永遠不再嘗試的人。」

來自英國利物浦的多伊爾，少年時期曾在韓國國術院接受訓練。他把學來的武術技巧和自創的自由奔跑動作融合起來，建立屬於自己的風格。多伊爾曾兩度在這項運動的最高競技場——紅牛移動藝術大賽（Red Bull Art of Motion）——奪得冠軍，他後來在同一項賽事摔斷腿，顯示比賽有多麼危險。但是獎牌從來不是極限運動的真正動力來源，重點在於不斷追求下一個境界。

「大眾認為自由奔跑是一項危險運動，」多伊爾說，「可是假如兩個人站在屋頂上，其中一人沒有跑酷經驗，另一人受過訓練，你比較信任哪一個？我們教導大家如何在不熟悉的環境中保持安全；反正人們總會做瘋狂的事情。如果你突破極限、超越常軌，只要上傳到網路，這套動作立刻成為新的標準，一年之內蔚為風潮。所以說下一代是站在巨人的肩膀上。我三十多歲了，但有許多十六歲的小伙子表現得可圈可點。他們都看著我的教學影片長大。

「有那麼多新的名堂，現在已經很難設計出原創動作。但假使你揭開了身體的密碼，環境就是你的設備——而環境總是不斷改變。所以你必須想好一整套新的技巧來符合每一種環境。你可以到哪兒都用同一套標準動作，但那只是記憶遊戲，沒有創意。難就難在找到只適合某個新環境的特定動作。我們帶著一組攝影團隊走訪全世界勘查地點，設計出只限於某個地方的原創招數。那樣的創意極其珍貴。」

假如這份創意甚至可能是我們每個人最寶貴的天賦呢？多伊爾堅稱，否認這項簡單概念是現今社會的一大問題：「人們以為只有一小群人是藝術家，其他人不是，但其實每個人都做得到，」他說，「我們在童年失去天份，因為制度迫使人們順應朝九晚五的工作。如果你付錢叫我搬東西，我會照辦。這是體力活。但要是有人說：『畫一幅畫，我會買下來。』那就不一樣了。你一動手畫就會這麼想：『我熱愛這件事。為了那筆錢送走它？我不幹。它更有價值。』因為作品裡含有你個人的創意，無法在別的地方複製。同樣地，當你藉由身體動作畫出一幅獨一無二的作品，那樣的表演彷彿某種無價之寶。

「在移動藝術大賽中，你見到學過戰舞（capoeira）的巴西人、會武術的中國人，以及有體操或霹靂舞背景的其他選手。當他們出場，你觀賞的是某個人以九十秒時間展現畢生絕學。他們表達的不是『移動的藝術』，而是他們的生命。好玩的是，等你認識他們和他們的父母、見過他們成長的環境，你頓時明白：『啊，原來你的風格是這麼來的。我現在瞭解你這個人以及你為什麼這麼做了。』觀賞某個人在跑道上揮灑出生命的圖畫，那感覺真美。」

沒有什麼表演境界比表達自我——尤其是以如此充滿生氣的方式——更自然的了。難怪放手讓自我源源湧現，可以造就無與倫比的巔峰。

「在一套好的表演中，人們會進入恍惚狀態，即興發揮，」多伊爾補充說，「他們不去思考：『那個動作很棒』，或者『我接下來要怎麼做？』他們只是不斷回應、回應、回應。表演結束之後，他們不記得自己做過什麼。我也曾進入那種狀態。到了最後，你得看影像重播才會知道剛剛發生了什麼事，因為你完全失去時間概念。在那一刻，你太忙著專注於當下，無法顧及其他事情。你如同動物一樣，完全憑本能生存。

「霹靂舞者也一樣。他們不記得剛剛完成的動作，也不知道接下來會跳出什麼舞步，就是不斷翻騰、移動、跳躍，回應音樂給予的訊息。他們的腦中只有音樂，以及牽動著這次表演的情緒。如果他們的成長過程比較辛苦，他們會把不愉快的經驗當成燃料，為舞蹈動作傾注力量。你可以看出他們是如何拿情緒為表演補充能量。」

＊　＊　＊

情緒燃料的用途廣泛——也可以為輪子提供動力。如果說四十多歲大叔玩滑板的畫面很突兀，有一個人不在此列。綽號「鳥人」的東尼．霍克九歲開始玩滑板，四十年後，「鳥人」每天依舊平均滑兩個鐘頭，將滑板運動提升為一種「藝術形式、文化和生活風格」，並且透過真實生活以及電玩的虛擬賽場，將它植入全世界的集體意識中。

「做一件事情，就要全心全意、卯足力氣，」他告訴我，「當你嘗試一個新的招數，你不能假設事情會自然而然發生。你必須設法解決問題、尊重、釐清動作的每個細節，然後全力以赴。滑板運動是這個道理最真實的泉源，但你可以把滑板遇到的挑戰運用到生活其他層面。我的信念是，總會有新的東西需要學習，你可以不斷提升能力、不斷突破極限。那就是我長久以來堅持滑滑板的原因。不論你爬得多高，你必須持續練習、堅持下去，並且不斷挑戰自己，因為那是成功的不二法門。如果你花時間練習，而且下定決心，遲早會成功。有時候只是比你預期的晚了一點，但成功終究會到來。這就是滑板帶給我們最好的人生心得。」

「試一下、再試一下」是滑板競技的關鍵要素。霍克在一九九九年極限運動會成功完成史上第一次空中轉體九百度——在空中旋轉兩圈半——奠定了他不朽的傳奇地位。但即便在那歷史性的一天，霍克也不是第一次嘗試就一舉成功。他在眾目睽睽下痛苦地嘗試了十一次。當他最後起飛，他帶著這項運動一起衝上雲霄。傑米．貝茲維克總結地說：「當東尼揭示了九百度翻轉，就此改變滑板運動的面貌，將極限運動帶進前所未見的世界。他努力了那麼久，成為我們每個人設法追逐的標竿。」

霍克如今已退出職業賽事，但是他退而不休：「滑板運動持續進步，每天都會出現新的招式，」他說，「所以還有我想完成的動作。但是這個層次很困難：十年以前，人們只能在電玩裡完成某些花式動作，現在他們拿到現實世界來做。這些招數的技術性很高，必須一試再試才做得成，不過一旦成功了，一切都值回票價。我的方法是抱著純粹的信心放手一搏。我告訴自己，這件事情我做過千百遍了，這次沒什麼不同。真要說的話，情況只會更好，因為我會多放一點力氣。如果你帶著一絲一毫的自我懷疑面對比賽，無異為自己挖了失敗的坑。」

心理素質是運動的精髓；特別在某些運動項目，傷害正等著那些沒意識到自己心中存疑的人。不可思議的是，儘管霍克在漫長生涯中從不配戴任何護具，但他只摔斷過三根骨頭——肋骨、手肘和髖骨。他強調當遭遇挫折，正確的心態也非常重要：「你必須爬起來，繼續想辦法建立自信。那很困難，但你得相信自己還能做下去。當我從髖骨傷癒復出，我才明瞭自己多麼熱愛滑板運動，因為我的身體受了重大損傷，這顯示我願意為了重返賽場付出一切。」

滑板運動始於一九五〇年代，當時，加州的衝浪玩家想找陸地上的替代品，打發沒有大浪可衝的季節。最早的滑板運動場出現在一九七〇年代，不過現在，霍克希望盡可能將這份熱情散播到無數年輕人身上。他的基金會已在全美各個弱勢地區贊助數百座滑板運動場；此外，從柬埔寨到阿富汗和烏干達，這項運動的普及度也越來越高，他為此深感自豪。就像他還是個「又瘦又小的小鬼」的時候，就受到小不點史蒂夫．卡巴耶羅（Steve Caballero）的啟發開始玩滑板——「他讓我知道，就算個頭矮小也能攀登高峰。我想跟他一樣飛翔……」——在那之後，已有越來越多人勇於衝上天際。然而，儘管滑板即將在二〇二〇年被列為奧運正式項目，霍克知道某種烙印依然存在。

「除了玩滑板之外，弱勢社區的孩子也投入其他運動，只是得不到支持，」他嘆息道，「不是沒有設施，就是受到勸阻。如果他們終於找到一件熱愛的事，卻被勸說打消念頭，這會對他們的自信和自尊產生怎樣的影響？我買這些設施好讓他們覺得受到眷顧，覺得有人相信他們。在他們的城鎮，那些滑板公園的使用率比其他運動設施更高。」

「滑板運動賦予我自信和自我認同感。沒有人預料得到我至今仍能靠它謀生。人們託付我擔任大使，我深感驕傲，不過這項運動一開始乏人問津，所以我沒抱持太大期望。直到我的電玩發行之後，我才明白它比我想像的更風行。最棒的是，我這把年紀還能繼續玩滑板、到世界各地旅行：去分享我從小熱愛的運動。」

霍克並不孤單。巴西的鮑勃．本奎斯特（Bob Burnquist）十四歲轉入職業體壇，四分之一世紀以來，他的絕技讓他登上無人可以比擬的地位，甚至超越霍克。他是第一個成功完成「倒滑後翻九百度」（fakie 900，正常站位往板尾滑行）的人。本奎斯特的三十面極限運動獎牌是另一項紀錄，不過當他在二〇〇六年結合滑板與定點跳傘飛進大峽谷，他是真的冒險投入一個未知的領域。第一次嘗試失敗，因為他錯過了起跳滑杆，還來不及拉開降落傘就失去控制。他調整坡道後再試一次——成功搞定。

「玩滑板和跳傘都需要全神貫注，迫使你專注於當下，」本奎斯特說，「所以幾乎達到禪定的力量。我如果分心就很容易撞到或受傷，一旦開始思考，焦慮便瞬間襲來。所以我會做六次深呼吸，然後告訴自己：『不要提早憂慮，做自己該做的事就好。我可以在壓力下正常表現。』出發之後，我向來保持從容，這很重要。進入化境意味著活在當下。你很難時時刻刻心無旁鶩，所以重點是在必要時候進入化境；你還有一趟要跑，壓力來了……」

我猜沒有幾個人會為了驗證這套理論而跳下懸崖。對於志向較溫和的人，本奎斯特強調重點不是活在極限速度上。事實上，他的基金會的宗旨是向學校推廣有機農耕與園藝。

「每個人都有自己的極限，但突破自我是一件好事，」他說，「許多人只活在舒適圈裡，但是進步與演化來自於跨出舒適圈，所以你得偶爾越過界線。我也並非總是在超越極限。大家說：『他是神經病，』但我只是不斷突破自我，測試看看我能走得多遠。我知道人體很脆弱；我不打算玩命。表面上似乎是『他瘋了，他不想活了……』恰恰相反，我熱愛生命，我想活下去。

「不論生命在哪裡轉彎，我覺得有必要順其自然——因為你很難對抗生命。不是每個人都有機會做自己所愛，那表示我們無論如何必須找到價值，好讓生命不覺得乏味。那有可能是最簡單的事，例如離開一下，給自己留點時間。有了電話和電子郵件之後，我們失去了閒適的心。所以停下來吧。我經常這麼做：關掉所有簡訊通知，否則大家都會瘋掉。如果你專注於周遭，有可能當下進入化境。重點是把注意力拉回到你正在做的事。」

* * *

正念（mindfulness）的追求始於一千年前的東方世界：「正念」這個詞翻譯自梵文「薩提爾」（satir），是佛教開悟的要素之一。然而，由於越來越多人尋求超脫塵世的方法，正念的運用開始在其他地方蔚為風潮；這世界轉動得太快，若要處理紛至雜陳的資訊，我們腦中的處理器非燒壞不可。運動是清除腦中雜念的積極方法，但我們不需要獎品激勵我們追求這樣的涅槃境界。雖然大多數體育項目都以比賽作為看得見的胡蘿蔔，鞭策我們不斷攀登更高的高度，但是對某些人來說，高度本身已是足夠的誘因。

羅比・麥迪遜（Robbie Maddison）透過一系列讓全世界觀眾——連同無數 YouTube 粉絲——嘆為觀止的特技，將越野摩托車的藝術帶到超越伊佛・卡尼佛[4]的境界。這名澳洲摩托車手飛越三百六十英尺長的美式足球場，創下摩托車的最長跳躍紀錄。他曾跳上十層樓高的拉斯維加斯凱旋門——隨後一躍而下；也曾後空翻飛躍倫敦塔橋。見鬼了，他甚至找到方法在水上騎摩托車。

「你將自己置於一個境地，對於接下來會發生什麼事，你毫無頭緒，」他告訴我，「起跳前一刻，你心裡想著：『這會是我在地球上的最後幾分鐘嗎？答案即將揭曉。』你只是等待著。你練習好了。你相信自己，也知道如何確保安全。接著時候到了：『好，該出發了。』

「秘訣不在於思考，而是去執行、去體驗，準備找到百分之百的覺知與覺察。時間無疑慢了下來，你感受自己，覺察正在發生的一切。當你做花式動作或特技的時候，腦中偶爾會

4 伊佛・卡尼佛（Evel Knievel, 1938-2007）美國傳奇摩托車手，一生做過多場驚心動魄的特技，咸認他的表演為特技界的重要指標。

出現雜念，這時得停下來，因為你沒有處於當下。做事情有對的時機，也有不對的時機。」

很少人像麥迪遜這樣迫切需要「處於當下」；完美是他的唯一選項。他的特技是歷經數月精心籌畫的成果，準備過程中，他必須打造繁複的布景道具來複製可能面臨的狀況，盡可能不放過任何細節。隨著日期一天天逼近，他管理風險的方法就是提高標準——包括抽象和具象的標準。但他很少有機會實地練習，所以他的特技真的是跳進未知。難怪他得花許多時間平息瘋猴之心：他沒有「一試再試」的餘裕。舉例來說，當他看到飛躍希臘科林斯運河（Corinth Canal）的場地——一道與水面高度落差三百英尺的峽谷——當下覺得太瘋狂了，就連他都不願意如此冒險。

「面對這類跳躍和我所做的一切特技，你得相信自己、具有信心、不要聆聽腦海中的負面聲音。這非常重要。」他強調，「我每天都得對付這些聲音。好幾個月時間，我反覆考慮那次跳躍，有一天突然想開了。我說，『你知道嗎？那只是一次跳躍、一場心理競賽。』我希望自己熬過拋開恐懼的痛苦，勇敢面對，並且相信自己。」

他計算出「無法回頭」的臨界點，過了那點之後，若非成功完成跳躍，就是徹底玩完。屆時如果機械故障，恐怕得付出高昂代價，所以他跟另一名瘋狂極限運動員崔維斯．帕斯特拉納借來定點跳傘用的降落傘，以備不時之需。但是行動前一天，麥迪遜打開傘包，赫然發現降落傘是紅色的——他的不祥顏色。

「我們到了現場，媒體也到了，跳台蓋好了也測試過了，只剩下幾個鐘頭，」他回憶道，「我心裡想，『欸，一切都是命中註定。』我深深相信每一件事情的發生自有原因。紅色降落傘是宇宙給我的信號，暗示我不要配戴。我想，假如我配戴降落傘，它可能會在中途打開導致惡果，所以我沒有配戴，心裡很坦然。

「我相信事出有因，那是給我的訊息，告訴我要相信自己。我之所以做這場特技，完全是因為我相信它可行，我毫無理由懷疑自己而去穿戴降落傘。這是一次課題，我從中得到美好的訊息。它進一步提升我的自信，並且讓我獲得另一層次的知識。現在，我準備好面對更多恐懼。」

若說哪個職業有權利把迷信當真，那當然是這些玩命之徒。麥迪遜說起話來很玄奧，但當我在古德伍德競速嘉年華會追著他跑時，我很快明白那是因為在我有幸認識的運動員當中，他是最有靈性的一人。我們一同走向讓越野摩托車手一展絕技的賽場時，他透露說他是許多精神導師的忠實讀者，包括越南的一行禪師（Thich Nhat Hanh）、印度的奧修（Osho），以及出生於德國的艾克哈特．托勒（Eckhart Tolle）。一切皆以一種無法遏制的創意方法交融在一起、顯露出來，深植於當下。

「我努力把越野摩托車推上更高的境界，毫不懈怠，」麥迪遜接著說，「我認為我只是來自澳洲小鎮的平凡人，所以小時候的遠大夢想最後竟能成真，真的讓我很吃驚。我有幸過著美好的生活，但這些挑戰只是我在活出我的生命、表達我的理念。我相信那些特技是我的命運。我讓生命撲面而來，而我只是試著活得率性一點，讓腦中靈感流動，活在當下。

「那就是我樂於冒險的原因。有人問，『你難道不怕丟掉性命？』我回答不怕。死亡是美好的事，所有人終歸一死。如果冒險導致一個人死而不得其所，那很遺憾，不過我們每個人跳上飛機或汽車都是在冒險，無常隨時可能降臨。你得活得勇敢、活得危險才能得到快樂，真的。如果你瞻前顧後地活著，你就錯過生命的要點了。」

麥迪遜是一名年輕衝浪玩家的兒子，從小在裝了U型池的院子裡長大。他的年輕家庭是鄰居眼中的「瘋狂一家」，但麥迪遜堅稱父親是他最完美的榜樣。羅比也是朋友圈裡最小的一個，所以他永遠在追趕別人的滑板特技。六歲時，他騎著小輪車衝下斜坡飆贏了一輛校車，讓一群滑板小子看得大呼過癮，只不過最後重摔收場。他的媽媽看見後，開始強迫他戴機車安全帽騎腳踏車。這讓他淪為笑柄，不過說不定也保住了他的命——由他累積了三十次骨折、一連串腦震盪以及膝蓋問題（生涯後期也不例外）可見一斑。

別誤會了：對麥迪遜而言，每一次失敗都是椎心刺骨的經驗，但他把挫折視為教訓：「每次失敗，你必須停下來弄清楚為什麼會受傷，想想下次該怎麼做。」不過極限邊緣的生活還帶給他另一層次的教育，他稱之為「動態靜心」（active meditation）。打從二十五歲起，特別是當了爸爸之後，他便踏上一條他急於跟別人分享的不同道路。和鮑勃・本奎斯特相同，麥迪遜也強調每個人都可以透過標準的「靜態」靜心，抄捷徑達到類似高度。這條快速道路就是放慢腳步。

「萬物皆有靈性，」他說，「天地間有一套精神秩序，這在學校裡學不到。我是透過冒險偶然發現的。你必須面對種種恐懼，才能明白生命中的幸福與成就有什麼意義。擁有我以前夢寐以求的物質享受之後，我才知道它們一點都不重要。現在，光是呼吸、聞聞花香和看見大自然就讓我雀躍不已。我經歷太多事情才發現這個真理，但人們不需要經歷這一切就能達到同樣高度。百分之百。

「每個人都需要工作賺錢來填飽肚子、付水電費和各種帳單。然而一旦領悟到我們擁有的許多物質都是不必要的，我們就能拋開物欲的追求。的確，擁有好東西感覺很棒，但我們不是奴隸。享受生命是那麼重要。人們失去方向，因為他們從來不停下來。如果你因為憂慮而神經緊張，冥想是讓事情變得更有樂趣的簡單方法。當你關掉意識、放慢腳步、停止思考，你會開始看穿生活的假象，感受天地的活力。每一件事都成了一趟性靈之旅。

「一旦進入那種心理狀態，你會感到滿足，永不止息的欲望會慢慢消退，光是活著就可以讓你真正心滿意足。唯有學會這個思考模式，人們才能有勇氣活出自己的夢想。如果你每天醒來都能從事自己熱愛與夢想的事，你遲早會得到這樣的體悟。你必須這麼做才能成功實現夢想。

「現在有了子女，我甚至比以前更有動力追求進步。家庭非常重要，身為父親是一件美好的事。但我不打算放棄夢想，或者讓生活暫時停擺。這跟自私無關，只是為了活出自我。我希望透過身教告訴孩子，有夢就要去追，因為你只能活一次。小時候，我夢想成為伊佛·卡尼佛，而我追隨了我的夢想，造就了如今的我。」

4 信心

當諾瓦克・喬科維奇（Novak Djokoic）歡欣鼓舞地扯開嗓門忿情嘶吼，他竟然還找得到力氣扯破球衫、捶打胸膛，彷彿綠巨人浩克一般。但是他沒有變綠。他在史上歷時最久的網球大滿貫決賽中逆轉賽末點後，只是昂然矗立著，猶如一名十英尺高的偉岸巨人。

這名塞爾維亞選手剛剛跟西班牙的拉斐爾・納達爾（Rafael Nadal）鏖戰五小時五十三分鐘——比舊紀錄整整多出一個鐘頭——最後奪下二〇一二年澳洲網球公開賽冠軍。兩天前，喬科維奇才在同樣激烈的、長達五小時的準決賽擊敗了英國的安迪・穆雷（Andy Murray），大家都以為喬科維奇這場球會打得很辛苦。他通常也似乎不太能掌握決賽。在這場網球史上最艱難的賽事中，納達爾在決勝盤破了發球局，以四比二領先，但喬科維奇找到了甚至更深的儲備能量，讓他一步步爬回來奪得勝利。在他取得一生中最重大勝利的一星期後，我逮到機會問他，當情勢開始漸漸不利，他在腦子裡變出了什麼戲法。

「老實告訴你，我沒什麼戲法，只有信念，」喬科維奇對我說，「只要相信自己，你就會找到那個階段所需的精神動力。在澳網決賽的第五盤，你再也無法倚賴思考和體力，只剩下求勝意志，以及引領你走到最後的那股力量。那仍然是我這輩子最刺激的一場球賽。我們鏖戰六個多鐘頭，締造了歷史。可惜只能有一個贏家，但我相信我們兩個對自己當晚的表現都感到非常驕傲。」

那的確是兩個人共同造就的成果——而這個夢幻的球類運動（至少對球迷而言），是一項可以有多名參賽者同時找到進入化境之鑰的賽事。但在男網的舊時代，喬科維奇除了四年前首次奪得澳洲公開賽冠軍的短暫輝煌之外，一直是個倒楣的第三號人物。能夠擠進大滿貫準決賽絕不能算是失敗，但在那段期間，他完全無力突破納達爾和羅傑．費德勒（Roger Federer）的霸權地位；而那兩人彼此之間也曾數度激烈廝殺。

直到他在二〇一〇年法國公開賽敗給沒沒無聞的奧地利選手約爾根．梅爾澤（Jürgen Melzer）——儘管原本以兩盤及一局破發領先——才終於敲醒喬科維奇，刺激他更努力練習、踏出最後一步。從小在家裡開的披薩店長大的喬科維奇，在伊戈爾．切托耶維奇（Igor Cetojevic）醫生建議下完全戒除麩質飲食。他也因為稍早帶領塞爾維亞奪得台維斯杯冠軍而大幅提高信心，趁此機會重整心態。重大突破終於在二〇一一年降臨，他再次贏得澳洲公開賽，並且摘下溫布頓和美國公開賽的王冠，在四大滿貫賽中包辦三項冠軍。隔年的六小時經典賽事確立了他的新一代球王地位，因此才出現扯破衣服的舉動。然而，躍升世界第一靠的並非二頭肌，而是他的大腦。

「我連續三到四年排名世界第三，」他喟嘆道，「我排在當代最卓越的兩名選手後頭，而我一直邁不出那最後一步——只除了二〇〇八年在墨爾本贏了一次。從準決賽到奪冠之間似乎只有一小步之遙，但實際上是好大一步。然後突然之間，砰！我從二〇一一年開始贏球。我和以往不同的地方，在於多年參與頂尖賽事而養成的精神穩定、力量和經驗。關鍵是相信自己在重大比賽的後面階段能勝過最強大的對手。

「所以過去兩年是一段學習過程。每個人都不一樣，尤其是網球這種個人運動。所以每個人都有不同的路徑、不同的身心結構以及不同的心理素質。你必須時時調整，找到最佳的方式。比起兩年前，我現在對自己的競技能力更有信心。這是靠多年經驗培養來的，致勝的關鍵就在於此。」

我很想閉上眼睛，「相信」自己也是溫布頓冠軍。可惜唯有跟多年訓練所累積的實力結合，這樣的「信念」才能奏效。不過，全球前百名的選手都已累積了足夠的訓練時數；就此看來，偉大球員和差了一點的球員之間竟能如此立判高下，著實讓人感到震驚。

如果你一路攀登到了峰頂，要維持頂尖狀態，這項信念就必須更堅定不移。二〇一六年，喬科維奇奪下法網冠軍、完成了生涯大滿貫——傳聞他在最後幾個得分甚至出現類似洗拿的出體經驗。在那之前不久，我請他說說自從首度登上世界第一以來，他的心理層面出現了怎樣的成長：「在那之後有許多變化，」他告訴我，「我嚐到了生涯和個人生活中最美好的時光。我升格為人夫和人父，這個新身分為我帶來莫大的喜悅、幸福，以及我從來不知道潛藏在我心裡的另一層次的愛，這對我的網球競技能力產生了正面影響。我變得更沉穩、更平衡。我努力維持健康，並且跟我的工作團隊密切合作，設法完善我的競技能力，將它提升到另一個境界。過去兩年，一切事物完美和諧。我的成就毫無秘訣，只是以整體性的思考融合運動與生活，幫助我達到現在的狀態。

「整體性思考對我而言很重要。我仍然充滿幹勁，並且設法從我的熱愛與熱情汲取最大的能量與動力。它讓我保持謙卑、腳踏實地，並且能夠專注於當下、維持強烈企圖心。當然，我小時候的夢想是奪得溫布頓冠軍、成為世界第一。但我從來沒有把成就、獎盃或成功當作最主要的動力來源。任何運動員都一樣，我們在場上的時間絕大多數是用於訓練，只有十分之一的時間拿來比賽。所以你需要別的鞭策力量：不能光靠成就，而是要真心熱愛並享受你所做的事，對我而言就是打網球。」

如此輝煌的生涯，出自一個在兵連禍結的國家長大的小男孩之手。北約（NATO）轟炸塞爾維亞期間，他曾連續七十八個晚上睡在防空洞裡。不過這個小傢伙勇於做夢，拒絕放棄自己的理想。當他六歲時第一次拿起球拍練習，就已決心登上世界第一。事實上，小諾瓦克細膩想像一切細節，他決定當他贏得（不是如果贏得……）溫布頓冠軍，就要抓一把中央球場的草來吃，藉此慶祝勝利——這份迄今已實現三次的大夢不僅有畫面和聲音，甚至涵蓋了味覺。

「我來自一個很小卻很美的國家，我們過去二十年來歷經許多動亂與戰爭，至今仍然非常貧窮，」喬科維奇說，「所以我沒有培養一位偉大球員所必備的精良設施和練習條件。但是你瞧：我勇於做夢，我勇於夢想成為全世界最頂尖的網球選手。而我如今站在這裡，所以我想凡事皆有可能。但願全世界每個角落的孩子都勇於做夢，並且把運動當成正確範例，引領他們踏上自己選擇的道路。」

＊　＊　＊

贏家並非天生免於困擾著芸芸眾生的憂慮與缺陷。唯一的差別，是他們找到方法在緊要關頭把種種困擾阻隔在外。然而，即便頂尖運動員也不免心生懷疑。來自南非的一九七九年第一方程式世界車王喬迪．謝克特（Jody Scheckter）告訴我，攀登巔峰其實利弊參半。登峰造極是每個年輕運動員的目標，然而一旦實現這份終身夢想，說不定會讓人出乎意料地失去銳氣：「害怕失敗是我的動力來源，」他說，「成為全球第一聽起來彷彿站在世界之巔，其實並非如此。當成為世界冠軍，你只可能失去一切。所以樂趣是在排名扶搖直上的過程，因為你沒什麼好失去的。」

儘管當今世界如此看重「結果」，這樣的論調仍然一再出現。不過，唯有少數同時體驗過爬升與登頂滋味的人，才能認真看待這種態度。對於在全球舞台競爭的選手而言，問題在於假如沒有落實為結果，進入化境的內在喜悅可能完全不為人所知。純粹就表現而言，這點無關緊要。但任何投身於競賽領域的人最好偶爾獲勝——就算不為別的，也為了避免把心力耗費在尋找哪裡出了問題。

安迪．穆雷的崛起過程，比起只晚他一星期出生的喬科維奇更為漫長。儘管身為英國幾十年來最偉大的網球選手，這名網壇長期「第四號人物」由於遲遲無法把握機會摘下任何一座大滿貫冠軍，而在家鄉遭輿論窮追不捨——而他在場上板著臉孔的模樣，也無益於他的公眾形象。當穆雷在二〇一二年首度晉級溫布頓決賽卻敗給費德勒之後，他再也把持不住臉上表情，突然哭了起來。

結果立即可見，並且可以分為兩個層面來談：穆雷終於釋放出身為天之驕子而積壓多年的壓力，而球迷的反應，也顯示出他們心裡憋了多少的同情與愛。一個月後，穆雷不負眾望；他在同一個場地打敗費德勒，拿下奧運金牌，之後又在美網奪冠，為英國取得七十六年來第一座大滿貫金盃。他幾個月後贏得溫布頓賽事，證明這位蘇格蘭選手終於登上最高地位。

穆雷將成就歸功於他的新教練伊凡．藍道（Ivan Lendl）；藍道改變了他的心態，使他終於不再被挫折打垮（藍道本人也鮮少在場上表露情緒）。這幫助穆雷維持足夠信心，讓他在兩場突破性的決賽中擊敗喬科維奇。不過他跟藍道分道揚鑣之後，剛找到的心理自由突然變得不堪一擊，舊時的心魔經常在重大時刻悄悄鑽進腦中。兩人終於在二〇一六年再度攜手，重大勝利也隨之而來：穆雷拿下另一座溫網及奧運金盃，把喬科維奇從穆雷覬覦已久的球王寶座擠下來。穆雷猜想，轉捩點出現在蒙地卡羅大師賽、當他對上排名較低的伯諾瓦·帕爾雷（Benoît Paire）時。這名蘇格蘭人在對手發球準備取得賽末點時逆轉勝，給他的自信打了一劑及時的強心針。

「我不介意輸球，」穆雷幾週後在溫網二度奪冠時告訴媒體，「只要你已拚盡全力，失敗其實無關緊要。我經常以些微差距落敗，大部份是輸給偉大的球員。輸球之後總會出現許多質疑的聲音，但我把自己置於求勝的狀態。重點是不要害怕失敗，從中吸取教訓。這就是我在這段生涯中所做的事。」

在「失敗」永久佔上風之前，不論穆雷和喬科維奇還能在頂端維持多久，費德勒以三十五歲之齡重返二〇一七年澳網並且奪冠（與納達爾纏鬥五盤，勝利得來不易！），肯定能讓這兩人大感振奮。信念似乎可以和風采一樣歷久彌新：如果你曾經進入化境，那麼問題只在於找到回去的路。唯一的遺憾是每個人都在追尋同樣的魔力，所以你需要抱持渴望，因為——引用穆雷在溫網流下洗滌心靈的眼淚之前說的：「事情沒那麼簡單……」

* * *

巔峰表現其實始於「初學者運氣」。如果無須跟別人比較，我們可以把結果拋到腦後，像個孩子般盡情享受。就算我們只具備基本技術能力，只要充分運用，都勝過徒有實力卻無法發揮的高手。阻止實力發揮的障礙，就從我們出現進步、肩負起自己和別人的期望開始。

一知半解是很危險的事，高爾夫球就是典型的例子：當我第一次拿起球桿，我對高爾夫球的唯一接觸就是觀賞電視上的名將打球。他們的球技在不知不覺中嵌進我的腦中，一開始，我輕鬆揮桿，球經常不偏不倚落在球道中央。有什麼好大驚小怪的？然後我上了幾堂課——不過還不夠多——開始思考握桿方法和站姿，阻礙了原本渾然天成的律動。從此一路走下坡。當我觸到名符其實的谷底、再也擊不到球之後，我放棄了。

我並不孤單。另一項運動的世界冠軍說得好：「我每揮一百次桿，其中九十九次爛透了，只有一次好球。如果九十九品脫的酒很難喝，只有一品脫有好滋味，你恐怕不會喝吧，不是嗎？」如果我有毅力，我可能突破藩籬、到達另一端——直到下一次顛仆。每個人都會遭遇低潮，但是明星能從內心找到力量，強迫自己撐過技巧似乎遇上停滯期，或者更糟的——下滑期。無論什麼情況，他們永遠、永遠不會放棄。

在完美的劇本中，好萊塢或許會建議運動員把他們最巔峰的一天留待生涯結局，最好是退休當天突然冒出令人驚嘆的勝利。不過這樣的劇本漏掉一個小小的情節：如果你苦苦掙扎一、二十年，所有人都會認定你毫無機會，到了最後，就連親戚朋友都會以不解的同情眼光看待你的持續努力，就像看待困獸之鬥。

二〇一一年高爾夫球公開錦標賽，北愛爾蘭的戴倫．克拉克（Darren Clarke）準備第二十度參賽。他即將讓所有懷疑他的人都跌破眼鏡。天候惡劣，這名奪冠賠率一賠一百五十、毫無取勝希望的局外人在風雨中從容漫步。他以領先地位進入賽事最後階段，趁著其他人表現不穩，氣定神閒，以三桿之差光榮獲勝——高齡四十二歲。

「我到現在還不知道自己是怎麼辦到的，」克拉克告訴我，「但是那個星期，我非常平靜，泰然自若。最後一輪彷彿是屬於我的時間，我打得很順，但也碰上一兩次反彈和轉折。我是熬過來的，現在輪到我出頭了。運動就是這樣，不是嗎？你得碰上運氣才能贏球。但我可不是突然冒出來的黑馬。我在世界各地拿過二十次冠軍，包括兩個月前的亞歷桑納錦標賽。這是一條漫長的道路，我很高興能夠奮力前進，堅持、堅持、再堅持……最後站到了這裡。走向第十八洞時，人們給予我的支持與愛甚至更特別。不只是歡呼聲，還有他們的悲憫心。」

克拉克確實比一般運動員經歷更多磨難；他的愛妻海瑟五年前因乳癌過世。相形之下，擊球入洞顯得如此微不足道。儘管如此，他六星期後就在K俱樂部舉辦的萊德盃（Ryder

Cup）三戰全勝，及早得到救贖。不過之後，克拉克的精神再度瓦解；贏得二〇一一年公開賽之前，他已連續十年沒在任何一項重大比賽擠進最後前十名。即便如此，他的信心從未遺棄他。頂尖的運動心理學家巴柏・羅特拉（Bob Rotella）也給予幫助，他不斷提醒克拉克別忘了他所謂的「無意識推桿」。關鍵是針對你想要的結果勾勒出清晰的畫面，然後拋開對失敗的恐懼，信任你多年磨練出來的本能技藝。別去想、別著急、別嘗試，做就對了。聽起來很熟悉？

「我是否打從內心深處覺得自己夠好？是的，當然了，」他補充說，「我心裡毫無疑惑，百分之百相信自己能贏得比賽。我是否知道自己會拿下勝利？不，那略有不同。儘管如此，事情的發展偶爾讓我摸不著頭緒。K俱樂部的賽事很棒，公開賽更好。我的私生活遇到痛苦，但體育世界有得有失。它奪走我許多東西，卻也還給我許多。對於比賽所賦予我的，我必須感恩。

「各行各業的人都會遇到挑戰，舉手投降就無法繼續前進。你得正面迎擊，偶爾會因禍得福。我就是很好的例子。你必須熬過艱苦歲月，才能迎來美好的時光。的確，我經歷過困境，現在幸福終於迎面而來。」

* * *

信與不信。這四個字構成的選擇是區分成敗的關鍵因素——不論哪一個領域。聽起來像是機率各半的是非題，但是正面或反面的選擇絕非一件容易的事。在競技運動中，頂尖選手和庸才之間的差異不外乎掌控心靈的能力。不過，只有極少數天才從一開始就具備完美的心理素質。偉大運動員若非透過極限生活學會控制心靈，就必須尋求專業心理教練的幫助。面對真正懂得「相信」的對手，要有贏的機會，許多人必須先徹底翻修他們的內部電腦。

說到「催眠師」，首先浮現腦海的，或許是一名身穿紫色斗篷、留著一臉大鬍子的男人在晃動鍊錶，或者舞台上的表演者藉由羞辱催眠對象而引來哄堂大笑。情況不盡然如此。在英國巴斯（Bath）市郊，唐・麥克弗森——又名「心靈操縱師」（the Mindbender）——經常接待從橄欖球到撞球界的年輕體壇新秀，以及從一級方程式賽車到溜網的各界冠軍選手。沒有懷錶，但有一張躺椅。他播放輕柔音樂，著手將這些運動員的潛意識拉回正軌。相較於在脆弱心靈埋下邪惡的思維模式，麥克弗森強調催眠治療師的作用，往往是用來矯正其他來源對生命的催眠效果。

「如果找我太太珍去打網球，她會客氣而堅定地回絕，」麥克弗森說，「她會說：『我不會打網球！我沒有看球的眼力，而且手眼之間毫不協調。』她是如此篤定自己完全無法擊球過網，大多數人甚至沒想到要質疑她。但是如果你委婉刺探她為什麼抱持這樣的觀點，她會說事情肯定是這樣的，因為『每個人都告訴我，我的網球細胞根本無藥可救。』

「如果你膽敢挖得更深，你或許會問所謂『每個人』是指誰。你說不定認識其中幾人：母親、父親、祖父母、朋友、老師、教區牧師、政客、警察、律師、醫生。他們是珍的『每個人』，或許也是你的：這群人全是『催眠師』，從她第一次嘗試揮拍就開始暗中運作。難怪她不是打不到球就是打偏了方向；我懷疑她在這些時候得過多少鼓勵，爸媽更可能說：『哎呀，看來小珍沒什麼看球的眼力，太可惜了……』。爸媽沒有惡意，但他們不明白，對於把父母的話奉為圭臬的小孩來說，這些負評會產生怎樣深遠的效果。這種『不是塊料』的說法被下一位權威人士證實；學校老師很可能也評論她不擅於手眼協調。

「下一個是誰？其他親人、朋友和所有催眠師紛紛加入，七嘴八舌確立了珍不擅長打網球的事實。除非有人打破這種催眠狀態，否則珍恐怕就要信以為真。最後，只要提起網球，你會聽到她斷然直言：『我怎樣也打不好。』所謂自我催眠莫過於此，但她早已成了『不經意催眠』的被害者。這種理念如今深植她的潛意識中，若要扭轉想法，她需要心靈專家幫她重新編碼，變回『勇往直前』的珍。她或許不會成為金牌選手，但她絕對有能力打球，因為她的手眼協調能力在很多地方都沒有問題——網球又有什麼不同？」

我相信每個人都有類似經驗，很久前就以為自己不是塊料而放棄了一份理想——不論是運動、藝術、音樂、語言、數學或其他目標。回溯既往，我們身邊無疑也有一群類似的催眠師，但他們其中恐怕沒幾個人知道自己參與了我們的生活，正如我們對其他無數陌生人造成了類似效果而渾然不覺。我們如今生活在極為複雜的互動中——從老派的面對面接觸，到電視、網際網路和社群媒體——我們每天被晃動的懷錶攻擊，情況比地震中的瑞士還嚴重。

照麥克弗森所說，有些情況會讓人們特別容易受到催眠，尤其是坐在聖誕老人屋或教室裡的每一個小孩，或者是面臨十二碼罰球大戰、堅信自己總是輸球的英國足球隊。這甚至可能攸關生死：「你在醫生診所裡，即將聽到檢驗的結果，」他補充說，「每當即將發生某件重大、情緒性、讓人激動或害怕的事情，你的腦子會嚇得呆若木雞。這時，你的家庭醫生就成了十足的催眠師，因為他們此刻可以直接進入你的潛意識，遇見真實的你。所以他們最好謹慎措辭……因為你即將淪為不經意催眠的另一名受害者。

「如果是壞消息，你的第一個問題很可能是：『我還有多少時間？』假如答案是『六個月』，結果很可能跟預測的一模一樣，靈驗得很。難不成病人受到催眠，大腦接到指示遵照醫生的話，不得置疑？假如醫生在傳達檢驗結果之前彈一下手指，病人是不是會聽從指令，突然學小雞咯咯叫或唱起貓王的歌？」

我們開始在片尾字幕上怪罪任何人之前必須記得，在我們製作的戲碼當中，只有一位真正的台柱：我們自己。不論其他小角色說什麼，唯有當我們的潛意識選擇相信，劇情的轉折才會成為定局。在此引述許多父母的話：「只要不理它，它就會走開。」唯一的問題是，最深層的自我不容易控制，不論我們試圖判斷是否相信一條新聞，或者是否相信我們能夠擊球過網，或甚至是否相信我能活著看到下一個聖誕節。

* * *

除了躺椅之外，唐．麥克弗森還有五花八門的訣竅，可以幫助頂尖運動員在重大比賽前重新掌控自我——特別是以呼氣比吸氣長的簡單深呼吸來降低心跳速率的「禪式呼吸」（Zen Breathing）。他的委託人也練習靜坐和意象訓練；事實上，他堅稱催眠也是一種禪修，趁你全身放輕鬆，利用引導的方式鼓勵內心那股吹毛求疵的聲音退居幕後。一貫的目標就是清除縈繞心中的紛紛擾擾、摒除有關過去與未來的種種雜念，全神貫注於最重要的當下。

在二〇一三年的英國房車錦標賽（British Touring Car Championship），安德魯．喬登（Andrew Jordan）以大幅領先之姿進入布蘭茲哈奇（Brands Hatch）分站的三回合賽事，爭取奪下生涯首冠。事情未如計畫進行。他在第二回合因碰撞而排名落後，最後這一回合必須從後面追趕、擠進前十，這樣就能穩住他的車王地位。情況緊迫。是時候打電話給心靈操縱師了。

「我趁比賽空檔跟唐講過幾次電話，」喬登露出微笑，「前兩回合賽事非常激烈，但唐是那種可以幫助你鎮定下來、重拾信心的人。第三回賽事之前，我有一股奇特的感覺，內心前所未有地平靜：我知道我們會全力以赴爭取該有的成績。我們一定會贏，毫無疑問。我們立定目標，那就是：『上場去大展身手。』你通常會東想西想，但不可思議的是，儘管有許多觀眾盯著，我一點兒都不緊張。我到今天都還沒弄明白是怎麼一回事；我當時真的很期待上場比賽。但願每一場比賽都能那樣放鬆。」

這股幸福感並未一直持續到最後。等到喬登完成超車的困難動作後，他必須保持他的領先地位和專注力，以超出平時一兩秒的速度疾駛。最後幾圈，一點點噪音都會在他腦中劇烈迴盪，不過他和他的車雙雙通過考驗，衝過方格旗、奪下了冠軍。現在，他終於體會到我們對心靈的使用往往多麼不足。

「如果尤塞恩．波特參加比賽，他鐵定認為自己會贏，」他補充說，「這不是驕傲自大，只是對自己的實力深具信心。如果你參加排位賽的時候想著：『我會衝出那個彎道』，很可能一語成讖。心靈佔了比賽的重大成分，但是眾人輕忽了這項事實。他們以為看心靈教練或運動心理學家就表示你心靈脆弱。根本不是這樣。每個人都會訓練體能——而在健身房裡，有教練帶領會比自己摸索更有效果——那麼為什麼不訓練心靈呢？一級方程式的頂尖車手會這麼做，雖然他們不願意公開承認。跟唐合作讓我的心靈、心態和專注力更堅強。應該要有更多人這麼做，我不明白他們為什麼不——但那對我有效……」

兩度奪得一級方程式年度冠軍的米卡．海基寧最近透露，麥拉倫車隊的隊醫兼機能教練阿齊．欣察（Aki Hintsa），對他的生涯產生了深遠影響。欣察原本是位創傷外科醫生，但他長期觀察海力・格布塞拉希（Haile Gebrselassie）和其他衣索比亞長跑菁英後，認定成功是建立在身心靈的全方位健康上。他幫助過許多 F1 車手，包括路易斯・漢彌爾頓和賽巴斯蒂安・維泰爾等名將，後來開設人體機能中心，直到二〇一六年不敵癌症病魔而逝世。

「運動員如果想變得更強，必須有科學在背後支撐進步，」海基寧告訴我，「就像開發一輛賽車：必須經過精心計算，藉由測試來分析如何提高性能。人體也是一樣。一級方程式賽車有它的體能需求，但同時也是一場心理競賽。每一圈都需要達到最高專注。你需要百分之百聚精會神，所以生命中的大小事都必須各歸其位，不能有任何事情讓你分心。如果你有壓力，別憋在心裡。你需要找到對的人讓你一吐為快。不論遇到什麼問題，設法找到解決方法。那是成功的重大關鍵。阿齊明白車手需要怎麼做，才能在每一次測試、每一次排位、每一場比賽達到巔峰。他幫助我成為更強的賽車手：我學到的一個重要課題是，如果你確實知道自己在做什麼，你就能贏。」

然而，心靈是一頭奇怪的野獸，雖然力大無窮卻莫名脆弱。就連少數有勇氣義無反顧追求夢想的人，都可能因為一句無心的話而怯步不前——對此，世界房車賽總冠軍羅伯・霍夫（Rob Huff）深有感觸。

「我之所以從一名優秀車手轉變為頂尖車手，是因為遇到了威爾・荷頓（Will Holden）。他帶我深入內心，扭轉了我的潛意識，」霍夫說，「當你在路上開車，如果前面有人踩煞車，你不會想：『天啊，我得煞車』，你會根據本能反應。那就是潛意識在為你服務。威爾給了我重新編寫潛意識的鑰匙，讓我相信我自己心中的渴望，而不是年輕時候權威人士灌輸給我的觀念。

「其中一個關鍵人物就是我在銀石賽道（Silverstone）的啟蒙教練。我的排位賽老是跑不好，但是不論我排在第幾位出發，最後總能站上領獎台。有一次我排在第十八位起跑，最後依然摘下冠軍。我踏出賽車時，他說：『小霍，你是個頂呱呱的車手，但是你總搞砸排位賽。』那句話在我心底縈繞不去，我深信不疑，因為他是我景仰的對象：我的『上帝』。就這樣，我從此沒辦法在排位賽好好表現。威爾幫助我找到問題癥結，並且徹底扭轉。我做出轉變，而且將保持下去。

「現在每次到了排位賽，我坐在車上，心知會跑出完美的一圈。我知道我會充分發揮汽車性能，因為我已替潛意識編寫了程式，深信自己辦得到。只要你真心相信，就能發揮龐大的潛力。這種作法適用於各個領域，但有其限制。如果我叫你從三百英尺的懸崖往下跳、墜落在一堆亂石上，你肯定活不了，你不能說服自己去相信你辦得到。但只要是現實可行的事，就沒有任何極限。如果你相信自己辦得到，你就能辦到。」

* * *

真正的訣竅是堅定信念，但是就連道道地地的一代名將也不容易做到。謝爾蓋．布卡（Sergey Bubka）在一九八〇到一九九〇年代間獨霸撐竿跳體壇，無人能望其項背，他甚至可以靠一公分一公分刷新世界紀錄來贏取獎金維生。他的六點一五公尺世界紀錄高懸了二十一年，直到二〇一四年才終於被雷諾．拉維雷尼（Renaud Lavillenie）超越──同樣只突破一公分。就動作面而言，布卡的秘訣在於極快的起跳速度與力量，這讓他可以使用較重的竿子；而且他的持竿點較高，發揮了額外的彈力。但現在看來理所當然的是，他的身體力量跟心靈直接連結。當他站在跑道上，他的潛意識也捲起了彈簧，蓄勢待發。

「預備上場前，你需要運用意象訓練，」布卡告訴我，「你透過這種方法將大腦訊息傳遞給身體與肌肉，以便達到出色表現。這是精神上的特殊感覺：尤其當你遭遇關鍵領域或特定問題，意象訓練可以幫助你更專注於正確的做法。你在腦中想像比賽前和比賽中的畫面，但很重要的是在場上競爭，不是之前。

「精神與心理層面對運動員非常寶貴。就算你擁有全世界的技巧與能力，但如果無法控制壓力、無法掌握你自己和你的動作，你就無法成功。你應該專心訓練，不過當越來越接近比賽時間，你就會開始胡思亂想，引發壓力。所以，做你自己也很重要，感覺像是在你最如魚得水的主場比賽。賽事期間，你可以運用空檔調整心態，這樣才能準備好在全世界面前出賽。」

一九八三年到一九九七年之間，布卡創紀錄地連續六度在世界錦標賽稱王，一開始代表蘇聯，後來則代表他的祖國烏克蘭。然而，他有一個重大的心理盲點：奧運。他首度出征奧運的機會，由於東歐集團聯合抵制一九八四年洛杉磯奧運而作罷。布卡四年後進軍漢城，卻發現自己緊張兮兮。兩度挑戰五點九公尺卻意外失敗之後，他明白自己的心智電腦需要緊急大修。

「那是我這一生唯一一次對身體下達命令、身體卻不聽從指揮的比賽，」布卡說，「我太緊張，因為奧運對我而言如此重要，如此五味雜陳。我錯過上一屆比賽，因為共黨政治局決定杯葛奧運。那是對運動員的嚴厲懲罰。根據統計，只有百分之十五的運動員有辦法兩度參加奧運，所以正常情況下，你一生只有一次機會。那是我的夢想，而我的夢想卻受到政客剝奪。

「那就是我在一九八八年迫切渴望奪冠的原因，但這樣的壓力會惹出麻煩。當你把自己逼得太緊、想得太多，反而可能堵塞了自己。在那些比賽中，我的肌肉不聽使喚。你準備妥當、狀態良好、預備跳出好成績，但壓力造成了威脅。我一直到五點九公尺最後一次試跳前才設法釋放壓力，讓自己放鬆一點。幸虧我辦到了。我這一生跳過幾次好成績，但是鑒於當時的感受，那次奪冠是獨一無二的經驗。」

布卡這回能放鬆精神，的確非常「幸運」，因為儘管他有實力成為史上最偉大的奧運選手，但是機緣卻串謀著確保他再也無法奪金：「我很高興摘下一面奧運金牌，」他說，「那是美夢成真，對我幫助很大。當然，我夢想奪得更多面獎牌，也有這樣的實力，但是成績自會說話。偉大選手得到更多面獎牌，但也許我不配奪牌。我們每個人生命中都有需要克服的障礙──我也有很多；但是我必須為自己的每一場賽事負責。如果我受傷了，例如一九九六年的亞特蘭大，那是我和教練的責任。當我無法應付壓力，例如一九九二年的巴塞隆納，那是因為我想在大型的正式比賽上刷新世界紀錄，藉此證明我是因為熱愛運動而跳。沒能達成目標是我自己的錯。

「但是對於一九八四年的杯葛，我今天感受到的痛苦更甚於當年。那時我只有二十歲，看事情還很樂觀：我把期望和焦點都放到下一屆奧運。我覺得我們不具備任何權利，所以根本束手無策。他們不在乎我們的想法，也不在乎我們所受的痛苦。我很幸運在四年後奪金，但我有多少朋友失去了夢想？他們感受到同樣的痛苦，尤其是那些年紀較大、錯失最後機會的運動員。他們為了這一刻而努力一輩子，就為了站在台上，享受那份無與倫比的感覺。現在，他們永遠不知道自己的夢想是否有機會成真。那是政治制度之間的角力，而我們付出了代價。一切所為何來？我的獎牌被剝奪了，而今，那些國家甚至不復存在……」

勇敢築夢，沒錯，但是有時候，我們忘記有多少夢想會被外在條件澆熄。然而如果一切順利，布卡認為人類的真正潛力沒有止境：「當有人打破你的紀錄，你會逼自己尋找下一步，這是人性使然。但我必須追逐自己的紀錄。我跳最高的一次是在一九九七年的雅典世錦賽。橫桿架在六點零一公尺，但是重播畫面顯示我跳過了六點四公尺。這展現出人類在撐竿跳項目的真正潛力。要發揮潛能，你必須忘掉極限……」

* * *

勝敗的利益得失如此龐大，難怪運動心理學突然爆紅。英格蘭體育協會（English Institute of Sport）首席心理學家班・切爾（Ben Chell）博士的工作範圍，從桌球到競速滑冰、高爾夫、風帆和足球，無所不包。他深知就連最優秀的運動員也可能失常；他在博士班的研究主題，就是當運動員遇到大型賽事、一生的最高夢想近在眼前時，是什麼因素導致他們突然「窒息」、舉止失措。

「由於奧運每四年才舉辦一次，表現出色就顯得更加重要，造成運動員極大的壓力，」他說，「當我們看到運動員怯場，他們一開始是在自己的念頭和感受裡鑽牛角尖，把事情藏進心底過度分析。這導致我們所謂『有意識的動作控制』（conscious control of movement）。基本上，他們用錯了大腦部位；這塊部位處理訊息來控制動作的能力非常有限。在最極端的案例中，我們看到運動員從專家級的『自動駕駛』狀態變成手足無措的新手，他們無法擊球過網，或者完成自己練習和加強了二十年的基本動作。

「我的角色是調整他們的心態，讓他們即使承受高度競爭壓力，也能在適當時機展現適當技能。所以我們首先找出運動員的心理優點和弱點，評估他們的需求。我們教育他們大腦的運作方式，讓他們知道自己的大腦如何建立神經連結，然後設計出能發揮運動員個別長處的心理技巧。

「表現心理學（performance psychology）有助於彌合技術與技能之間的落差。『技術』是指一個人可以在低壓力下完成的動作，但『技能』則是你在任何情況下都能發揮的能力——例如橫越一百英尺高空中的長板，而不是走在平地上。那就是優秀與偉大之間的差別。你必須確保由大腦的正確部位來主控技能和決策；基本上是大腦的頂葉，有時又被暱稱為『電腦』。頂葉的運作速度比大腦其他部位快二十倍；我們的『自動駕駛儀』就藏在這裡。運動員需要運用這塊部位，以求穩定地達到最佳表現。」

切爾是運動心理學家、《黑猩猩悖論》作者史蒂夫・彼得斯的門徒。彼得斯曾替許多人服務，從利物浦足球俱樂部隊員到撞球選手羅尼・歐蘇利文（Ronnie O'Sullivan）都有。不過，他是在自行車體壇打響了名聲，因為他幫助了英國國家代表隊陣中最叱吒風雲的幾位奧運選手，包括克里斯・霍伊（Chirs Hoy）和維多莉亞・潘道頓（Victoria Pendleton）。後者絕非你想像中那種渾身散發自信的運動員，相反地，她在關鍵時刻運用彼得斯的洞見來調整心態，幫助她連續奪下兩屆奧運金牌。

「進入化境的關鍵之一，就是比賽之前除了做好身體上的準備，也得同樣做好心理準備，」潘道頓告訴我，「你必須有一套心理暖身策略，經常練習，最後，當你即將出賽、腦子裡開始出現滿天飛舞的念頭：『我的準備夠嗎？』、『天啊，他們看起來好厲害』，以及在壓力下很難避免的其他疑惑時，幾乎可以下意識地運用這套策略。史蒂夫．彼得斯特別針對我們個人的不安全感及心理弱點，找出每個人的一套獨特策略。對我而言，重點是拿我受過的訓練讓自己安心。好比說，我知道我已完成自己力所能及的每一項訓練，就算再努力也無法做得更多。這是正面強化作用。」

霍伊和潘道頓在二〇一二年倫敦奧運登上巔峰後便急流勇退，半路轉戰其他運動項目——他參加勒芒賽車（Le Mans），而她則投入只有一「馬力」的國家狩獵賽馬會（National Hunt）。他們鍛鍊出的心理技能可以直接套用到其他領域，但要克服他們所欠缺的多年肢體經驗，還得面臨一個巨大挑戰。照莉茲．哈樂戴（Liz Halliday）——少數幾位在賽車及馬背上雙雙表現卓越的選手（她是美國勒芒系列六次分組冠軍）——所說，潘道頓的選擇有一個障礙——綜合全能馬術比賽。

「在賽車比賽中，你有時可以一遍又一遍繞著同一個圈圈奔馳，完全不假思索，」哈樂戴說，「速度飛快，但你不覺得快，只覺得非常流暢。在馬背上，你有時也能揮灑自如，心裡想著：『這真是太棒了。』但兩者不盡相同：因為你是騎在一匹活生生的動物身上，你得仔細思考。狀況很多：有另一顆大腦牽扯其中，馬匹也得進入良好狀態才行。人馬之間偶爾會有一方狀態不佳……」

當瘋猴和馬兒開始攙和在一起，你或許可以編出一首兒歌大賺一票，但在賽事方酣之際，這兩種動物的結合對心智的控制沒有太大益處。潘道頓把她在切爾滕納姆賽馬會（Cheltenham Festival）的出賽經驗描述為此生最艱難的挑戰，光是完成賽事就跟奪得奧運金牌一樣痛快。但假如她曾渴望擁有一具乖乖聽話的腦死機器，她也只能專心讓自己的心智維持良好狀態。

「這是一輩子的事，就像體能技術訓練一樣，」潘道頓補充說，「越常練習就會變得越容易。有些人是與生俱來的；他們內心有一股自信，從不動搖。還有一些人稍微欠缺安全感；我就是其中之一。我個人需要努力培養信心，才能充分發揮實力。重點是破除負面心態，全神貫注於眼前的任務，不要懷疑或分心。」

如果你能掃除負面心態，信心就會像風灌進吸塵器那般一湧而入、取代負面心態的地位——不論你到任何地方都能獲益。我初次見到霍伊是在二〇一二年倫敦奧運會場，他當時是英國代表隊的掌旗手。這一次，他則穿戴著防護頭盔和賽車服，準備在二〇一五年世界車王爭霸賽跟眾多一級方程式名將一較高下。可真是「誤入叢林的小白兔」啊。幸好霍伊堅信他以往的專業能為他帶來幫助。

「史蒂夫．彼得斯給我的訓練可以用於生活整體，不只運動而已，」霍伊強調，「重點是把眼光放遠、應付壓力，或者不把它看成壓力。有些人認為這是壓力，因為我今天晚上即將跟全世界的頂尖車手同台競爭。我的看法剛好相反。比起三年前置身的競技場，我在這裡輕鬆多了。我知道我永遠無法跟這些傢伙一樣快：他們是職業車手，這是他們的工作。所以人們不期望我跑得快，他們料定我會墊底。這表示我沒有什麼可損失的。對我而言，只要贏過一人就是一大勝利。就算真的最後一名也沒有關係，只要我已全力以赴、達到最佳表現，就能面帶微笑離開。」

這並不表示霍伊樂得在他新投入的運動領域濫竽充數。這名蘇格蘭人跟職業賽車手查理．羅伯森（Charlie Robertson）搭檔，聯手摘下二〇一五年歐洲勒芒系列賽冠軍。儘管他明白自己永遠趕不上競爭對手累積了數十年的練習經驗，但他可以安心坐在駕駛座上，心知沒有幾個人比得過他對心智的鍛鍊與駕馭能力。

「在我可以從單車生涯套用過來的技能中，最主要的就是杜絕分心，」霍伊說，「場外有不計其數的觀眾，而你坐在起跑線上，旁邊就是賽巴斯蒂安．維泰爾。如果你想：『我到底來湊什麼熱鬧？』或者『如果我在這裡撞牆，看起來就是天字第一號大笨蛋』，你絕對無法好好表現。如果讓這類念頭鑽進腦袋，你要不就是應驗了自己的預言，要不就是開得真的很慢。我從單車生涯帶過來的技能，就是全神貫注於自己所能掌控的範圍，試著達到最佳表現。」

上述兩段話重複提及「達到最佳表現」，透露出許多訊息。這就是霍伊這一類人真正在乎的事情。「摘下金牌」或其他最終目標從來不是全部，還要能隨時隨地達到巔峰。多年的自行車鍛練讓霍伊的大腿跟許多人的腰一樣粗，一旦他達到最佳表現，保證遙遙領先其餘選手：在自行車賽道上，只要他進入化境，肯定能帶回一塊獎牌。而在賽車場上，面對經驗比他老道許多的對手，他的挑戰較為艱鉅，但他抱持的絕對信心已幫助他達到類似的高度。

「所有事情都是相對的，但我可以說我已觸碰了化境——我這個層次的化境，」他告訴我，「對我來說，進入化境意味著得心應手，你不去想有關開車、煞車、入彎點，或教練企圖指示你的種種技術問題。一切渾然天成。你可以從頭到尾不去思考比賽情況而跑完全程。這並不容易做到，一切取決於車子、賽道和周遭發生的事。此刻，我跟職業車手的速度還有一段距離，但我的目標是迎頭趕上，試著專注於數據，明白這個過彎跑了十分之一秒、那個過彎跑了十分之二秒。

「我仍然在思考這些問題，因為我還在追趕時間。我還不到揮灑自如、可以不假思索快速跑完一圈的階段。但是當我第一次達到那樣的水準，感覺棒多了。我毫無畏懼，也沒去思考任何後果。我仍然比真正高手慢個一兩秒，但那是我最接近出神入化的一次經驗。我只是順其自然，什麼都不去想，光開車就好。」

霍伊的新生活與舊生活之間的根本差異，或許在於新生活的開始來得相對偶然。在整個單車生涯，霍伊躋身於一群精心記錄著目標的頂尖運動員之中；他們曾聽說動筆寫下你的目標，會「提高九倍的落實機會」。十多歲時，霍伊寫下希望自己在二〇〇四年成為奧運冠軍——距離當時十三年。方法奏效了，只不過是透過一整套煞費心血經營的短程、中程和長程目標，作為讓夢想成真的踏腳石。相對之下……

「開賽車從來不是一個真正的夢想，」霍伊笑著說，「又或許正是那樣：一個夢想，而不是目標，因為我從來沒想過會有機會做我現在做的事。說真的，得感謝（來自蘇格蘭的世界拉力賽冠軍）科林．麥克雷（Collin McRae），因為他啟發了我對賽車的興趣。正是他的駕駛風格、決心和獨特的駕駛技能引起我的注意，讓我就此沉迷。後來，當我拍攝以科林的一生為主題的紀錄片時，得到機會參加銳迪科（Radical）的SR1盃賽車。那是這趟旅程的開端。日產（Nissan）後來為我提供絕佳機會，讓我參與英國GT賽車和勒芒二十四小時耐力賽。」

無疑有許多立志開賽車的年輕車手，對霍伊平步青雲的生涯軌跡投以欣羨的眼光。眾所周知，賽車運動極度仰賴資金贊助，而霍伊跳過了在前面排隊的隊伍。但是讓他的新生活全速向前衝刺的，並非純粹「運氣」而已。他或許不像前一項運動制定出鉅細靡遺的通盤計畫，但是他投入勒芒賽的專注力是毫無疑問的。霍伊從經驗中學會如何讓夢想成真。你不能光揮一揮魔法棒，你得日復一日努力不懈。那就是他能在賽車路上走得那麼遠的原因——二〇一六年不僅如願參賽，更完成了史詩般的勒芒耐力賽。我猜在他的某個檔案裡，一定也有張紙寫著這項精確的目標。

當然，不是每個人都能奢望擁有英國奧運自行車隊這類的多年經驗作為後盾。然而，尋找最高的自信不是什麼訣竅，而霍伊迫切希望幫助所有人在自己選擇的領域中大步邁進。

「一般而言，我們全都低估了自己的實力，」霍伊強調，「許多人仰望奧運或世界冠軍，心想他們天生就是贏家，是另一個人種。但是我小時候不是他人心中認定日後會成為奧運冠軍的那種小孩；我並不突出。這些年來我學到的心得是，當你投入某件事情，如果能下定決心、專心致志、不理會其他事情，你就可能達到自己意想不到的境界。誰都一樣。每個人都能找到出乎自己意料之外的實力。」

5 態度

當凱西・弗里曼（Cathy Freeman）站在二〇〇〇年雪梨奧運四百公尺決賽的起跑線上，她肩負的期望，沉重得簡直無法衡量。

對於任何一位有遠大抱負的運動員，最終極的夢想莫過在熱情的本國同胞面前奪下奧運金牌。但是少數幾位因為天時地利而有幸成為奧運主辦國「門面」的天之驕子，很快就體會了壓力的真正含意。身為澳大利亞原住民運動員，弗里曼背負的不僅是國家驕傲，還有幾世紀以來的國族罪惡感。熱潮如野火燎原，燒得又遠又廣，全世界難得對一項田徑賽事的結果投入如此高漲的情緒。幸好，這位在開幕式點燃奧運聖火的雪梨門面不是為了全球數十億無名觀眾而跑；而且不論她的故事多少次登上媒體頭條，她也不是為了她的種族而跑。她一如既往，純粹為了樂趣而跑。

「當我得知雪梨即將主辦奧運，剛聽到的半秒鐘有一點點害怕，」弗里曼微笑著說，「不過馬上變得又激動又快樂。說來奇怪，我不是特別好勝，但作為一名跑者，我從中找到純粹的喜悅。你看看巴西足球隊，他們在場上的每一秒鐘都傳達出快樂。多麼美妙；我跑步的時候也是一樣。對我而言，運動意味著喜悅。

「我從小就喜歡在親戚朋友面前奔跑——不是賣弄速度，而是要跟大家分享我的興奮與熱情。你和觀眾的關係很有趣：有些運動員喜歡受到注目，有些人不喜歡，還有些人根本不在乎。這三種範疇我都有份。不過，由於我主要是為了自己而跑、主要是為了自己而想奪得金牌，得以在全國上下面前達成我的夢想，完全是額外的紅利。我想這是命中註定的吧，為此，我將永遠心懷感恩。」

弗里曼的雪梨緊身衣散發著態度，但是當我第一次在里約熱內盧遇見她的時候，她說話平易近人、熱情洋溢，絲毫不像一個註定爬上世界巔峰的人。然而，在這名澳洲選手的溫和個性下，潛藏著攀登巔峰所需的動力與決心。弗里曼在一九九六年亞特蘭大奧運差一點點奪冠，最後屈居亞軍。就算沒有受到全國矚目而產生的額外負擔，最後這一步原本就已足夠艱難。幫助她克服困境的，是她辛辛苦苦磨練出來的專注能力。

「這是我第三度參加奧運，遠在雪梨奧運的十七年前，我就夢想成為奧運金牌得主，」弗里曼補充說，「所以我心裡非常清楚，這次是屬於我的時刻，沒有任何事情能奪走屬於我的機會。

「目標明確是非常重要的，你的決心和渴望不能有任何動搖。那也意味著公平對待你的團隊、你的教練，以及周圍的每一個人，例如你的醫生或心理諮商師。你必須確保大家團結一致，並且決心全力以赴達成目標——不論目標是締造個人最佳成績、擠進國家代表隊，或奪下一面奧運金牌。」

弗里曼現在想明白了，她的身體在一九九六年已做好奪金的準備，但她的心理沒有：她並未打心裡相信自己做得到。她告訴教練她能拿下銀牌，最後果然如她所言。那是了不起的預言能力，更別提自知之明。但我們的潛意識往往盲目實現我們的要求，並且不折不扣地遵從建議——不論是正面、負面或介於兩者之間的指令。

然而，那次比賽的表現確實激起了她的渴望，並且讓她相信自己遲早能奪冠。歷經四年和兩面世錦賽金牌後，她帶著高昂的正面態度進入二〇〇〇年，絕不允許失敗的念頭閃過她的腦海。相反地，她在心裡一遍又一遍預演決賽的畫面，藉此強化自己的信念。等到弗里曼在擠滿奧運會場的十一萬名瘋狂粉絲面前走出來時，她泰然自若，並且開啟了「自動駕駛」模式；這兩者都是極致運動表現的經典元素。

弗里曼是如此沉浸在化境之中，抵達終點線時，她並未瘋狂慶祝或甚至展露笑顏。四周一片混亂，而她身處於亙古不變的平靜綠洲之中。整整一分鐘時間，她眼神茫然，坐在跑道上，直到自己剛剛完成的表現開始滲進意識。原本很可能花更長時間。為了撰寫這本書，我有幸兩度採訪弗里曼。如果我以為等到我們二〇一六年在柏林第二度會面時，她就有辦法精確描述化境，那我就錯了……

「我有那麼多年時間細細思索，但那實在很難以言語形容，」她告訴我，「第一個浮上腦海的字眼是神聖；扮演好你自己的角色，享受純然的自由、純然的喜樂。對我而言，那向來是一種個人的喜悅，以有形的方式，把對我有意義的一切事物浮上表面。與絕對而純粹的喜悅合而為一。但那是我第一次真正將化境訴諸言語，我嚇壞了……這些話是從哪兒冒出來的？

「帶來喜悅的過程無疑勝過最後結果，重點是這趟旅程、每一個時刻、人生至今的歲月。在我來說是十七年，但由於我與先人——我的祖先——的聯繫，我得到了許多力量與啟發。不過，我的心靈也總掛念著未來，思索著過去和未來間的傳承。每一名運動員都不同，但那份更高的目標始終對我非常重要。

「正因如此，大致用同樣方式描述化境的人，能夠如此有效應付發生在他們周遭以及身上的每一件事情。那是毅力和內心穩定機制的泉源，幫助你站穩腳跟，不會失去焦點。一個靜默的機制。我仍然跑步——顯然不像以前那樣——但我總在跑步過程中找到試金石。就在昨天，我到草原上『伸伸腿』，仍然覺得那是能讓我稍微靜心的方法。有些人禱告，有些人嘗試散步、唱歌或彈奏樂器。對我而言，其中有一股靈性，意味深長……」

跟大師交談就是這樣。重點不在於某個單一時刻，而是整個有生之年。弗里曼的發端甚至更早，起源於祖先的歷史。她頭一次賽跑是五歲，而她在雪梨找到化境的旅程，十歲起就堅定地展開了；那是她最早決定奪取奧運金牌的年紀。這樣的念頭似乎不切實際，但她從原住民溫網冠軍伊文・古拉貢・考利（Evonne Goolagong Cawley）的成績得到鼓舞，並且從罹患腦性麻痺的姊姊安瑪莉身上學會堅忍不拔的毅力；安瑪莉是凱西最初的後盾之一，為她帶來深刻影響。

「父母親是我最初的啟迪，」弗里曼說，「由於他們的支持，我夢想贏得奧運金牌的野心並未把我壓垮。我和街坊鄰居其他小孩都不一樣，卻覺得心安理得。不是每個人都有福氣得到這樣的支持——不論從你的父母、鄰居、教練、阿姨或朋友的媽媽，但我的家人真心支持我追求目標。

「那就是有時候很難跟孩子傳遞這項訊息的原因：尤其如果你來自棕櫚島（Palm Island，這是凱西・弗里曼如今在她母親出生地經營的原住民兒童社區），每天早上光要起床就很費勁，出門上學更是一場戰爭。所以我得謹慎措辭、婉轉一點，因為人們就是缺乏足夠的自尊與自信，更別提愛自己。

「一般說來，假如我是在會議室裡，面對的是企業高層菁英或出類拔萃的大學生，我當然會稍微改變我使用的語言。不過每一個人都熱愛學習，尤其是小孩。他們提出問題，想要更深入探究我的大腦如何運作、我的故事有什麼不同，而我們之間又有什麼相似之處。」

弗里曼如今透過她的基金會，付出許多時間啟發下一代勇敢築夢。當我問她，人類是否有能力超越一般設想的極限，她笑著回答：「毫無疑問。」太神奇了，早年得到一點點來自他人的愛，就能激發胸懷大志所需的足夠自愛。如果真是如此，那麼弗里曼的家人就是她的寶庫，尤其是他們引領她擁有「信念」，讓她可以從「懷想」一路走向「實現」。

「我小時候，我的父母衷心服膺心智演練和意象訓練，」弗里曼補充說，「在腦中埋下信念的種子之後，你需要鼓起勇氣跨出自己的舒適圈，並且切切實實去想像——閉上眼睛，想像自己設法面對心中最大的恐懼。那包括把目標寫在紙上，以便熟悉目標，並且覺得自己可以辦到。他們鼓勵我寫下目標並且大聲朗讀，或甚至在心中默念，其中之一是：『我是全世界最偉大的運動員』，這我顯然不是……我或許有一點自負，但沒那麼嚴重！當然，我從前不是、以後也絕不會真的以此為目標。但你知道那句老話：『瞄準月亮——就算失手，你也會射中星星……』」

* * *

「我是全世界最偉大的運動員」：這樣一句宣言聽來無非異想天開，甚至可說平淡無奇，卻是經典的格言範例。對目標抱持正面遐想是一回事，但如果你像受訓時的年輕弗里曼那樣把它訴諸筆墨或大聲朗讀，效果會好得多。這看似簡單，卻能將目標化為堅定的壯志，供潛意識去追逐。假如機會許可，最後一步就是在全世界的目光下大聲喊出你的夢想。

這種技巧在生活的各個領域不斷攻擊著我們——事實上，我們每天面對的、基於各種宣傳而興起的潮流，就是以這種技巧為基礎。很簡單：一件事情不論錯得多麼離譜，只要說得夠大聲、夠理直氣壯、夠頻繁，往往就能成為既定事實。主要的目標是想激起恐懼：「只有我們有力量拯救渺小的你。」不論我們多麼熟悉媒體操作，沒有幾個人的心靈具備滴水不漏的防洪措施，足以防備這些言論滲進意識，讓我們覺得自己十分渺小。格言的運用，就是在「渺小的我」身上綁牢外部推進器，讓它可以全力反撲。

體育界最有名的格言，就是穆罕默德．阿里所說的「我是最棒的」（I am the greatest）。他證明了這句話分毫不差，但是在他第一次跟看來所向無敵的桑尼．利斯頓（Sonny Liston）角逐世界拳王之前，他無從得知這句格言是否屬實。儘管如此，阿里明智地認定「意志力」比「技能」更加重要，而那句格言是他用來淹沒任何自我懷疑的方法。

當然，阿里如此受人尊崇，不只因為他在拳擊場上把意志力化為技能，也因為他在拳擊場外運用意志力對抗一個更大的敵人。他拒絕受徵召投入越戰，以愛之名挺身對抗「強權即公理」這句概括性的政治格言，因而斷送了最巔峰的幾年拳擊生涯。這是廣大世界虧欠「最偉大的」拳王的地方。

這就是夢想家的最後一步：幫助每個人都得到實現夢想的機會。沒有幾個人具備自信和甘冒一切風險的勇氣從保護牆上探出頭來。我們記得湯米．史密斯（Tommie Smith）和約翰．卡洛斯（John Carlos）在一九六八年墨西哥奧運舉起象徵「黑人力量」的拳頭，也記得辛巴威板球選手安迪・弗勞爾（Andy Flower）和亨利・奧隆加（Henry Olonga）在二〇〇三年戴上黑色臂章，象徵國家在羅伯・穆加比（Robert Mugabe）統治之下民主已死。我們記得這些事件，正因這樣的表態非常罕見。

「安迪和我之所以公開表態，是因為良心不允許我們在那樣的環境下出賽，」奧隆加在《狂飆》中告訴我，「但是腦中冒出念頭是一回事，順從心意並且化為行動才是困難的部分。我看過電影《神鬼戰士》。片中，羅素・克洛（Russell Crowe）雄赳赳氣昂昂地挑戰皇帝。這在電影裡非常痛快，但是現實生活截然不同。儘管如此，這部電影還是讓我萌生膽量，讓我衝動地想：『我辦得到。』每個人內心深處都有挺起胸膛反抗暴政的慾望。當然，有人一起壯膽也有幫助……」

身為辛巴威的第一位黑人國際板球選手，奧隆加的後盾不只是弗勞爾，還有他自己的信仰。上帝和神鬼戰士聯手幫助他渡過重重難關，包括這次行動的危險，以及後續不可避免的生涯中斷及國際流放。

當你站上最大的舞台，如果無法克服這些不安全感，就不可能在歷史上留下足跡。在運動場上，人們通常只跟自己的內心交戰，但有些人不僅需要應付心裡的惡魔，還得跟整個文化對抗。一九八四年奧運，來自摩洛哥的納瓦爾・埃爾・穆塔瓦基爾（Nawal El Moutawakel）在首度列為奧運項目的女子四百公尺跨欄中奪冠，成為穆斯林國家有史以來第一位摘下奧運金牌的女子選手。她的成功推翻了阿拉伯世界的女人不會運動的信念，為後繼之人開啟了一條康莊大道。

絕不能小覷一名開路先鋒身上背負的重擔，尤其當事情涉及對抗幾世紀以來的政治意識與成見。我問埃爾．穆塔瓦基爾，在她調整心理狀態以便在競賽中發揮最大實力時，她面臨了哪些額外的障礙；毫無意外，她的答覆跟弗里曼的說法有許多相似之處：「我總是對孩子們說，生活中每一件事情都是靠九十九分努力和一分機運。天上不會掉餡餅，你必須自己去掙，而在掙之前，你必須先學會怎麼掙。你必須鍛鍊你的心理層面，隨時保有ＰＭＡ：正面積極的心態（Positive Mental Attitude）。

「我記得在我參加比賽的生涯中，教練總是要我說我是最棒的、我是第一名、我得贏，因為我必須贏。說這些話總讓我害臊，但我被迫說出口，因為這有助於我的心理建設。我必須反覆背誦並且大聲宣讀：『我是第一名，我是最棒的，我得贏，因為我必須贏。』」

這方法必定有某個地方奏效：埃爾．穆塔瓦基爾往上衝的勁道並未止於她的奧運金牌。她從一九八八年起便榮膺國際奧委會成員，並擔任評估委員會主席，遴選出倫敦與里約熱內盧為二〇一二年及二〇一六年的奧運主辦城市。和弗里曼一樣，如今，她正努力散播這個不太神秘的秘訣，無遠弗屆。

「通過一再申明，就能變成自我實現的預言，」她補充說，「我到今天仍然奉行。心理層面對生活中的任何一項工作都很重要，我從體壇退役之後，這套方法仍然讓我獲益良多。我拜訪高中、監獄和孤兒院——不論走到哪兒，我總會說：『你做得到；你必須拿出行動，因為你是最棒的，總有一天會成功。』孩子們帶著截然不同的心態走出會場。他們說，『你看著我們，光聽你說那些話就讓我覺得振奮。』我想，這就是我此刻的角色。」

好消息是，正面積極的態度不見得要靠打擊別人來長自己的志氣，它也可以具有感染性——事實上，當你遇到最傑出的正面典範，你有可能精神大振，或者在幸福階梯上更上一層。游泳選手蜜希・佛蘭克林（Missy Franklin）在二〇一二年倫敦奧運摘下四面金牌時才十七歲，然而這位迷人的美國選手證明了我們不需靠外表的蠻橫，來培養能夠壓制渺小的我、並且一路攀登巔峰的內在力量。她告訴我在化境中游泳是什麼感覺。

「我從游泳中學到的，就是我可以瞬間進入狀況。我盡可以傻呼呼地興高采烈，但是一到比賽時間，我心裡非常清楚。我將焦點放在即將來臨的賽事。比賽前一刻，你知道自己已認真練習，你站在起跳台後面，完全準備就緒。你等不及到賽場上向自己和其他人展現實力。沒有什麼比得上這份感覺，妙不可言。那就是我出賽前總愛露出微笑的原因，只是要提醒自己盡情享受、別忘了自己做這件事情的初衷。

「以正面態度和負面態度做事情，兩者間的難度差了不下千里。不論練習或比賽，要是我帶著負面態度，情況會難上千百倍。就算表現不盡理想，也沒道理浪費力氣怏怏不樂，尤其如果馬上就要參加另一場比賽。你利用比賽來成長：我希望每一年都能變得更好。重點是保持樂觀，隨時維持好心情。」

即便在重返里約奧運卻敗興而歸之後（她「只」靠接力賽拿回一面金牌），佛蘭克林仍設法保有樂天知命的態度。她承認歷經四年的漫長訓練，還要兼顧加州大學的學業，這樣的結果實在讓人難以接受。不過如果有人能在黑暗中見到光明的一面，就是這位面帶笑容的美國運動員了。佛蘭克林無疑是正面思考力量的活廣告，我不禁問她，對於心智的運作，奧運金牌選手的理解究竟比她在大學心理系的同學超前了多少。

「有關我們的運作方式，以及我們被擊倒之後如何重新爬起，運動比賽提供了深刻的洞察，」她說，「我很感激它教給我的生命課題。我試著隨時保持樂觀：這跟生活的每個層面都息息相關，在我進入職場或成立家庭之後，我將永遠保持下去。我參加比賽，因為我享受在我所愛的事情上面獲得進步的機會。我非常相信活在當下，至於游泳，我專注於幾星期或幾個月後的目標，不是幾年。但我也經常思考退出泳壇後的生活。我有許多夢想，其中之一是成為母親。我愛孩子勝過一切，而我夢想的工作是當一名幼稚園老師。所以當游泳生涯結束之後，我仍然會為生活設立目標。」

* * *

歷史如今幾乎已經遺忘美國泳將馬克・史匹茲（Mark Spitz）曾在一九六八年奧運奪下兩面游泳接力賽金牌的事實。這對任何人的標準來說都還不賴——只除了他自己。當時年僅十八的史匹茲出征墨西哥奧運，心中期待抱回多項個人大獎；他向全世界宣告，他的目標是六面金牌。計畫落空讓他顏面盡失，為此，他對自己展開長達四年的懲罰，認真準備一九七二年的慕尼黑奧運。這一次，他打算確保自己被刻在歷史的記憶中。

史匹茲以男主角般引人注目的古銅色肌膚和小鬍子出場，展現出無異於驕傲的強大自信。有時候，勝負關鍵甚至不在於自己進入化境，你也可以想辦法鑽進對手腦中，讓他們掉出化境。你不見得要耍小動作，只需要擺出態度：散發出全然的自信。

關於史匹茲在慕尼黑的閃電攻擊，最不尋常的地方是他對其他挑戰者造成的影響。他首先摘下兩百公尺蝶式的金牌；他一九六八年在這個項目墊底。然後，就在他越來越疲憊卻仍不斷累積金牌之際，怪事發生了。史匹茲發現，儘管對手的參賽項目較少、體力因而較為充沛，然而當他贏得越多，對手的奪牌希望就越受打擊。

「我參加許多項比賽——每天一項，」史匹茲告訴我，「所以對我來說，關鍵是不要把某一天的活動跟另一天的混淆。我不去想明天該怎麼做，必須保持專注。我也利用昨天的好成績來為今天的我加油打氣。那樣對我最有利，因為我的對手說，『哇，這傢伙肯定狀態良好，他已經恢復精神而且態度積極，八成準備好了再贏一場。我該怎麼辦？』所以說，參加那麼多項賽事實際上幫助了我。

「我處於白熱狀態，毫無疑問。當然，身處化境意味著你也可能瞬間掉出狀況之外，因為一個人的心理與生理狀態每天都有可能大不相同。日子一天天過去，每天都少掉一件需要掛心的事、減輕了我的負擔，不過那也表示眼前還得再出賽一天，而我已經越來越累了。我記得最後一天接力賽的最後一個划水動作；我感覺再也划不動了。我全程投入百分之一百或一百二十的力氣，直到最後一個動作。然後我就沒油了。這就是你想要的；你希望在終點線上耗盡力氣，提前一刻都不行。我很感激事情剛好在那時發生，而不是提前一刻。」

史匹茲對心智的掌控，讓他得以忽視越來越強烈的肌肉疼痛感，直到不必再撐的最後一秒。他抱著七面金牌回家，締造出奧運史上前所未有的佳績。同時，他也創下七項世界紀錄，每一次都像利刃一般，刺向想像自己有希望阻擋他爬上傳奇地位的每一個對手心上。史匹茲估計自己沒有繼續上升的空間，因此立刻從泳壇退役。完美的好萊塢故事。

史匹茲體現了狂妄自大的冠軍經典形象。當然，不是每個人都能像他那般神氣活現。大多數人從小學會不要趾高氣昂，因為謙遜的人通常比較容易交朋友、維持長久的友誼。成人世界也敬重這類謙和的人，其中自有一定道理。不過，自謙——不論真心與否——其實對誰都沒什麼幫助，更不用說未來的競技選手。

如果我們開始相信那種情結背後的騙局，就無從得知「渺小的我」可以在潛意識裡鑽得多深、侵蝕掉我們真正擁有的實力。當我們允許這類念頭溜進心底，起身追求夢想——遑論實現——的機會就會越來越小。這種裹足不前的習慣也可能在關鍵時刻冒出來：面試爭取你夢寐以求的工作、跟你的夢中情人搭訕。麻煩大了。如果我們不相信自己，別人也不會相信你。這讓我們不得不問，為什麼很少有人教導我們，「說到」確實有助於「做到」？

* * *

巨星透過精采表現，必然在身後造就出一整代的夢想家，其中有些人最後也成了巨星。英國的史蒂芬．雷德格雷夫（Steve Redgrave）在電視上津津有味地觀賞馬克．史匹茲的偉業時，只有十歲。他後來也會在水上打開新局，只不過得借助賽艇；他在一九八四年到二〇〇〇年之間蟬連五屆奧運冠軍，成為強力運動（power sport）史上的第一人。

「小時候，我們都會夢想著創造出偉大成就，」雷德格雷夫對我說，「運動比賽如此充滿畫面感，馬克．史匹茲激發了我的想像：『如果能參加奧運，那該有多好？』那時離我接觸划船運動還有四年時間。然後，當你初出茅廬就少年得志，你會從心底萌生出自信。這聽起來非常驕傲，但我始終相信自己會成為一名奧運金牌選手。我以為我只會拿下一次冠軍，不是五次。不過，如今成了一個更『完整』的人，我不禁納悶當初那股欲望和自信究竟從何而來？

「但我身上有某種特質——心智在其中扮演了重要角色。在運動場上區分優勝劣敗，靠的就是心智的力量、經驗和信念。最近幾年有幾場網球賽歷時五個多鐘頭，球員就算陷入逆境也仍保持信念，心裡想著：『他現在打得正順，但不可能一直如此，遲早會出現轉機。』你只能撐下去——划船比賽也是一樣。

「划船的體能訓練非常辛苦。有句話說『里程造就冠軍』：你奮力划過越多里程，勝出的機會就越大。但真正強大的地方是心智。如果你心裡存著一絲一毫的懷疑，八成會半途而廢。一旦擠進奧運決賽，對手的實力跟你旗鼓相當，受過的訓練也不相上下，那麼是什麼因素決定了勝負？一部分原因在於生理，但是心理層面的自信與決心更為重要。」

這個信念帶領雷德格雷夫踏上奧運耐力項目上無人能及的光榮歷程。但在他的家鄉，這項不起眼的運動沉寂了好一陣子，一開始的突破得來實屬不易：「成功孕育成功，所以追隨遠比開創容易，」他補充說，「英國的划船選手在國際舞台上缺席，所以我們沒有致勝的文化。是我改變了這一點。我帶著一股傻勁登場：『去你的，我要給你們好看……』教練麥克・斯普拉克倫（Mike Spracklen）安排我們跟其他國家的男子隊一起訓練，我們沒有落後太多。於是信心來了：『我們贏不了他們，但奧運有十四項划艇競賽，假如我們趕上他們的實力，就還有機會。』

「我很幸運，年紀輕輕就有機會參與頂尖賽事。我一開始參加的項目是四人單槳有舵手式：一群不稱職的傢伙。後來跟安迪．霍姆斯（Andy Holmes）搭檔，我們被視為當時全世界最傑出的運動員。然後馬修．平森特（Matthew Pinsent）也來了，他後來成為當代最厲害的划槳手。生涯一開始就具備技能，晚期又能跟實力堅強的隊友一起划船，我真的非常幸運，但我也付出了努力。」

他付出的努力包含由英國隊總教練尤爾根．格洛布勒（Jürgen Grobler）領導的心智訓練。格洛布勒是奧運紀錄甚至勝過雷德格雷夫的少數幾人之一，從一九七二年開始，他帶領的團隊在每一屆奧運奪冠，只除了一九八四年；當時東歐集團杯葛奧運，阻斷了祖國東德的奧運之路。每次大型比賽的前一天晚上，他總會集合隊員在陸地上詳細演練划船的過程；這種作法絕非純屬巧合。

「全程大約划兩百四十槳，他們演練了每一槳，以便傳遞訊號給肌肉，並且釐清所有事項，」格洛布勒說，「你無法準確預測所有狀況，所以必須替那些傢伙作預備教育，讓他們知道自己的長處、懂得如何相互合作。這樣的心理準備很重要，總會讓他們起雞皮疙瘩。他們在大賽之前會緊張，但重點是不要畏懼，只要走出去照訓練做就好。致勝關鍵在於你能有多大的發揮、你如何全神貫注，執行計畫。對划船這類沒有肢體接觸的運動來說，這聽起來很難，但是勝者之所以脫穎而出，憑藉的就是心智。最強的選手能找到比別人多一點點的力量。」

幾屆奧運下來「只」抱回四面金牌的平森特說法一致：「我們會演練比賽過程，談談心中的理想賽況。我們制訂綿密的計畫——的確，就我的經驗而言，這種方法確實有效。」雷德格雷夫終其運動生涯奉行這項技巧，一開始只是隨意而為，後來則成了正規訓練，由安迪・霍姆斯當醫生的哥哥賽門負責主持；賽門甚至透過催眠幫助這對搭檔進入禪定狀態。在二〇〇〇年奧運決賽之前的四年，儘管雷德格雷夫被診斷出第二型糖尿病、被迫一天監測胰島素水準十次，他仍每天在腦中預演比賽的過程。

「你想得越多，就越容易胡思亂想，」雷德格雷夫說，「如果你是最被看好的選手，你最不希望見到的就是意外——因為意外通常代表失敗。划船決賽的重點在於拚盡全力從A點衝向B點，但願你的速度足以打敗其他對手。但另外五艘船把你視為頭號勁敵，心裡想著：『如果我們使出這招、這招和那招，就可以打敗你。』所以你必須準備好回應各種突發狀況。

「我們一年只參加三場國際比賽，沒有太多經驗預測不同比賽可能出現的狀況。比賽本身極其短暫：六分鐘而已。事情要嘛順利，要嘛不順——假如狀況百出，你也無計可施。所以意象訓練非常重要。我以前會問自己：『誰會進決賽？澳洲選手會怎麼做？』你在腦中把自己放進千百種狀況中，一旦真的發生其中某種狀況，腦海深處會告訴你：『對，我們要這麼幹』，而不是想著『糟糕，我們該怎麼辦？』。要是那麼想就完蛋了。」

儘管四年來在腦中做了不計其數的排列組合，但這無法消除大賽當天的緊張情緒。那就是「渺小的我」症候群發作的時候，即便史蒂芬．雷德格雷夫這樣的體壇巨擘也不能倖免——他如今可以笑談過去：「最難熬的，是賽前兩、三個小時的心裡煎熬，」他說，「我會坐在暖身區這麼想：『我幹嘛沒事找事幹？難過死了……』然後你想起種種訓練，心裡思忖：『花了那麼多力氣訓練，別浪費了。走到場上，不論贏了、輸了或平手，盡力就好。然後你就可以一走了之。』

「但是你需要腎上腺素的刺激。馬修和我最厲害的地方，就是當場面越大，我們的表現越出色。那讓我們知道，我們需要世界舞台，需要置身於那種可怕的處境。不同的人有不同反應。馬修專注在好的一面，總想著事情有多麼順利，而我是個稍微負面的運動員。我受災厄與不幸所驅策：『這有可能發生，那不是糟糕透頂了嗎？我不允許發生這種情況……』」

奧運名將具備如此高超的技藝，理應不受這類負面情緒影響。但是他們每四年只有一次機會，而在場上的一舉一動，都會被現場成千上萬民眾和電視機前數百萬觀眾，拿著放大鏡分析。

二〇〇〇年，凱瑟琳．格蘭杰（Katherine Grainger）摘下四人雙槳式比賽的銀牌，成為英國第一位在奧運划船項目中奪牌的女子選手。真是了不起的成就——但是當然，還差那可望而不可及的最後一步。划船是極度挑戰體能的運動，必須連續四年清晨即起，對身體進行地獄般的鍛鍊。不過對格蘭杰而言，一切付出都得到了回報，她在二〇〇四年重返奧運，參加雙人單槳無舵手式競賽。又一次傑出表現，拿下另一面銀牌。奧運選手熱愛貴重金屬，但銀製品不免讓人有些氣悶。又是四年的苦熬在等著她；第三次嘗試能在北京交上好運嗎？沒有，重回四人雙槳比賽，還是銀牌。領獎台上潸潸而下的淚水，毫無喜悅的成分。

光想到要對這項看似註定無望的追求投入第十三到十六年的光陰，就需要難以衡量的心理力量。但是念及她的收藏品只有一種顏色的貴重金屬——再加上知道二〇一二年奧運將在家鄉倫敦舉行——就莫名鞭策著格蘭杰展開另一輪艱苦的訓練。當我在奧運賽前訓練營跟她碰面，我以為會看到一個被眼前挑戰無情吞沒的人。我錯了。格蘭杰渾身散發出英國國家代表隊精神領袖應有的泰然自若和信心。我請她說說如何在關鍵時刻找到進入化境的方法，她一開始回答：「我不認為你能創造化境；不是你去找它，是它來找你。」然後她詳細說明她和雙人雙槳搭檔安娜·沃金斯（Anna Watkins）如何確保化境裝了衛星導航……

「奧運決賽是最難準備的賽事，因為沒有什麼能與之相提並論，」她說，「在心理上，就連世錦賽或世界盃的決賽都望塵莫及，原因就在於奧運奪牌所需的膽識、期待與渴望。那很難製造，也幾乎難以想像。所以我們在大型比賽所做的，就是給自己壓力、讓自己緊張，確保過程很不好受、很緊繃，一點兒都不好玩。奧運非常特別。然而一旦經歷過了，你就知道自己挺得過去，並且能展現實力。然後當大賽當天早晨鬧鐘響了——儘管你通常早已醒來——你就心知肚明。你不需要進入化境；你已在化境之中。」

歷經十幾年辛辛苦苦淘銀，幾星期後，格蘭杰果然不負眾望挖到了金子。她的好萊塢式結局對我而言毫不意外。但是別提電影了；正如麥可．菲爾普斯和潔西卡．恩尼斯希爾，她四年後重返里約賽場，讓命運再度得到機會毀掉她的生涯大結局。二〇一六年稍早，格蘭杰和搭檔維多莉亞．索恩利（Victoria Thornley）的成績實在很差，一開始甚至被屏除在國家代表隊門外，直到後來被救回名單上，他們才恢復水準，並且一路挺進里約決賽，跌破眾人眼鏡，抱回光榮的銀牌。這一枚跟第一枚一樣受格蘭杰珍惜，正如這次通往化境的最後一趟神奇之旅。

＊　＊　＊

短跑名將麥可．強森（Michael Johnson）在一九九二年美國奧運代表隊選拔賽中，首次體會了他所謂的「危險地帶」（Danger Zone）。他在兩百公尺預賽遭遇強勁逆風導致成績不佳，以至於在決賽和卡爾．劉易斯（Carl Lewis）之流的高手對決時，被分配在（最不利的）外側跑道。原本大勢已去，但憤怒加上想把所有人踩在腳下的決心，激起了強森的鬥志。他以全世界四年來最快的成績震撼了全場。高強度的專注感讓強森赫然意會到還有另一個境界可供追尋。這成了他不斷設法複製的心態原型。

快轉到四年後的亞特蘭大奧運，強森已成了無可爭議的主辦國巨星。彷彿這樣的壓力還不夠，他穿上最醒目的服裝，進一步宣示他的決心。他後來總結說明：「有什麼能比穿著金鞋拿銅牌的傢伙看起來更蠢的嗎？」

這樣的羞辱絕非毫無可能。這名美國選手在一九九二年巴塞隆納奧運開幕前食物中毒，最後甚至沒能晉級決賽，辜負了一面倒的奪冠呼聲。這表示他在進軍一九九六年奧運時，心知自己有可能錯失當之無愧的金牌，黯然畫下生涯句點。然而在預備期間，這類懷疑被拋到九霄雲外。強森看中的不只是一面獎牌；他希望創造歷史，成為兩百公尺和四百公尺的第一個雙料冠軍。一面金牌配一隻鞋。他甚至拜託主辦單位通融、為他調整賽程，導致他在一星期內參加了驚人的八項比賽。

當他在起跑板上就定位時，強森看著金鞋對他閃閃發光。它們是否嘲弄著他、讓他想像一旦失敗要面對怎樣的屈辱？完全沒有。它們一如「我是最棒的」這類實際上的宣言，是對「渺小的我」症候群的最後一擊，把自我懷疑完全踢出場外。他果然贏得四百公尺決賽，逃脫被羞辱的命運，並且打破兩百公尺世界紀錄，奪下第二面金牌。他以十九點三二秒跑完兩百公尺，比以往的紀錄快了零點四秒，後來唯有尤塞恩．波特曾超越這項成績。這至今仍是運動史上最令人難忘的一刻。

後來被問到跑那麼快是什麼感覺，強森所能喚起的最接近的經驗，就是小時候乘坐父親親手打造的卡丁車。這名美國選手向來是一級方程式車迷，熱愛在賽道上飆車。正因如此，我不禁拿強森的「危險地帶」跟艾爾頓・冼拿在摩納哥的特殊經歷相比。

「人們經常問我，你跑步的時候在想些什麼？但我不知道一般人能否理解那種層次的競技，」強森笑著說，「我不會把它形容成出體經驗……對我而言，那只是高度專注與覺醒，其他一切都不重要——不論隔壁賽道或田徑場上發生了什麼事，沒有什麼能讓我分心。我聽不見觀眾吶喊，因為你是如此專注在自己的事情以及每個小小環節，直到你不斷向內探索，所有事情都只在你內心存在。我真的可以感覺體內發生的一切以及我的跑步技巧。這大概等同於艾爾頓・冼拿所描述的經驗，但那就是我身上發生的狀況。」

即便在他掀翻了亞特蘭大田徑賽道之後，強森仍然甩不掉他在第三步絆了一下的記憶——大多數人察覺不到，但對於把跑道當成畫布的藝術家而言，那是個重大汙點。這次經驗促使他改變方法，開始追尋另一次更偉大的傑作。

「危險地帶出現了不同風貌，」他告訴我，「一九九六年以前，我真的會想在其他傢伙跑到終點線以前換回我的練習鞋。我希望盡可能把他們打得落花流水，而我深以為傲。不過到了生涯後半段，我更著重在我的個人目標。我專注於時間、紀錄、創造歷史、締造體壇空前的成就。

「站在起跑板上，壓力提升到了另一層次。早年生涯中，起跑前最後一刻對整個比賽過程進行意象訓練時，我非常仰賴其他運動員。那很有幫助，因為我所要做的就是打敗他們。不過後來，我不再倚賴競爭對手。我必須打敗他們，但我另有跟他們毫不相干的目標：我必須跑出高效的比賽——而比賽過程很難百分之百如你預期的執行。」

菁英運動員執迷於追求完美。贏得金牌或世錦賽冠軍無疑是一項巨大成就，但唯有打敗所有對手，下一個階段才會翩然降臨，而戰爭就始於自己的內心。這是從偉大到傳奇的一步。沒多久，強森真正追逐的，最終證明是個難以捉摸的目標：跑出完美的比賽。

「運動員必須受到激勵和啟發，才能站到場上全力一搏，」強森強調，「偉大的運動員執著於尋找最有效的訓練方法，他們沉迷於比賽，設法在比賽中跑出完美的步伐，而他們對自己非常、非常、非常嚴苛。在追求卓越的過程中，你總是想到自己沒做好的地方。

「以前一起比賽的一些傢伙，現在成了我的朋友，不過當時不是。他們說：『我們向來不喜歡麥可的地方，就是他老把我們當成空氣。』這是因為我超前許多，其他人還在跨越終點線時，我就已經在反省自己的錯誤。那就是冠軍選手和高成就者的心態。我的教練克萊德．哈特（Clyde Hart）也是個高成就者——而且同樣是個非常優秀的短跑健將——他也具備同樣心態：我們還能做得更多、更好，所以那就是我們需要集中心力的焦點。」

雖然完美可能永遠在無法企及的地方誘惑我們，但追逐的過程充滿樂趣，而光近乎完美就能得到超乎想像的報償。但即便這些光榮的時刻，都不是強森最珍視的部分。

「順利衝過終點線的感覺非常美妙，」強森補充說，「那是一種成就感，你投入的一切努力都得到回報——不過說實話，我懷念的不是那份感覺。真的，我最懷念的，是賽前四十五分鐘左右坐在檢錄室裡的那段時間。你和其他選手在一起，氣氛非常緊張。我懷念那部分。我熱愛壓力、壓力讓我茁壯。那就是我的世界紀錄都是在大型比賽中締造的原因。我很清楚，重大比賽是我刷新紀錄的最佳機會，因為我擅於應付壓力。每次參加錦標賽時，我都對自己的狀態、準備程度和實力瞭若指掌。比賽當天不見得能充分發揮，因為你還得站到場上切實執行。每一次比賽，我都知道我可以贏，但不知道我會不會贏。」

但強森和場上其餘選手八成猜得到結果：有一段期間，他接連五十八場比賽奪冠。他的霸主地位全靠他精心規劃的訓練方法，而他的規劃能力，則得歸功於從家庭生活到假日凡事都得精心規劃的父親。因此，強森二世並非只是滿腦子不著邊際的想法；他會寫下來，並且把他在場上發生的每一件事情放進他的訓練日誌。他也會制定特殊計畫，並寫下通往金牌之路的每日及年度目標。

「儘管常贏，我也有輸的時候，」強森補充說，「運動員從小學習如何面對挫折、跌倒後再爬起來。不論是誰，這樣的訓練可以讓年輕人終身受益——因為每個人都難免遭受挫折。從我認識的傳奇運動員身上，我看到了真正的自我意識；他們真的瞭解自己。那會帶給你無比的信心。如果你設立一個遠大的目標，也成功完成，你的信心會得到更大提升。一旦達到最高境界，你就不再需要證明什麼。你想向誰證明你比他強？你已經向全世界證明你是史上最強的強者了……」

* * *

如果信念孕育成功而成功孕育信念，一如雞生蛋和蛋生雞，那就必然引發誰先誰後的問題？如果你是沒有顯赫歷史的芸芸眾生之一，最有效的方法就是打破循環，假裝自己擁有輝煌的過去。這種態度只是為了提醒自己：你一點兒都不渺小。假如你真心想闖一番大事業，最好相信這一點。如此一來，一名年輕女孩重複說著「我是全世界最偉大的運動員」、一個無帶的拳擊手聲稱「我是最棒的」，或者沒拿過奧運獎牌的野心家穿一雙金鞋，突然都變得很有道理。

就算你成功說服自己一路爬上巔峰，那麼下一個問題緊接著來了：現在要做什麼？勝者幾十年來的全副重心，可能精準地聚焦在未來的某一個點上。等到終於越過那一點，成功的人可以沉浸在應得的名望和阿諛奉承裡。我們也許認為這是退隱荒島的好時機，但是大成就家不是那樣子造就出來的。不論當時似乎多麼艱難，過程總是勝過結果。比起全心全意投入夢想而生的喜悅，榮耀帶來的其他獎賞通常顯得寒磣得慌。

有這樣的巔峰任憑攀登，怪不得窮其一生追逐單一目標、其餘一概不知的運動明星，沒幾個人找得到「正確」的退役時機。假如說每天的訓練是一塊磚頭，那麼多年下來，儘管他們精心修建的宮殿早已油漆斑駁、地基開始塌陷，但拋下這座宮殿仍然可能叫人心碎。必須有難得的智慧才看得出時機已到，這就是有那麼多人不明智地選擇復出的原因。強森是把時機拿捏得恰到好處的幾個人之一，他經過四年典型的精心籌畫，在三十二歲那年退出體壇。他後來開啟了成功的廣播、企業和公益事業生涯，不過他承認，他做這樣的決策比較容易，因為他很「幸運」地完成了一開始設定的所有目標。

「有些人後來復出，因為他們覺得還有事情尚未完成，」他說，「他們懷念比賽的壓力和氛圍，或者因為生活失去了重心。那些待得太久的運動員，多半是為了聆聽觀眾的歡呼聲、聆聽人們吶喊你的名字。有些人把它視為生命的一體，無法想像沒有觀眾的生活。但我從不認為自己的身分是運動員。我非常幸運能成為一名運動員，但那不等同於我的一切。

「許多運動員也誤以為他們能找到東西取代那份感受。我可以告訴你，那是無可取代的，永遠找不到什麼替代品。那是一種無法形容的感受，非常特別。如果我在生意上有所斬獲，那感覺很棒，但還是不一樣。把它當成美好記憶好好保存，但如果要尋找足可比擬的事情，那就太蠢了。」

某些巔峰經驗或許無法複製，但對於曾經追逐夢想的人來說，這兒有個好消息：你砌磚砌瓦打下的根基不會平白浪費。不論結果如何，光動手堆疊標誌著「懷想」、「相信」和「實現」的磚瓦，就會養成習慣，讓我們更有可能著手興建另一座宮殿。而且，不論夢想多麼全面，當它自然而然走到盡頭，總會有另一個新的夢想等你去追尋。更重要的是，所有關於哪裡做得對——尤其是哪裡出了錯——的知識，都立刻轉變成下一個夢想的地基。

儘管如此，強森深切明白對全世界大多數人口來說，追逐夢想仍是一個遙不可及的觀念：光生存下來就已困難重重，哪有多餘心思克服奧運金牌路上的障礙？體育界是能夠聲稱真正靠實力決定一切的罕見領域之一。在全世界其他地方，夢想家的成敗得失很難衡量，尤其是許多人對「我有多大本事」的質問，從未超出養家糊口的範圍。

強森在運動員生涯中走訪世界各地，地球面臨的問題深深觸動了他的心靈，但是繁忙的賽程和訓練讓他無暇採取行動。要在任何競技場爬上巔峰都需要全心全意投入，使它自然而然成了一項自私的行動。幸好他靠多年成功所累積的態度可以直接移轉到其他領域。最高的自信讓你領悟到你不需要做任何事情來證明自己；相反地，你的才華最好用於幫助別人。如今，強森努力幫助其他人建立自信，不論他們從怎樣的起點開始。他運用名氣來回饋社會，最值得注意的是透過迄今已幫助了數百萬名孩童的勞倫斯體育公益基金會（Laureus Sport for Good Foundation）。

「勞倫斯贊助的計畫，讓孩童有機會去多方嘗試，找到自己熱愛的事，」他說，「作為運動員，我們有能力現身說法、激勵年輕人，讓他們知道有人關心，並且明白自己非常重要，足以讓我們不遠千里來拜訪——儘管有些孩子年紀小得不知道我是誰。我們試著幫助困難環境中的孩子，他們需要可得的一切支持。對他們許多人來說，只要一覺醒來不需要克服許許多多真正艱難的障礙，就已是一大成功。所以我們試著幫助他們成功。」

不論我們生命中面臨怎樣的挑戰，似乎沒有什麼是真正的態度和信念無法克服的。當然，有太多人在夢想著充分發揮心智潛能之前，必須先擁有基本的物質資源。但我可以確切地說：像麥可・強森那樣真心相信自己的人，渾身上下充滿了魅力。如果你有幸遇見一位如此出眾的高成就者，你會帶著更昂揚的精神離開——而且你很快就會發現自己研究著如何善用自己掌握的機會。

話雖如此，虎爸虎媽們應該注意：強森與眾不同的是，他從不願強迫任何人走他選擇的道路。今天，擁有體育天賦的孩子被迫越來越早開始，但動力始終必須發自內心：「身為大人、教練和媒體，我們應該停止挑選十歲小孩成為明日之星，」他強調，「煽動孩子去渴望十年或二十年以後的事，實在沒什麼幫助。我們應該讓孩子選擇自己的道路。如果孩子有嚮往的目標，讓他們自己想辦法慢慢追求。專注於現在、盡己所能做到最好，並且相信自己——不論是運動、音樂、學術或任何領域。每個人的處境不同，你必須找到自己的道路，認清什麼對你有用。」

那就是我們每個人都能遵照懷想、相信和實現的模式，找到自己的道路、一路攀上巔峰的方法。我們一旦構築了夢想，也真心實意相信，那就真的只剩最後一步了。

階段三

實現

6 專注

這樣的能力水準——及其巔峰狀態——並不侷限於體育活動。當「薩利」機長切斯立·薩倫伯格（Chesley Sullenberger）的空中巴士起飛後不久撞上一群加拿大黑雁，他毅然決定迫降紐約哈德遜河上。他後來告訴哥倫比亞廣播電視台，過去四十二年來，他不斷在經驗銀行存入小額存款，那一天，他的餘額足以一次「提領一大筆」。猶如納迪婭．柯曼妮奇的「錦囊」……這筆經驗存款在緊要關頭帶領薩利直接進入化境，拯救了一百五十五條性命。

沒有人天生會開飛機，正如沒有人一生下來就會開車。若要精通飛行或駕駛的技術，必須經過長期訓練，讓大腦慢慢學會如何詮釋身體在感受車輛或飛機翻滾擺盪時傳回來的訊息，並且將如此龐大的資料轉化為指令，傳遞給在控制器上待命的四肢，最後鍛鍊出就連最困難的任務都可以不假思索完成的能力。儘管如此，如果你無法在真正關鍵的那一天、那一秒施展這項能力，就算練習了一輩子也無濟於事。要是你曾猛然發現自己必須思考眼前的工作，那會是一次無法抹滅的經驗，讓你清晰而細膩地記得這項技能原來是如此驚人的複雜。

有些專業人士甚至擁有更大的金庫供他們提取。英國航空747機長保羅．博諾姆（Paul Bonhomme）的另一個身分，是紅牛空中競技飛行大賽的三屆世界冠軍。在這項比賽中，單人座飛機在僅離地面和海平面幾公尺的高度翻滾、旋轉和繞圈。飛行員唯有證明自己是全世界最頂尖的特技飛行行家，才可能受邀參賽。博諾姆的生涯十九勝，明顯證明了他是高手中的高手。

「不論哪一種飛行，都必須有對的心情，」二〇一五年第三度封王後即退出飛行競技舞台的博諾姆說，「競技飛行、特技表演或單純從A點飛到B點，情況各有不同。駕駛大型噴射客機時，你照規定在極為安全的範圍內飛行，應該感到輕鬆愉快。不過話說回來，視你要把飛機操作得多麼極致而定，你必須進入更好的心情，沒錯，也就是『處於化境』。

「要完成空中競技飛行，你不必擁有太多特技飛行經驗，但是真正的挑戰在於應付驚險情況。對此，你必須具備多年的翻滾、戰鬥轉彎、失速、螺旋打轉的經驗，以及我們花了二十年練就的種種瘋狂技法。我曾經在競技飛行大賽中憑經驗僥倖逃過一劫，我知道其他人也有類似經歷。參加空中競技飛行賽之前，你需要累積大量特技飛行經驗，就像你希望由飛行經驗豐富的傑出飛行員來駕駛客機一樣。諷刺的是，這兩者你都需要經驗，卻希望經驗永遠不需要派上用場。

「競技飛行大賽與眾不同，因為別的空中活動都超級安全，而這一項卻需要具備賽車的技巧。所以會有兩層恐懼：害怕做得不好，以及害怕嚇壞自己或更糟。你必須在這兩者之間拿捏好分寸。比起害怕失敗，害怕嚇壞自己的恐懼應該是一顆巨大的泡沫，但情況通常恰恰相反。那就是你需要特別留心的原因。終場排名第五或第一其實無關緊要，但假如你無法參與下一次賽事，那就真的不妙了……」

二〇一〇年，當巴西飛行員阿迪爾森·金道曼（Adilson Kindlemann）在澳洲伯斯以兩百英里時速墜入水中，他竟然有辦法游泳脫身，除了頸部擦傷以外安然無恙。但這起事件促使主辦單位停賽好幾年，直到更嚴格的安全規定出爐才恢復比賽。博諾姆本人也曾在一九九四年的墜機事件劫後餘生。當時，飛機因機械故障而失控，兩秒鐘後撞擊地面，時間只夠罵一句髒話。他同樣大難不死，只受了點輕傷。

難怪這名英國人直言他在空中競技飛行大賽之前會變得脾氣暴躁。他會避開人群來對付所謂「健康的焦慮」，以便恢復平靜、從容出賽。他甚至會小睡片刻，把時間一分為二，醒來時只有一個念頭：「放空心思，上場比賽。」有條不紊的心靈對任何運動比賽都很重要，所以人們不斷追求清除雜念的方法，希望創造出能把多年的練習吸回來的真空狀態。說實話，這樣的追求毫不新鮮。佛教中的「禪」，源自於印度梵文的「dhanya」（禪那），意思是靜定專注——日本的競技飛行員室屋義秀（Yoshihide Muroya）就是一個好例子，證明練習「坐禪」在現今社會仍有益處。

「打坐幫助了我，因為那是一種心智訓練，」室屋說，「比賽期間，我每天晨起打坐，我用這種方法來專注精神，設法平靜下來，趕走腦中飄來盪去的無用雜念。比賽當中沒有時間思考，所以你必須聚精會神、憑直覺反應。即將起飛之前，我們需要高度集中的精神狀態——不要過熱、剛剛好就好——打坐反而會讓我變得過於冷靜，所以我只是坐下來而已。不過打坐對飛行有利，對生活也有莫大幫助，每個人都能從中獲益。我們的腦子裡無時無刻盤繞著太多思緒，而我們通常往外追求，所以很難往內自省。不過內心平靜真的很棒，不論是誰，向內探索能讓生活變得容易一點。」

飛行員一旦進入駕駛艙，艙罩構成一顆完美的繭，把世界阻擋在外。比賽是進入全然專注的快速道路；來自英國的二〇一四年世界冠軍奈傑爾・蘭姆（Nigel Lamb）解釋：「我回到停機棚，人們說我肯定聽到了觀眾吶喊。但我聽不見觀眾的聲音。起飛之後，你眼中只有障礙塔和樹木，其餘一切根本不存在。」德國的二〇一六年世界冠軍馬蒂亞斯・多爾德雷（Matthias Dolderer）說法一致：「你如此專注，沒有什麼可以或應該讓你分心。所以你連想都不去想，一切都不存在。你沒有時間，而且你全神貫注眼前的事。不論剛剛發生什麼，都已經過去了，不存在你飛行的當下。事實上，在競技航道上飛行，是屏除所有雜念的最好方法。」

有一個附帶條件：清除雜念後留下的縫隙，應該由警覺來填滿。博諾姆甚至承認，有一次比賽中，他突然想起忘記把髒衣服交給飯店清洗：「身體承受著四倍重力，滿腦子卻想著髒衣服，感覺有點奇怪。我必須跟自己說，『你打算一輩子當個笨蛋嗎？下一分鐘得專心一點。』這是錯誤示範。如果你行有餘力，應該拿來爭取那額外的十分之一秒。」

這名英國選手在紐約第二度封王時，確實充分展現他的經驗和能力，達到自己心目中的最佳表現。基於這座城市不愉快的航空史，飛行員被嚴格規定不得鋌而走險，因此博諾姆選擇將焦點放在一致性。在三趟七公里賽程中，他的成績分別是一分十秒零九、一分十秒零七，以及一分十秒零三，只有百分之六秒的差距。「冠軍賽的最後一趟是否還能這麼想，那就是關鍵所在了，」博諾姆告訴我，「假設你落後對手一分，你內心是否有勇氣說：『我不會太拚命，輸贏不重要。』你需要一顆『我不需要贏』的藥丸……」

二〇一〇年的加拿大競技飛行大賽中，澳洲高手麥特．霍爾（Matt Hall）在機翼翼尖掠過水面時，就吞下了這顆藥丸。在那之後，他學會管理自己的信念以便隨時攀登巔峰，從此成為飛行界舉足輕重的人物：「勝負關鍵在於維持穩定的思維和信心水準，」他告訴我，「飛上競賽航道之前，你無法確定實際狀況如何，所以你必須相信自己有能力完成。整個周末，隨著逐漸累積飛行時數，你對自己順利飛完賽道的信心也應該逐漸增強。唯有當你犯了錯，你才會開始緊張、必須使勁運用運動心理學招數。這在第一方程式大賽也很常見：如果有人在資格賽或熱身賽中撞牆，他們會想：『老天爺啊，千萬別再來一次！』在競技飛行賽中碰撞障礙塔（導致加秒的犯規處罰）也是一樣。但假如你在暖身飛行時飛得順利流暢，你在大賽當天會胸有成竹出場，心裡想著：『我大概還可以飛得再快一點。』

「我限制想像賽道所花的時間，否則最後只會落得準備過度，筋疲力盡。賽前幾個鐘頭，我每小時花五分鐘思索賽事。到了起飛前最後一小時，我進入正式程序，每一分鐘的每一件事情都經過精心規劃，好讓我不受干擾，並且毫無壓力。壓力只在你太早開始思索時出現。」

霍爾以澳大利亞皇家空軍退伍中校才有的嚴謹態度進行心理建設。隨著起飛時間逐漸迫近，他的準備過程也越來越一絲不苟，從一早的伸展操和散步靜心開始。媒體訪問訂於上午，在每日的飛行員說明會之前。最後一個鐘頭，他會在停機棚平躺二十一分鐘整，音樂聲逐漸增強，在起飛前半小時把他喚醒。然後是另一輪的心智飛行、再看一眼筆記和影片，然後在僅剩二十分鐘時「正式著裝」、坐進機艙——一切都在持續的音樂聲中進行，直到起飛前六分鐘摘下耳機換上頭盔為止。

「我知道音樂對我有用，最近幾年，我總是連續聽同一套組曲，」霍爾說，「每首歌都有特定意義。有一首歌在我著裝時讓我熱血沸騰，對賽道做意象訓練時則聽比較放鬆的歌曲。坐進機艙後聽的是搖滾樂——不是重搖滾，而是開心的搖滾——而我想著：『我很高興做這件事，我不需要靠它生活，只是來享受飛行競賽的樂趣。』那是我發動引擎前所做的最後一件事，所以當我飛進賽道，我知道我已做好了周全準備，我有信心，而且很開心置身此地。這樣一來，事情應該可以順利進行。如果抱著但願不犯錯的心態出發，你不會成功，因為你會飛得不夠積極，或者太瞻前顧後。你得這麼想：『多棒啊！我可以贏得這場比賽，來吧，上場了……』

「飛得最順的幾次，你不會去思索兩道閘門的時間，只會專注於眼前這座閘門以及機身的感覺，別無其他念頭。那就是我得知自己成績出色的時候，因為我的腦中沒有一絲懷疑，也完全沒想到未來。人們喜歡談『進入化境』，當我飛得很順，我確實領略了這種感受。那是一種愉悅感。飛上賽道時，我再也聽不見引擎聲，我只是飛機裡的乘客，乘坐魔毯在賽道上翱翔。」

* * *

全神貫注有一個很棒的副作用：當大腦徹底投入手上工作，我們的內心批評家別無選擇，只能閉嘴。那就是專注力在攸關生死的極限活動中如此重要的緣故。事實上，定心不只是盤腿打坐而已：目標是隨時隨地把注意力拉回到當下。

「不論我們在運動或生活中遭遇怎樣的挑戰，都要憑藉集中精神的能力——更久、更專注、更深沉——來取得更好的表現，」心靈教練唐·麥克弗森說，「東方武術很久以前就明白這一點，而第一個步驟，就是認清『專注』是一項刻意的行動。當你平靜而自信，專注的心便會受你掌控，並且達到最佳狀態。要進入化境，我們必須開啟潛意識模式。這是最高專注力的基礎，所有反應都是自然而然且不假思索發生的。當過去與未來淡出心靈，純粹的專注力才能降臨。各行各業的佼佼者——不論體育、音樂或其他領域——全都徹底活在當下。」

體壇頂尖層級的差距幅度極小，人人試圖搶占先機，因此，追求極度專注的技巧越來越流行。NBA球隊會在大賽前靜心冥想；在二〇一六年一級方程式大賽封王的尼可・羅斯伯格（Nico Rosberg），則將成就歸功於專注力。然後還有世界摩托車錦標賽三屆冠軍、西班牙摩托車手荷黑・洛倫佐（Jorge Lorenzo）。

「賽前如果覺得緊張，你可以試著靜坐，」洛倫佐說，「重點在於放鬆：當你毫無雜念，你可以更輕鬆、更從容。緊張會導致疲勞，使你無法發揮正常水準。隨著經驗累積，你會一年比一年更平靜。以前當我遭遇危機，我會摔車或做出什麼傻事。現在遇到嚴峻狀況，我不會焦躁不安，反而更放鬆、更鎮定，以便好好想出解決辦法。」

要追求心靈平靜，摩托車似乎是個出人意料的有效工具。道基・藍普金（Dougie Lampkin）是摩托車特技障礙賽的十二屆世界冠軍；在這項比賽中，你必須穿越一系列障礙，雙腳全程不得著地。當大腦把一切不相關的感官訊息阻擋在外，他的專注力達到了新的境界。

「全神貫注是一種奇妙的感覺，」藍普金說，「可能有上萬名觀眾在方圓五十公尺內對著你尖叫，但你什麼都聽不到。在我們這一行，你後面會跟著一名『助手』來確保你以最佳角度跳過下一個缺口。奇怪的是，你清清楚楚聽見助手的聲音，其餘卻完全空白。你高度專注於此刻，沒有任何事情能害你分心。」

突然發展出超敏銳聽覺，這事聽起來很古怪，但那是高度專注下可能發生的現象。我們每個人都有能力在喧嘩的房間裡把注意力集中在特定對話；心理學家科林・契瑞（Colin Cherry）把這種現象命名為「雞尾酒會效應」（cocktail party effect）。當其他事情無關緊要，大腦會剔除一切多餘雜訊。二〇一六年奧運，英國泳將亞當・佩緹（Adam Peaty）在一百公尺蛙泳項目兩度刷新世界紀錄，最後摘下金牌。他是這樣形容類似的專注力的：「就像是管狀視力（tunnel vision），不是嗎？」這種狹窄視野的症狀，經常出現在意外事故倖存者身上。我見過賽車車手在重大時刻運用這類感官現象，有人甚至聲稱眼前只剩下黑白兩色。其他感官也可能提高強度。艾爾頓・冼拿可以靠嗅覺判斷剎車狀態，並且從青草的氣味得知前方是否有人失控打轉。

賽車或許是最吵鬧的活動之一，然而，如果你達到高度專注，也可能恍若置身西藏山巔。二〇一六年以新秀之姿在印第安納波利斯500大賽奪冠的亞歷山大・羅西（Alexander Rossi）證實：「感覺其實非常平靜……在如此高速下，假使你完全靠意識層面操作，反應就太慢了。所以你停止思考駕駛，直到開車成了你的第二天性。那就是你登峰造極的時候。」這種難得一見的寧靜狀態，也是印第大賽三屆冠軍強尼・拉瑟福德（Johnny Rugherford）的致勝關鍵：「我的工作團隊曾經在我一馬當先的時候叫我減速，好讓我稍微放鬆。兩圈之後，他們對我說：『我們叫你慢下來！』我反而變得更快，因為我放鬆了。」蘇格蘭的達理奧・弗朗奇蒂（Dario Franchitti）是另一位三度掄元的車手，他強調：「當你進入出神入化的境界，你幾乎毫無感覺，因為一切來得如此不費力氣。你處理龐大的資訊，專心將自己和汽車發揮到極致，沒有餘裕去想：『這真是太棒了』。那是後來的事……」

極度專注狀態甚至可以讓看似艱鉅的挑戰變得輕鬆愉快，尤其當我們知道自己具備足夠能力，並且願意迎接挑戰。在看似南轅北轍的各種情況當中——特別是自然界——有不計其數的途徑可以抵達這種極樂的平靜。

「沒有什麼比貓捉老鼠更能體現放鬆的專注（relaxed concentration），」唐・麥克弗森說，「牠只活在此時此刻，無為而為，完美平衡，輕輕鬆鬆提高警覺，放鬆而專注在老鼠身上，想都沒想過有可能錯失目標：事實上，牠完全沒思考，只投入於過程中，其餘一切都不存在。突然之間，老鼠做出動作設法逃脫，而貓在同一時間一躍而上。完全不假思索，執行得乾淨俐落。遊戲結束。

「你也可以變得像貓一樣。找一件物品；什麼都好。蠟燭比較容易看，但牆上的一個點也行。現在，注視物件上的所有細節，彷彿入迷了一樣。看看你能凝視多久而不分心；一恍神就把自己的心拉回來。逐漸拉長你可以維持專注的時間。沒有人可以永遠不分心，但越常練習就能夠越專注。當你提高了專注力，就可以把干擾源阻擋在外，把注意力像雷射光束似地集中在某一件事情上。現在，縱使面臨極度壓力，你也可以更輕易專注在網球上，也能更輕易進入化境。一旦精通這項藝術，你會開始覺得事情得來全不費工夫，或者彷彿有人替你代勞。在此同時，你順其自然，什麼都不想，做就是了。」

* * *

有時候，運動的意義甚至不在於輸贏。麥可・阿瑟頓（Michael Atherton）曾任英國板球隊隊長，率領隊伍參與五十四場對抗賽。但是他謙遜地形容自己只是個「稱職」的球員而已，並不「偉大」。一切在一九九五年約翰尼斯堡的豔陽下發生了變化。當時，阿瑟頓的球隊面臨一項不可能的任務，他們必須在第二局取得四百七十九分才能勝出。勝利已遙不可及，英國隊的目標變成在不出局的情況下，打完五個兩小時的段落，設法在最後一天賽程結束時戰平。那就是阿瑟頓開始發威的時候。他在將近十一個小時內得到至今無人能敵的一百八十五分，重挫了南非隊的攻擊。化境經驗一般讓人產生得心應手、無往不利的喜悅感，但是這次比賽截然不同；這是一場硬仗——需要的是耐性，而不是天賦。但是這名二十七歲的選手如此全神貫注，他慢慢進入典型的、全然掌控自我的恍惚狀態。

「我唯一一次進入化境，就是在那一局當中，」阿瑟頓告訴我，「那感覺很古怪，但在最後三個小時，我知道他們沒辦法讓我出局。這種奇特的感覺，來自我在場上積累的時間。光打三球不會有感覺；我打擊了七個鐘頭才進入狀態。那很難解釋，但是感覺真棒。但願可以把它封存起來，不過應該辦不到吧。儘管如此，我猜最頂尖的選手應該常有體驗。」

如果我們以為這種聚精會神的狀態出現在大腦全速運作時，那我們顯然錯了。科學界爽快地承認，想解開這一團三磅重灰色物質的最深奧秘，還有好長一段路要走。不過各種研究正如火如荼展開。利用EEG（腦波檢查）和SPECT（單光子電腦斷層掃描）等技術，科學家研究了禪定中的西藏僧侶到即興演出的爵士樂手等各種人物，希望弄清楚大腦內部發生了什麼事情。由於功能性磁振造影（fMRI）技術過去二十年快速發展，人們如今已可以透過偵測血流來評估不同區塊的活動，逐漸繪製出一幅圖像——不過限於這項新興技術的能力，圖像的解析度還很低。

神經科學家亞尼．迪特里希（Arne Dietrich）研究化境的「心流」狀態時，把研究重心放在前額葉皮質區；這是一個與解決問題、精密分析、蒐集資料和規劃未來——也就是讓我們異於其他動物的智識基礎——有關的區塊。我們也許以為，當處於極限狀態，這個區塊應該加速運作，但迪特里希提出相反的理論，他認為這個區塊反而會停止運轉，進入他所謂的

「暫時性前額葉功能低下」（transient hypofrontality），也就是這個區塊的活動暫時放緩。實際上，我們不是思考更多、而是更少；我們拋開意識，專注於此時此地。不過迪特里希在這個領域佔有優勢，因為他曾是三項全能選手，親身體驗過化境。

三項全能是體育界最嚴苛的挑戰之一，由一點五公里游泳、四十公里自行車和十公里長跑組成。不過對來自德國的二〇〇八年奧運金牌得主揚・弗洛丹諾（Jan Frodeno）來說，這項比賽顯然只是小菜一碟；他後來進一步投入更瘋狂的「鐵人」賽事。這項比賽包含了三點八公里游泳、一百八十公里自行車以及四十二點二公里的全程馬拉松，大多數人簡直難以想像。弗洛丹諾二〇一六年以創世界紀錄的七小時三十五分三十九秒完成比賽，繼二〇一五及二〇一六年在夏威夷柯納島奪得鐵人世界冠軍之後，再添一樁勝利。別搞錯了，這是一個具有超強體能的人類。然而這名德國人堅稱，即便在此終極的競技場上，秘訣不在於肌肉，而在於他的大腦。

「心理層面比生理層面困難得多，」弗洛丹諾強調，「當然，你必須體能優異——不過所有參賽者都有強健的體能、絕佳的最大攝氧量（以身體耗氧量來計算）以及其餘種種。但是決定勝負的關鍵在於心智；力氣的重要性比不上專注。從三項全能升級到鐵人比賽，最大的改變在於態度與精神力量；從參賽者互相鬥智，轉變成跟自己及種種元素對抗。沒有人能專注八個小時——除非你是達賴喇嘛。隨著疲憊，你會發現自己的狀況起起伏伏、時好時壞，所以讓自己回神專注是一項精湛技術。你以正面思考壓過負面念頭、利用自我暗示控制情緒，連帶控制肌肉。我在鐵人賽事結束後的幾星期持續出現幻聽，因為我的精神疲憊極了。」

沒幾個人能體會鐵人賽後的身體疲憊程度，但我們都知道精神疲憊的感覺——即便只是長時間坐在書桌前或徹夜狂歡的結果。耐力運動員需要壓抑放棄的衝動，以免讓對手逮到任何可趁之機。

「我知道這是個持續的過程，永無休止，」他補充說，「我一邊鍛鍊身體，一邊鍛鍊心靈。當然，坐下來閱讀也有幫助。我曾求助於運動心理學家、讀很多書，並且練習瑜珈等等常見的活動，最後才明白最厲害的心理學家就是我自己。我大量進行自我訓練，而當你知道如何坦誠面對自己，就不會有人比你更能分析你的心靈。

「每當接受艱苦的訓練，你必須說服自己支撐下去，心裡思考：『我該如何應付？』你用對話擁抱自己，在內心形成一個包圍圈。這個過程要及早開始，因為你對訓練的期望，同時決定了這項訓練的成果。如果你抱著輕鬆愉快而不是艱難無比的心態展開訓練，你的期望會截然不同。有趣的是，結果永遠恰恰相反……而你的心靈美妙而強大，可以化痛苦於無形。」

弗洛丹諾生於科隆、長於南非，一開始以游泳出道，後來才回到德國展開激烈的三項全能生涯。二〇〇八年北京奧運之前，他並非被看好的奪牌人選，不過二十七歲生日隔天，弗洛丹諾靠最後衝刺摘下金牌。儘管他在四年後的倫敦奧運落居第六名——輸給奪金的英國選手阿利斯泰爾．布朗利（Alistair Brownlee）——但成績依舊傲人，因為這是他傷後首次復出。他得到的回報，我們已越來越熟悉。

「我喜歡把這種狀態稱作漂浮，」他浮現微笑，「真的，那是一種空無狀態。我不去思考五秒鐘前或當天下午發生的事，只想著當下。那就是我所謂的『身處化境』。就像凝視蠟燭這種老招，不過當你在移動中，那感覺很美妙，因為你吸收了當下在你周圍發生的一切。那是我希望達到的境界，但老實說，我撐不了太久，因為在那一刻，每件事情都需要臻於完美。我曾在奧運進入化境，也曾在鐵人比賽四度短暫體驗。如果所有條件齊備，我可能一個月感受一次。但我希望每一天、每一次比賽都能登峰造極，我會繼續追求。」

* * *

極致的專注力似乎是體育界的聖杯，但是尋找聖杯是一段複雜的過程。埃默森．費蒂帕爾迪在一九七二及一九七四年奪下世界車王殊榮，激勵了尼爾森．畢奇（Nelson Piquet）及艾爾頓．洗拿等眾多年輕車手，開啟巴西稱霸第一方程式大賽的道路。四十年後，當我向費蒂帕爾迪請教勝者的心智狀態，他冷不防搶走我的筆記本；以前從來沒有受訪者那麼做。他迅速畫出三個連成三角形的圈圈，每個圈圈裡各寫上一個字：「身」、「心」和「靈」。

「一切源於心中的動力：求勝的欲望、運動的熱情，」費蒂帕爾迪說，「但是身體、心智和精神——靈魂——必須完美和諧。這三個圈圈也必須有同樣比例。要達到身體與心智的最佳狀態，你必須分別訓練，然後透過精神將身心結合起來。運動員也是一樣。如果各項元素完備，你就能充分發揮實力；假如其中之一失調，你就無法達到巔峰。即便擁有最強健的體魄，如果心智及精神沒有處於高峰，肢體也無法施展開來。就算你具備良好的體能狀態和強大的心智，倘若心不在焉也沒有用。

「反過來就大不同了。你可以靠心智與精神克服虛弱的身體，因為你可以讓身體撐過極度壓力，我就有兩次經驗（費蒂帕爾迪在一九九六年的賽車事故中背部重傷，同年稍後因小飛機失事再度受創）。這不僅適用於體育界，也適用於任何企業，或只是想追求一份美好生活。各個領域都很相像。任何人想要發揮最大潛力，都應該設法追求身心靈平衡。」

假如生活的奧秘可以濃縮成區區三個字，那能有多困難？很遺憾，這三個字非同小可，而在現實生活中，絕大多數凡夫俗子甚至費盡力氣也難讓三者之一順利運作。有趣的是，連費蒂帕爾迪都承認，他在一級方程式時期對身心靈平衡的瞭解還不夠深，以至於未能達到真正巔峰——儘管他連續四年在總冠軍賽排名前二。直到一九九〇年代轉戰印第賽事、學會意象訓練之後（他在一級方程式時期對此技巧毫無所悉），他才完成了精神教育。

「這項理解來自於生活經驗，」費蒂帕爾迪補充說，「在美國出賽時，這三個元素——身、心、靈——在我身上更加融合，勝過一級方程式時期，因為那時我太年輕。如果當時比賽就具備這樣的特質，我會達到更高的成就。心智向來不成問題；我擁有強大的心智，可以非常專注，生涯中也很少犯錯。我所欠缺的是體能、精神和動力。

「下一代要解決如何提升身心靈的問題，設法理解心智與意識的力量。不論你的表現多麼傑出，永遠有進步空間。一旦目空一切，你就會開始潰敗。不論哪個運動項目，你永遠還有好多東西可以學習，帶領你進入下一個境界。你始終可以更進一步、更進一步、再進一步。我們可以發展、發展、再發展，永無止境。」

如果那聽起來像極了艾爾頓．冼拿的話，那麼好戲還在後頭。當我們聆聽費蒂帕爾迪對於如何提升三角形另外兩個頂點的秘訣時，兩人間的相似之處綿綿不絕而來：「如果要跟心與靈合作，人體必需極度敏感，」費蒂帕爾迪說，「人體非常複雜、非常精細——是部了不起的機器。如果我們給高壓縮車輛加錯油，車子就動不了。你需要無毒的好食物。但我們吃進那麼多垃圾，汙染了身體。我攝取特殊飲食多年，身體的敏感度達到了這一生的巔峰。好的飲食幫助你把對的能量放在對的地方。如果吃得恰當，我們就能學會充分發揮潛力。有了徹底乾淨的身體，我們更能接收到精神生活。那就是齋戒在許多宗教中如此神聖的原因。」

費蒂帕爾迪的信念是建立在家鄉的基督教信仰上，然而，他的第三個圓圈——靈——有另一個成份跟宗教無關，而是來自純粹的喜悅。不論我們選擇哪條路，他強調千萬不要忘記當初愛上這條道路的初衷。這名巴西前輩認為洗拿就是在這裡越過了界線。

「當我提到『靈』，我指的是你對自己及上帝的信心與能量；兩者相輔相成，」費蒂帕爾迪說，「首先必須由內而生；你的內心必須具備高度的精神力量。一旦知道有一位造物者創造了一切，你就能幫助他人。但是艾爾頓對自己要求太高；他緊繃到了一個程度，以至於偶爾無法享受賽車的樂趣。我來到這裡，首先是為了樂趣，其次才是當個專業車手。這都屬於『靈』的範疇。我記得我在印第安納波利斯最棒的經驗是一九九四年，當時我採用賓士引擎，超過一千匹馬力，而且下壓力很輕。我的平均圈速是每小時兩百三十八英里：那很快。當我可以靠那飛快的第一圈通過資格賽並取得竿位，我開心極了……」

* * *

不論開心與否，藉由身心靈合一，這兩位巴西大師獲得了最高專注力——而他們的巔峰也同樣相似得驚人。當我提起洗拿在摩納哥的神奇經歷，費蒂帕爾迪表示他的同胞並非唯一一個在開車時出現怪異視角的車手。

「有時候，我不用看就知道車旁發生了什麼事，」費蒂帕爾迪說，「那是因為你具有很高的知覺，感受性很強。你不需要運用雙眼，就可以感知周圍的狀況。這來自最高級別的意志力。當運動員在生涯中達到巔峰表現，偶爾會有未卜先知的能力。你在其他傢伙採取行動之前預先知道他們的計劃。你不用看後視鏡，就知道左邊的車輛打算從內側超車。」

車壇上並非只有費蒂帕爾迪和洗拿體驗過極致的專注力。另一位一級方程式世界冠軍奈吉爾・曼索（Nigel Mansell）意見相同：「你需要達到全知的層次，一旦到了那個層次，感受非常美妙。你整個人融為一體，而且可以預見事情發生。」洗拿曾經渴切地回憶他跟卡丁車對手泰瑞・富勒頓（Terry Fullerton）之間「純粹的競賽」，後者也達到了同樣的巔峰：「你確實進入一個不同的境界，」這名英國車手告訴我，「當你以精湛技術操縱卡丁車，會感覺自己彷彿所向無敵。那很難解釋，不過感覺不可思議的奇妙——對，就是這樣。」

一九九四年（洗拿過世那年）賽季的倒數第二場比賽，這名巴西車神的決賽隊友戴蒙・希爾（Damon Hill）前往日本的鈴鹿賽道；他必須擊敗德國對手舒馬克，才能保住封王的一線希望。大雨中斷了比賽，這對舒馬克有利，因為他在濕滑地面上的車控能力遠近馳名。然而，希爾最後取得了勝利；那次表現是他迄今最珍視的經驗。

「一九九四年那場雨天比賽，我渾然忘我地駕駛，」希爾幾年後說道，「我認為那是我所能達到的最佳表現。比賽過程極其激烈而奇特。我甚至好像不在車上——彷彿是另一個人在開車。那是一次非常奇怪而特殊的經驗，空前絕後。感覺很棒。彷彿我說：『好吧，你來開吧』，然後贏得勝利……經歷這一切之後凱旋跨越終點線，太痛快了。鈴鹿賽道很難開，而且很快，需要比平常更專注，但它也帶給你更大的滿足；要瞭解F1大賽，就必須懂得這種奇怪的矛盾。而我讓別的東西開車——我不知道是什麼東西在開我的車。」

一九八一年，德瑞克・沃里克（Derek Warwick）首度出征F1大賽，隸屬於托爾曼車隊（Toleman）。他駕駛一輛被暱稱為「飛天豬」的賽車，最後以二十秒落敗。幸運的是，那並非他最後一次飛翔。「有時候當你開著賽車，感覺就像坐在防滾桿往裡看，」他告訴我，「說有多怪就有多怪，我曾經親身體驗。我記得一九八九年在摩納哥，我駕駛飛箭（Arrows）的車子從第三排出發。那是一輛性能優異的賽車，羅斯・布朗（Ross Brawn）設計的，操控滑順。沒體驗過的人恐怕難以理解，但那是因為人們從未試著突破絕對極限。化境來自最終的極限。進入那個境界的感覺十分美妙。」

在某些例外狀況中，有些人不必經過畢生鍛鍊就得以一窺化境。我採訪沃里克時，他女兒一星期前才剛辦完婚禮——這位新科岳父大人還喜氣洋洋：「各行各業的平常人也可以進入化境，」他笑容滿面。「開車前往教堂的路上，小女說：『爸，我靈魂出竅了，我好像看著自己跟你坐在這裡。』一想起來我就全身發麻……」

這種現象在日常生活中出奇普遍；每十人就有一人經歷過某種出體經驗。「ecstasy」（狂喜）這個字源於古希臘，意思是「站在外面」。你可以靠K他命等藥物得到狂喜，但人為操控絕非唯一的「出路」。危險也不是出體經驗的先決條件，不過高強度的專注力確實有助益。因此，這類極其自然的狂喜，在那些試圖突破極限的人當中已成流行。這份感受很少被視為目標本身，但是演員和音樂家等人出現最精湛的演出時，經常因為這份感受而大吃一驚。要得到這種極致的化境經驗，你不見得需要靈魂出竅，但不妨試著超脫意識。

奈及利亞裔的鋼琴演奏家格林・伊南加（Glen Inanga）告訴我：「你作了很多準備，但是當時間一到，你必須拋開一切，讓事情順其自然。你必須隨時提醒自己避免橫加干涉。我也曾經感受過靈魂出竅，一般而言，表演比練習時容易。舞台上有一種激情：那份張力、腎上腺素。你看見事情在你眼前發生，不敢相信那個人是你自己。一切渾然天成：你的手指有自己的本事，你讓它們盡情發揮。

「我並非總能進入這種狀態——十次表演大概有一次吧；但是事情發生時，我心知肚明。有可能整晚持續不墜，而且總是發生在我狀況很好的時候。如果出現這種情況，我覺得非常謙卑，我很享受再次聆聽那些演出，彷彿聽著別人表演，不是我。你甚至不相信那是你彈的。我不知道自己是怎麼辦到，只是順其自然而已，但那份感受很奇妙，事情就應該如此。」

* * *

出體經驗並非總是如此愜意；事實上，也可能由極端壓力所引發。這被公認是癲癇患者的長期症狀之一，而他們一點兒都不覺得愉快。當然，靈魂出竅最常跟瀕死經驗牽扯在一起：患者在病床邊俯瞰自己接受急救。類似故事在全球各地的歷史記載中屢見不鮮。

有一次，一級方程式大師傑基·史都華（Jackie Stewart）把他的手高舉過頭，好讓我明白他在南非卡拉米賽道（Kyalami circuit）撞車時，是從哪個高度俯瞰他的賽車。正如史都華無法提出合理的解釋，許多科學家也抱持懷疑態度，聲稱這只不過是心智在迫不得已下，要出的把戲罷了。但是關於這種現象的研究持續不斷，近期的焦點是大腦的顳頂交界區（temporoparietal junction，簡稱TPJ）；據信，這個區塊受損會引發出體現象。

在此同時，五花八門的證據源源不絕而來。我曾在有關這項議題最新科學研究的演講會上遇見一名英國男子，他的出體經驗栩栩如生，勝過大多數人。一九九〇年代，他跟一大群曬成古銅色的年輕人一樣沉迷於澳洲衝浪。上過第一堂課後兩星期，他第一次前往曼利海灘（Manly Beach）小試身手。當他被一波大浪捲進海底，他發現自己卡在十二英尺深的岩縫中。他是個游泳健將，平時可以閉氣兩分鐘，遇到緊急狀況還能撐得更久。但是那樣還不夠。

「我記得海水慢慢變紅，然後我開始頭暈眼花，」他說，「一陣平靜與幸福感席捲而來。我告訴自己，『感覺不算太糟。』接著是典型的精采回顧，直到生命的最初。我猜大腦是在尋找可以在這時派上用場的記憶。什麼都找不到。然後我張開嘴巴。

「霎時間，我跳出來了。我在水面上五十英尺處，整個曼利海灘一覽無遺。由於我的腳繩和衝浪板各五英尺長，板子有一小塊尖端突出水平面。一定有人看到，並且拉起了警報。我可以看見救生員穿著紅色泳裝和紅黃相間的帽子衝過來。一個大個子首先抵達——當他潛進海裡，我看見他被障礙物割傷了腿。然後我看著他營救我。他把我拉出水面、拖回海灘、施行緊急心肺復甦術。我還在上頭旁觀。我知道我死了。在他急救時，我看見一堆東西從我口中湧出。然後砰！我被吸回去了。」

他在醫院甦醒，全身泡在碘酒中，治療全身皮開肉綻造成的發炎。幾星期後，他造訪曼利海灘的南斯特納救生俱樂部，去向救了他一命的澳洲大個子致謝——儘管他承認被救起的那一刻，他「氣炸了」，因為他失去了心中那份喜悅感，並且被丟回一副傷痕累累的軀體。當他看見牆上的救生員照片，立刻認出他的救命恩人——儘管事發當時他處於臨床死亡的狀態，既看不見也聽不見。

「我幾乎不跟別人談起這件事，因為大家以為那是妄想，」他嘆口氣，「沒有人想討論這種事情。許多人採取宗教論點。我也朝著白光走進那條隧道，但我不能說隧道盡頭就是上帝；我只是認為那就是人過世時的情況。那是我生命中最美好的經驗，如今，我不再懼怕死亡。」

曾經瀕臨死亡的人經常重複這個訊息，我們應能從中得到安慰。當然，始終維持這樣的信念並不容易，不論我們是在思索自己或所愛之人的生命終點。澳洲衝浪好手米克．凡寧（Mick Fanning）對悲劇毫不陌生，才三十多歲就已痛失三位哥哥中的兩位：他的偶像西恩二十歲死於車禍，大哥彼得則在二〇一五年於睡夢中過世，得年四十三歲。儘管如此，米克明白運氣有正反兩面。他認為自己很幸運，能夠成長於澳洲南部海岸，五歲就學會衝浪；水上的終身教育讓他得以靠自己最愛的活動養家活口。他如今被冠上「白色閃電」的封號，曾三度奪得衝浪比賽世界冠軍。

半世紀前，科學家在一系列著名實驗中，測試西洋棋高手對於只看過幾秒的棋局能有多強的記憶。如果是真實對弈的棋局，高手可以正確無誤擺回絕大多數棋子，遠勝過剛入門的玩家。但是對於隨意擺放的棋局，大師的記性跟門外漢沒什麼差別。結論是大師忙著搜尋記憶，把棋子「組合」成有意義的模式，符合他們以前下過的棋局。同樣的方法似乎適用於任何地方，不論這個領域需要運用多少腦力。這就是衝浪大師從板子上判讀海象的方法。

「大海變幻無常，你永遠不知道它每天會端出什麼菜色，」凡寧說，「你可以有同樣的潮汐表，但每一道浪都截然不同。和其他事情一樣，當你累積了經驗，你可以看見海浪的不同形狀，或洋流的不同行進方向，心裡想著：『我記得以前……』某些人養成了第六感。有些衝浪玩家永遠在完美的地方等浪，不過那只是基於經驗以及對海象的判讀。」

凡事都有極限。二〇一五年，凡寧到南非的傑佛瑞灣（Jeffreys Bay）參加比賽，這時，每一位電影迷最懼怕的海岸恐怖片突然成真。他感覺背後有東西緩緩迫近，耳中聽見水花四濺的聲音。終於出現在他身旁的魚鰭不是一場夢，而是屬於一條十二英尺長的大白鯊。直播電視捕捉了這名澳洲選手的立即反應，迄今在YouTube已被點閱兩千四百萬次；他當下一陣拳打腳踢，將衝浪板橫插在自己和這名水中舊識之間，後者則咬斷了他的腳繩。應變小組最終撈起凡寧，不過那時，他已拯救自己免於淪為鯊魚的大餐，一切事出有因：他當時處於化境之中。

「那一整天，我感覺棒極了，」凡寧告訴我，「如果你可以融入化境而不多加思索，就會啟動自動駕駛模式。那是你狀況最好的時候，也是我們運動員一心一意追求的。所以，這件事情發生在正式比賽中，而我當下如此聚精會神，也許是變相的福氣。如果我不在化境之中，也許會發生別的事，而我無法迅速反應。說實話，當我返回陸地看到影片，我坐在那裡納悶著：『我是什麼時候做出這個決定？或那個決定？』在我心裡，那段過程遠比影片顯示的時間更長。感覺像搏鬥了整整五分鐘，但實際上只有十秒而已。我猜心智的運作就是那麼快。」

這是生命遭遇極限（例如車禍或其他瀕死經驗）的另一個經典要素。當我們掙扎著逃脫麻煩，腎上腺素瞬間湧入，大腦會從「空轉」的日常蟄伏狀態驚醒過來，開始加速。死裡逃生的人經常表示，外在世界——例如擋風玻璃被撞成碎片——變成了慢動作播放。只要我們不驚慌失措或被嚇得發楞，這種「回擊或逃避」的應急反應雖然不會讓四肢變得更靈活，但可以加快大腦的決策過程。當我們達到專注力的巔峰，似乎不僅可以扭曲空間，也可以扭曲時間。

凡寧當時達到專注的巔峰，可以立刻進入適當狀態，在十秒鐘之內完成了足以救命的三百秒的計算。更驚人的是，凡寧在一星期內就回到衝浪板上。他承認每當聽到附近有水花的聲音就心驚肉跳，但他找到克服方法，並且在一年之後重返傑佛瑞灣，贏得該項賽事。

「那一刻永難忘懷，毫無疑問，」他若無其事地說，「它讓我稍微裹足不前，但拖得越久就越難回到海上。所以我就是覺得必須再次投入衝浪、回歸正常生活。我們都得面對生命中的各種逆境：你可以從此一蹶不振，或選擇繼續前進。我總是設法往前邁進。我很幸運能一輩子活在海上，所以遇到一件意外……在我看來，就跟你走在街上差點被車子撞到一樣。大家每天都在上演這樣的事情，有些人甚至真的被撞。所以我認為自己極度幸運。」

7 毅力

人們可以依照理想願景來打造自己的未來；本書中的贏家就是活生生的例證。然而，如果我們跌落了浪潮、偏離了軌道，或者計畫完全崩解，我們該如何是好？

和許多年輕運動員一樣，德里克・雷德蒙（Derek Redmond）也懷抱著創造奧運經典時刻的夢想。俗話說別輕易許願，以免事與願違；他就是最好的例子。雷德蒙許下了願望——不過最後結果跟他想像的不太一樣。在一九九二年巴塞隆納奧運四百公尺準決賽，起跑後不久，他的大腿肌腱斷裂，這名英國選手的夢想在撕心裂肺的疼痛中畫下句點。然而，他強迫自己爬起來，靠著沒受傷的那條腿走完全程。父親吉姆看見兒子痛苦不堪，忍不住衝進跑道、推開工作人員、扶著他跨越終點線。父親的舉動讓小雷德蒙激動落淚，場邊數千名觀眾紛紛為他們起立鼓掌，全球數百萬雙眼睛見證了奧運精神的體現。更快嗎？沒有。更高貴、更堅強？毫無疑問。

「人生不如意事十常八九，」雷德蒙喟嘆道，「生活總喜歡在你的路途上橫加阻撓，我稱之為挑戰。你必須挺起胸膛迎接挑戰，予以回擊。偶爾必須運用創意：我們最後做出自己沒料到的事，不按牌理出牌。有時候，你有時間思索對策，或者請別人幫忙轉圜。還有些時候，你必須當場靠自己解決。如果上班的路上有交通事故，你得換一條路走。你得見機行事——這裡左轉，跳過問題，然後回到正途。如果一條狗衝到馬路上，你不會思考『後視鏡、方向燈……』繞過牠就是了。人們琢磨著：『天啊，我是怎麼辦到的？』但他們只是臨機應變、發揮創意、順其自然而已。」

對一名單純跑者而言，雷德蒙的道路崎嶇不平。他的生涯總共承受了十三次手術，然而他不斷捲土重來，最終享受英國隊在一九九一年世錦賽一千六百公尺接力奪金的榮耀。

「要成為傑出的贏家，你有時需要體驗低谷才能攀登高峰，」他強調，「那讓勝利變得更甜美，也讓你維持務實，不至於被成功沖昏了頭。挫折既讓人洩氣，也對你有好處。不論做什麼，你都得保持堅強與信念。失意的時候，你必須知道：『我肯定會重新站起來，回到原來的狀態。』對於自己的將來，你也需要抱著最高的信心。

「我不喜歡失敗，但是我輸得起。什麼事情我都想贏，但要是輸了，就得保持風度。那不表示你得開開心心。真正的贏家高興不起來，因為你沒有發揮該有的實力。不過假如你已全力以赴、毫無保留，而你依然輸了，那就向對手致敬：『恭喜，我希望自己能有那樣的表現。』然後轉身離開，努力提升自己的實力。」

巴塞隆納奧運兩年後，一名醫生告知雷德曼，他再也無法代表國家出賽。但是他戰勝逆境，入選了英國籃球國家代表隊，甚至參加甄選，爭取七人制橄欖球隊的側翼位置。他後來創立自己的摩托車競賽車隊、投入自由搏擊，並且至今仍以激勵演說家的身分到處演講。

「凡事都有光明面，即便不是你計畫中的事，」雷德蒙補充說，「人們對巴塞隆納的反應是我始料未及的。我不敢相信我在比賽中拉傷肌肉，竟能鼓舞因為戰爭、重病或生命中其他重大事件而失去手腳的人。但我很高興能幫助他們，因為那表示在我遭受的挫折中，出現了一絲美好的事物。我確實相信每件事情的發生自有道理。」

* * *

二〇〇一年九月十五日，義大利賽車手亞歷克斯．辛尼迪（Alex Zanardi）一早起床諸事順心，正準備前往德國魯斯特賽道（Lausitzring）奪取多年來的第一個分站冠軍。然後他的輪胎輾過油汙，開始打滑，另外二十輛賽車以一百五十英里時速朝他衝過來。其中一輛撞破他的車身前半部，將他的雙腿從膝蓋輾斷。一小時直升機飛行和三次心跳驟停之後，辛尼迪抵達柏林的醫院，體內只剩兩品脫血液。

一星期後，辛尼迪從藥物誘發的昏迷中甦醒，發現自己殘缺不全。他把復健工作轉變成最熟悉的活動：競賽。清單上的第一個任務就是把兒子尼可洛扛到肩膀上。不到三個月時間，他開始裝上義肢行走——這個過程通常得花好幾年完成。兩年後，他重返歐洲房車錦標賽（European Touring Car Championship）。在此，我們把辛尼迪一步步痛苦熬過去的復原經過濃縮成幾句話，快轉過去。最重要的是，他從未懷疑自己能否重回車壇。

「意外之前，假如有人問我，我若是失去雙腿要怎麼辦，我會說不如殺了我算了，」辛尼迪在《狂飆》中對我坦承，「我現在不這麼想了。當你經歷過一些事情，就會發現它們和表象大相逕庭。我們有時候會忘記自己所擁有的。我認識的上千人當中，只有一個人在歷經我那樣的意外之後還能活著回家；那個人就是我。不過別叫我超人；那會傳達錯誤訊息，因為人們說不定會誤以為除非自己夠特別，否則不可能達成我所做的。

「坦白說，我不認為這起事故讓我成為更好的人。所有事情跟原本一模一樣，只不過我的體會變得更深，而我覺得自己變得更富有，因為我已看過銅板的另一面。那讓我對前途更無所畏懼，因為生命既會帶來美好事物，也會帶來荊棘坎坷。這正是生命美妙之處。假使一切事情好到底或壞到底，人生會非常乏味。」

這樣的態度與雷德蒙的精神相互呼應。他們說的沒錯，但我們大多數人寧可忍受一點點乏味，而對這類極端際遇避之唯恐不及——起碼在嚴峻挑戰降臨之前，我們能躲多遠就躲多遠。然而，即便沒有人自願親身驗證這種說法，如果辛尼迪的確是他自稱的凡人，那麼得知我們一般人在面臨不堪設想的情況能有多大的應對能力，就讓人覺得心安。

「我嚐過活下來的美好滋味，也知道一個人能有多堅強，」他補充說，「我們每次以為

『完了，沒救了』，都會在心裡找到意想不到的內在力量。那是我在自己身上見證的希望跡象。如今，我看清人體是一具不可思議的機器，有許多地方尚未發掘。我們每個人都有一缸隱藏的能量，在必要時刻源源不絕湧出。」

不出所料，辛尼迪沒多久就展開他的下一段冒險：手動單車（hand-cycling），並且立刻愛上這項運動。他這人做事向來不做則已，要做就要做到最好；四十五歲那年，他開始追逐殘障奧運金牌。當他聽說在二〇一二年的倫敦殘障奧運會，他的專項將選在熟悉的場地——布蘭茲哈奇賽車場舉行，精神不覺為之一振。他開始進行嚴格測試，尋找最理想的自行車材料。離開賽只剩幾個月時間，他還在努力追趕經驗更豐富的競爭對手，不過最後總算及時定案。看來，這一星期將會是屬於他的好日子。

多年在另一種車輛的極限狀態下調整心態，也產生了極大的影響。辛尼迪強調，無論賽車或手動單車比賽，他的心理準備殊無二致，速度的差異反而讓後者有更多機會修正錯誤。因此，比起其他競爭對手，他在進入比賽之前已佔了極大優勢。

這項長達四十英里的道路比賽需繞行數圈，最後結束於布蘭茲哈奇賽道；我從起跑線上觀看辛尼迪挑戰這項極費體力的競賽，心情無比激動。這名義大利選手的搶跑戰術並未發揮預期效果，不得不改變策略。僅剩最後幾個過彎時，他還落居第六名，然後他在最後階段全力衝刺，在他曾經駕駛賽車風馳電掣的賽道後來居上。多年以來，我有幸多次見證最精彩的體育時刻，但是我樂得承認，我從來沒有為了純粹的樂趣而如此放聲尖叫。

緊接著，辛尼迪領受到更昇華的一刻。當他親吻燠熱的柏油地，感覺電流貫穿全身，「彷彿觸碰裸露的電線」。猶如瀕死經驗中的生命回放，他的腦海閃過這趟倫敦之行前的種種精彩片段——第一次開卡丁車、第一次獲勝、較艱難的時期、二十一年前在同一條布蘭茲哈奇柏油路上取得竿位、短暫的一級方程式賽車生涯、在美國的成功、那次意外以及復原。一切都在「不可思議、充滿張力」的兩秒鐘內湧入這名義大利選手的心頭。

在此理想賽道得到理想成果，這出乎意料的情節讓辛尼迪大呼不可思議，他相信這是「上頭」的旨意，因為它「完美得不可能出自人類之手」。然而他不願過於強調最後結果。

「大家都知道我贏了，不過我心中早已有數，因為我知道我需要付出怎樣的努力才能來倫敦參賽，」辛尼迪告訴心理諮商師兼運動心理教練琳達．金恩（Linda Keen）。「在這趟新的旅程中，我遇到許多精彩人物，他們都是生命的贏家——因為要達到參加殘障奧運的水準，意味著你已將一切痛苦遭遇拋到腦後，否則你不會在這裡。如果有人仍然整天納悶我為什麼那麼倒楣、我沒手沒腳要怎麼活下去之類的，不論在哪兒，這樣的態度都幫不了你，尤其是競爭極其激烈的手動單車這類運動比賽。他們的知名度也許不如我，但我在這項運動中遇到的每個人都有屬於自己的生命故事，絲毫不遜於亞歷克斯．辛尼迪。」

四年後，辛尼迪在里約奪下更多枚金牌，不可思議的是，同樣是在他曾開著賽車馳騁的場地。任誰都會覺得不知什麼地方、不知什麼人打算要補償他：「我是個非常樂觀的人，永遠看見半滿而不是半空的杯子，」辛尼迪用一貫輕描淡寫的語氣補充說，「意外之後，我說：『讓我們瞧瞧我能從中得到什麼。』我現在所做的一切都跟我的新狀況有關，而我活得很精彩。所以你也可以說，失去雙腿是我生命中最了不起的轉機之一。」

* * *

辛尼迪在布蘭茲哈奇大顯身手那天，我很榮幸見到參加另一級別手動單車競賽的海地選手里昂．蓋斯里（Leon Gaisli）。他的房子在二〇一〇年重創海地的大地震中崩塌。蓋斯里受困瓦礫堆中三天三夜，導致脊椎受傷，雙腿癱瘓。當他恢復意識，聽到的是妻子及八名子女全數罹難的消息。絕大多數人簡直無法想像，但蓋斯里的反應，是以「死而復生」的態度面對自己的新生，並且讚美上帝，開始致力於改變當地把殘障者視為廢物的態度。人性精神確實不容易被擊潰。

辛尼迪和蓋斯里的經歷，想必會把他們杯中的水榨乾到僅剩最後一滴。要把這杯水看成「半滿」，似乎需要接近自欺的樂觀程度。然而他們堅稱，除了時運不濟、命途多舛之外，他們本人沒什麼特別。要是真的如此，我們都應該心存感恩：人類的精神力量顯然沒有極限，可以在最必要的時候把我們任何一個人提升到贏家的水準。關鍵是就算面臨最惡劣的情況，都要著眼於光明的一面。

「保持『樂觀』說來容易做起來難，尤其當你剛聽到一件猶如冷水澆頭、讓你完全樂觀不起來的消息，」心靈教練唐・麥克弗森說，「出現負面念頭是再自然不過的事：大腦用這種方法讓我們保持安全；那是我們的第一要務。當穴居人準備走出去面對野生動物，他的大腦已經進入戰戰兢兢的模式——這有充分理由。時至今日，我們面臨了其他危險，所以瘋猴之心會不斷冒出負面的謹慎字眼：某些有幫助，但許多話有害無益。

「多數人沒有察覺自己內心裡的對話，以及這些話對我們的感覺和表現——特別在壓力之下——造成了什麼影響。而瘋猴之心竟然如此負面，讓許多人大吃一驚。語言具有能量，所以最好小心提防瘋猴說的話，尤其當你打算進入化境。你允許它說出口的話語，會改變你的焦點和信心水準，連帶影響你充分發揮實力。不論面臨什麼挑戰，負面念頭會引發負面感受，大幅提高出現負面結果的機會。」

怪不得我們總是一如所料頻頻失敗。不過如果辛尼迪和蓋斯里可以將悲觀轉為樂觀，我們也都具有這種能力。事情並不容易，但麥克弗森強調，我們可以透過某些措辭的能量掌握內心的對話。當出現「我無法應付壓力」的負面念頭，正向思考者會說：「天降大任。」犯錯成了學習的機會，掙扎是一段偉大的終身舞蹈。過去的錯誤已過去，重要的唯有此時此刻。如此一來，「自怨自艾」很快就會轉化成「今日福星高照」的心態。

「負面語言會讓人洩氣，就像克利普頓石（Kryptonite）害超人喪失能力，」麥克弗森強調，「有些話很明顯：『我沒有贏的資格』，或者『這件事我老做不好』，但另外一些話比較微妙。我發現每當面臨挑戰，我的內心就會出現『我試試看』這句話。聽起來沒什麼問題，但仔細想想，『試試』是沒用的。如果你約我晚上八點酒吧見面，我回答『我試試看』，難道你真的以為我會赴約？所以，只要我逮到瘋猴心說『我試試看』，我就把這句話換成『我會盡力』或者『我會放手一搏』。更好的是，做就是了，什麼也別多說。

「這比我想像的困難。我不斷故態復萌，詫異地發現『試試看』多麼頻繁地不自覺出現，即便我知道這句話不夠正面。但我堅持下去，到最後，我成功說服瘋猴之心把這句話從我的詞庫中刪去。改為正面積極的說話風格是一項心理技巧，和其他技巧一樣，越常練習就越專精。很重要的是，克利普頓石一旦出現，你立刻察覺並服下解藥：正面的語言。不需要徹底剷除負面心態，只要設法以正面思維加以平衡就好。負面念頭往往比正面想法更頑強，所以你越放任它們在你心裡四處流竄，它們會變得越強大。不要壓抑或否認，而是用正面字眼來消滅它們，就像你不喜歡電視上的節目直接轉台就好。控制你的詞彙，否則就會受它們控制。

「這就是贏家的訣竅，儘管他們很可能毫不自覺。這種『進步的語言』讓你成為一個更積極——因此更自信——的人。當你更有自信，你自然而然更有能耐應付挑戰，並且照你心裡所想的表現出來。」

＊　＊　＊

憤怒絕非大多數運動明星的正面力量：一旦被激怒，就連最頂尖的人都可能栽跟頭。正因如此，運動心理學最主要的宗旨，就是幫助選手在壓力下維持平靜。但也有例外：少數人不著眼於正面，反而靠較粗暴的方法振奮精神。英國傳奇風帆選手班．艾恩斯利（Ben Ainslie）就是憑著發火和報復取得力量的運動員。

外行人眼中，帆船比賽似乎是斯文的運動，但對於最頂尖的選手來說，重點絕不只是盡快從起點航行到終點而已。在奧運帆船比賽，選手必須在為期多天的一系列航次中累積分數，最後往往成了激烈廝殺，就算出言挑釁對手也不違反規則。一九九六年，艾恩斯利首度出征奧運，在那關鍵的一役，他一開始被巴西的羅伯．沙伊特（Robert Scheidt）擠到船隊後面。說這名英國年輕人被激怒了並不為過。他開始抱著滿腔怒火一路狂奔，超越了十五名對手，可惜最後跟金牌失之交臂。艾恩斯利四年後在雪梨奧運對他的宿敵展開報復，看得出來對銀牌完全不屑一顧。

「很多人對二〇〇〇年奧運議論紛紛，」艾恩斯利說，「我跟羅伯．沙伊特結下很深的樑子。我曾在一場比賽中把他打趴，這讓很多人氣不過，尤其在巴西。不過他們忘了，他四年前也對我做過類似的事，當時我才十九歲。從那時起，我就決定跟他拚個你死我活。如果你想那樣玩，我奉陪到底……」

此舉給艾恩斯利招來死亡威脅，澳洲祕密警察因而提供保護。在沙伊特的家鄉聖保羅，居民上街焚燒這名英國選手的肖像以茲洩憤。儘管如此，艾恩斯利還是沒興趣學習管理憤怒情緒。二〇〇四年奧運帆船賽，他受到抗議活動影響，暫時落居第二十四位，卻激起他在四個航次中取得三次第一，最終贏得金牌，並且在二〇〇八年衛冕成功。

你會以為丹麥的約納斯・賀治克里斯坦森（Jonas Høgh-Christensen）對這一切早有耳聞。二〇一二年，艾恩斯利當著英國粉絲面前，打算四度蟬聯帆船賽冠軍，創下奧運紀錄。但情況出現差錯：在前面六個航次，賀治克里斯坦森全都打敗了他，似乎即將獲得壓倒性勝利。然後，這名丹麥選手一時沖昏了頭，他跟荷蘭選手彼得・波斯特瑪（Pieter-Jan Postma）聯合起來對付艾恩斯利，聲稱他們看到他犯規。重大錯誤。這迫使艾恩斯利自罰轉圈，否則萬一日後抗議失敗，就得犯著被取消資格的風險。

回到岸上，艾恩斯利鄭重說出大衛・布魯斯・班納[5]式的聲言，讓丹麥選手知道自己犯了怎樣的錯誤：「他們讓我生氣，最好別惹我生氣。」他隨即展開勢如破竹的航行，奪下金牌，以史上最偉大的奧運帆船選手之姿退役。也許賀治克里斯坦森應該聽聽我在一個月前跟這名英國選手的對話……

「做為人人都想打敗的對象，有好也有壞，」艾恩斯利告訴我，「我情願當奪牌呼聲最高的人，不過事情有時不太容易。偶爾一兩次，我發現人們故意跟我過不去，尤其在奧運會上。那是因為他們知道打敗我的唯一方法，就是挑我的毛病、取消我的參賽資格。經驗告訴我要小心提防。一般而言，壓力和憤怒似乎能激發我最好的一面。我還沒弄清楚箇中原因，不過這是個優點，因為比賽的時候經常會感到壓力和憤怒。有些人一旦被打亂節奏就一蹶不振，但對我而言，憤怒是個觸發點，通常會讓我變得更好勝、更賣力。」

在只需全力衝刺的競賽，進入化境已是一大挑戰；而由於變數如此眾多，帆船比賽又是另外一種情況。不過，似乎就連這種海上鬥智比賽，都無法阻擋化境發揮魔力。

「巔峰表現出現在一切元素同時到位，你真正和船隻、各種條件以及自己合而為一時，」艾恩斯利補充說，「這不常發生，可是一旦出現，感覺很棒。困難的是複製這項經驗。當然，你總是設法達到巔峰水準，但只要一個小小差錯就到不了那個境界。那是體育比賽的挑戰。從來沒有人做到完美的航行，犯錯最少的人就能勝出。

「絕對可能在戰術型比賽進入化境，訓練就是關鍵。當你處於化境，你的航行進入自動駕駛模式，因為你的心智全然專注在接下來的戰術變化。你也許無法完美地航行，但你可以

5 大衛・布魯斯・班納（David Bruce Banner），即綠巨人浩克變身前的本尊。

不知不覺達到非常高的水準。」

艾恩斯利在體壇歷史上最了不起的一次逆轉勝中扮演了重要角色。二〇一三年美洲盃帆船賽，他擔任美國甲骨文隊的替補策略員，隊伍在最後連下八城，以九比八取得勝利。他是傑基爾和海德[6]的巧妙結合體，無懼於任何挑戰；他的下一個目標是替英國隊掌舵、打敗老隊友，贏回國際體育賽事中最古老的獎盃。

「年輕時，我在海上是個急性子，可是回到陸地就很害羞，不跟任何人說話，一到公共場合就手足無措，」他笑著說，「一部分是因為我在學校曾遭霸凌，那給我埋下很深的陰影。我真的覺得需要證明自己，因此痛下決心追求成功。後來年紀大一點，這兩個人格漸漸融合。我如今在陸地上更有自信了，所以我猜這是自然而然的發展。我在海上也更沉著，比以前更享受航海。

「但是阻礙接踵而來。有朋友曾經說：『什麼事情到你頭上都很難辦。』我同意，『但是每個人都不容易。』最厲害的一級方程式車手或許看來輕鬆自在，但事實顯然不是如此：他們和其他人一樣都會遭遇困難。你會經歷某些階段，所有事情完美無瑕、手到擒來，還有一些時候諸事不順，所有事情都得大費周章。但那就是生活……」

悲觀、阻礙、懷疑，甚至霸凌？我們難得聽聞世界冠軍選手背負著多麼沉重的精神包袱，但在通往偉大的路上，從路易斯．漢彌爾頓到麥可．菲爾普斯，許多人背後都有不為人知的類似經歷。沒有人會叫未來運動員（或其他人）嚐嚐被霸凌的滋味，因為已有許多人被欺負到崩潰。不過心靈的痛苦（或逃避心靈痛苦）可以是強大的動力來源；還有什麼比心靈痛苦更能快速鍛鍊一個人的意志力？

「真正偉大的運動員有兩大要素，」投入十年時間培訓英國帆船隊選手的運動心理學家班．切爾博士說，「首先，他們具有不屈不撓的韌性和堅強的意志，可以一次次在關鍵時刻發揮實力。其次，他們強烈融入過程，樂在其中。他們的專業態度以及對細節的講究，無人能出其右。只要加上一點點天分和才華，你就有個金牌運動員在手。

「我把大腦比喻成圖書館；遇到特定狀況就得挑出相應的書。經驗越多，圖書館的館藏就越豐富。那不表示年輕選手不能有好表現；他們受過多年訓練，技術已達到自然而然的境界，否則不會成為隊上的一員。重點是在對的時機挑出對的技術，予以發揮，並且認清需要冒險的時刻。帆船比賽中，你必須在一系列的航次中維持穩定表現，但在雙倍比分的最後一場競賽，你或許需要改變策略。那有可能意味除掉另一艘船，就像班在雪梨對羅伯．沙伊特所做的，或者拚盡全力一搏，冒著巨大危險搶佔先機。一切都是為了讓大腦進入最佳狀況，並且充分掌握你的意圖和策略。

6 傑基爾和海德（Jekyll and Hyde），史蒂文森名著《化身博士》主角的兩個分裂人格。

「人們混淆了『夢想』與『目標』。摘下奧運金牌是夢想，但成天光想著做夢，對爭取奪牌所需的日常過程毫無幫助。目標是持續在每一場比賽拿出最佳表現。好比帆船賽，你必須好好完成一系列航次，任何一場比賽都不能掉以輕心。如果每天都要有好表現，你必須把血液輸送到大腦的『自動』區塊。可是一旦混淆了夢想和目標，我們就啟動了情緒腦，因而對表現產生負面影響。我不是說情緒有什麼不好，只是運動員需要知道如何以正面方法宣洩情緒。同樣地，這是非常個人化的。那是一種技能——需要時間學習。」

當班・艾恩斯利窮盡畢生心力掌握英吉利海峽的流動，他也越來越懂得掌握情緒的流動——一部分得歸功於他在陸地上遭遇的霸凌。那讓他一到海上便勢如破竹，無堅不摧。艾恩斯利明白心理學在運動比賽中扮演的重要角色——但在經歷一切之後，他宣稱那如今已是「自然」而發的力量。正因如此，他屬於有福氣的人。

當然，上述所言並不侷限於體育界。切爾也和企業合作，而他不明白為什麼只有奧運選手才要學習這些秘密：「我想不通學校為什麼不傳授基本的心理功能。心理學通常背負著烙印，但不應該如此。就像運動科學和醫學等其他學科，心理學可以強化表現，而且可以運用到任何地方。每十個人當中就有九個被情緒腦主宰，這個區塊非常強大，卻很原始。如果他們得知自己可以選擇啟動哪個區塊，會有很大的幫助——尤其對學生的在校行為。起碼給人們一個選擇的機會……」

* * *

在現代教育中，成功的標準途徑是當個好學生、用功讀書、考出好成績、進入一所好大學，然後找一份好工作，確保自己能買來好的生活。然而，就連最墨守成規的好學生，都不見得認為這樣的結果如同宣傳所說的美好。三十四歲以前，羅茲．薩維琪（Roz Savage）乖乖遵循這條道路，從不越軌。那時，她是牛津畢業的高材生，擔任管理顧問，前途無量。她擁有成功者的一切奢華，包括位於倫敦的一棟好房子和一輛跑車。表面光鮮亮麗，然而內心卻開始崩潰瓦解。

「在金融區工作的生涯尾端，我的自尊心真的快被磨光了，」她告訴我，「我根本無法在那種環境中滋長，靈魂彷彿逐漸消蝕。我必須逃開。但我對自己的本事沒太大信心，所以只能苦撐。我必須找到方法改造自己。」

頓悟出現在羅茲坐下來替自己寫訃聞的時候。她寫了兩篇。一篇是按照現有規律的版本：非常安逸，但是單調乏味。另一篇則是幻想的版本，充滿各種冒險經歷。她深受後者吸引，以至於做出生平第一個獨立決策，震驚了親戚與朋友：她辭去工作。至於下一步要怎麼走，她毫無頭緒——事實上，她打了好幾年零工、到處遊蕩，最後才終於靈光乍現。為了有資格暢談自己對環境的熱愛，她最後決定隻身划船橫渡大西洋。情緒腦的風暴說來就來……

「報名的時候，我可以想像心裡的小批評家說著：『她到底在想什麼？總部，我們有麻煩了，她發瘋了。』」薩維琪露出笑容，「但是當你勇往直前，它開始琢磨：『好吧，姑且走著瞧……』然後隨著它看見這件事情如何改善你的自我感覺，它不斷重新評估。旅程一開始，許多人在我的部落格上加油打氣，對我的勇氣和智謀表示佩服。起初我問心有愧。勇氣？我才配不上這樣的讚美呢。然後我轉念一想：『有何不可？』我的划船座位前方有一塊白板，我刻意在上頭寫下勇氣與智謀，陪我度過一天。我在這方面出現了長足進步。

「剛開始，三千英里這個數字讓我惶惶不安，所以我開始省略划槳動作，幻想著晚一點再補過來。但你其實補不過來。你必須鍥而不捨。而我的自尊心甚至變得更低落，因為我偷懶。堅持到底對我的自我價值感很重要。一部分是從抵達另一端的實際角度看，但也是為了探尋：『我是誰？我是成天窩在沙發上的懶惰鬼，還是一名專業冒險家？』兩者都有可能，不過最後我摸清楚自己的志向。」

照薩維琪的說法，在我們身上，韌性不是那種非有即無的特性，而是我們在制定重大決策時慢慢培養出來的性格。要橫渡大西洋，她每天必須划十二個鐘頭，長達一百多天。她隻身一人面對最高可達三十英尺的巨浪，最慘的是，她失去了與外界的唯一聯繫管道——她的手機。她看過電影《大白鯊》，不得不承認有時當她需要下船清除黏附在船身的藤壺時，心裡怕得半死，尤其是有一次她必須切斷垂錨，因為錨卡住了，開始把她往錯誤方向拖曳。

「聽起來也許不值一提，但是對我很重要，」她回憶著，「我拍了一段影片，以防自己萬一回不去了，不過最後我滿心歡喜；為了完成一件讓我怕得半死的事而深感自豪。現在要嚇我沒那麼容易，而且我也不會因為害怕任何事情而裹足不前。」

薩維琪再接再厲，成了唯一一位隻身橫渡全世界三大洋的女人。她總共划槳划了五百萬次，每一槳都是關鍵的一步，幫助她鍛鍊出足夠膽識來挑戰全世界。透過這些經歷，她如今擁有當初追逐世俗成就時作夢都想不到的鋼鐵意志——並且更深刻洞悉野心的缺陷，而這些野心照理是謀求幸福的必要條件。

「我們在學校學不到真正重要的生活技能，特別是尋找使命和培養毅力這類事情，」她補充說。「現在的小孩將經歷高度不確定的年代——而現今的社會比以前更疏離，他們通常沒機會接觸可以教導他們生命重要意義的祖父母，或姨婆和叔公之類的。個人發展大師填補了這個真空，但他們所提供的，原本應該屬於學校的核心教育。在耶魯教書時，我見到許多優秀大學生為了金錢出賣自己。所以我們需要徹底扭轉二十一世紀的成功定義，遠離——引申甘地的話——只能滿足貪婪而無法滿足需求的物質模式。是時候重新塑造成功人士的形象，更接近《梅崗城故事》主角阿提克斯．芬奇的價值觀與正義感。我們需要重新定義成功，讓人們學會景仰人格、勇氣，並且為自己的信念挺身而出。」

有些人無從選擇要不要培養毅力。小時候，譚妮．葛雷湯普森（Tanni Grey-Thompson）想參加威爾斯的橄欖球隊。被告知絕無可能時，她問：「因為我是女生嗎？」答案是：「不，因為你坐輪椅。」對罹患先天性脊柱裂的小女孩來說，這樣的評估堪稱公平。不過，十二歲的譚妮看到輪椅競速比賽時，立刻著了迷。她後來奪得十一面殘障奧運金牌，外加六面倫敦馬拉松獎牌。

「我非常頑固、非常蠻橫也非常專注，其實是執迷不悟，」她笑著說，「要當一名成功運動員，你只要說：『你知道嗎？我會堅持到底。』馬拉松跑到二十一英里左右，你會撞上瓶頸，在心裡咒罵連連，但你已付出那麼多時間與心力，絕不能在二十一英里處放棄。很難說那股儲備力量來自什麼地方，但只要你願意，你可以強迫身體衝過瓶頸、突破極限。你知道你非得撐到終點線不可。只有到了那裡才可以去想停下來的事。」

這種態度在競技體育中很普及，尤其是光為了應付日常生活早已習慣突破極限的殘障奧運選手。塔蒂婭娜．麥菲登（Tatyana McFadden）一九八九年生於列寧格勒（如今的聖彼得堡），由於罹患脊柱裂，一生下來便從腰部以下半身癱瘓。她被生母棄養，在一家無力負擔輪椅的孤兒院長大。所以她學會用手走路。有六年時間，小塔蒂婭娜便靠這種方法前進，直到來訪的美國衛生部官員黛博拉・麥菲登領養了她，把她帶到巴爾的摩生活。

塔蒂婭娜那時才開始嘗試運動，最後愛上了輪椅競速比賽。十多歲時，她告訴老師她希望成為殘障奧運選手，想看看成功需要什麼條件。不論是基於早年特殊行動方法而鍛鍊的肢體，或者因而帶來的額外精神力量——或兩者兼而有之——她十五歲即登上殘障奧運賽場，迄今累積了十七面獎牌，包括二〇一六年里約奧運的四面金牌，外加全球四大馬拉松賽的漫長連贏紀錄。

我請麥菲登談談艾爾頓・冼拿突破極限的態度，她這麼說：「在競速比賽中，你永遠必須再加把勁，一直衝到終點線，完全不留餘力。二〇一五年波士頓馬拉松，我確實覺得如此。當時有強勁逆風，天候惡劣，許多運動員賽後都病倒了，因為我們用盡了全力。這項比賽就是這樣：所有選手一年比一年更快，你必須知道如何繼續加油。然而一旦進入化境，你把其餘一切阻擋在外——或者你可以選擇依賴觀眾的支持。關鍵就是全神貫注於你自己、你的目標，以及你希望的比賽結果。」

隨著殘障奧運會的發展，競賽標準也日益提高——專業運動員佔據了頂層。科技日新月異，參賽所需的設備也越來越昂貴。競速輪椅要價數千美元，每組輪胎再加數百元。麥菲登曾在一星期內磨壞六組輪胎，她非常感激有幸得到強大的奧援，特別是位於伊利諾大學的美國國家訓練基地。當冬天氣候嚴寒，無法外出練習，她就在可以模擬山丘地形的滾筒上訓練。我和麥菲登見面時，她剛寫完一本書，鼓勵兒童不要受制於極限。

「分享我的故事是很重要的，」她說，「我是個被領養的孩子，肢體殘障，但我也到處旅行、具有學生身分，同時過著一份正常的生活。寫書向來是我的夢想，書名叫做《Ya sama》，俄文中的『我能做到』。我從小就抱著這種態度：我不要人幫忙，不論我看起來多麼需要。如果有人上前試著幫忙推或做其他事情，我會說：『不，不，ya sama，我能做到。』我向來非常獨立，尤其是在很小的時候。」

* * *

這類極端挑戰顯然可能在生命的任一階段驟然降臨。當提姆．潘德賈斯特（Tim Prendergast）視力開始退化，他還只是住在紐西蘭威靈頓的八歲小孩。情況一天天變糟，到了十三歲，他已喪失百分之九十五的視力。

「雖然不是每天都像一片空無或陷入黑洞，但有些時候真的非常難熬，」他說，「我記得自己因為跟別人不同而覺得受到孤立——在青少年時期，你可不想異於常人。我無法直視別人雙眼，所以變得非常害羞。投入運動讓我找回自信，暫且忘記那個永遠無法開車或跟別人四目交接的傢伙。運動賦予我新身分，讓我脫離那一切。就像人家說的：『重點是培養品格，老兄……』那句話聽起來麻木不仁，但以我現在來看，確實很有道理。當時很難接受喪失視力的事實，但這項病痛讓我學會了有關生命和決心的許多課題。如果你從這類事情的另一面走出來，就能準備接受其他挑戰。」

潘德賈斯特後來在二〇〇四年殘障奧運會摘下八百公尺賽跑金牌，二〇一二年更在倫敦創下個人最佳成績，可惜未能奪牌。他目前住在倫敦，仍然持續跑步（他是倫敦馬拉松的熟面孔），同時展開了家庭生活。這讓我們不得不問，克服重大逆境能對心靈產生多大影響，幫助我們克服日常生活中的小小磨難？

「經常有人問我，如果我沒有喪失視力，是否可能以正常跑者的身分進軍奧運，」他說，「我不知道，因為透過那段經歷，而鍛鍊了決心，知道一切得來不易，不要把事情視為理所當然。就此來看，逆境確實幫助我成長，但有時仍然很難起床練習。說來老套，但我傳遞給孩子的關鍵訊息是，要盡己所能、做到最好。我會談論金牌，但也不避諱在倫敦拿到的第五和第六名，以及我多麼滿意那次表現，因為那天晚上我已經盡力了。當然，我的目標是金牌，不過那是我能拿出的最佳表現。但願我的故事能鼓舞年輕人追求理想，不論在體壇或其他地方。

「如果你懂得盡己所能，這樣的心態可以套用到任何領域——不論你原本的計畫是否成功。每當我參觀學校，我總會詢問孩子們的各種夢想，我常聽到：『我長大以後要當職業足球員。』現實情況是，並非每個小孩都能當上職業足球員。但就算事與願違，你在過程中學到的種種技能——例如如何付出努力、全心投入、團隊合作——對你生活中的其他層面都大有好處。有一所學校倡導『成長型心態』（growth mindset）。如果具備這種心態，好運自然會降臨。但願那種心態會變成習慣，正如自我驗證的災厄預言，『我一無是處』的心態也有同樣效果。」

心理學家卡蘿・杜維克（Carol Dweck）的「成長型心態」強調能力源於努力，而不是來自天份——我們對孩子的讚美焦點從最後成果轉變為努力過程，就是以這套理論為基礎。最重要的是，成功與否被視為個人可以掌控的，而不是取決於基因或環境等外在力量。這樣的心態讓我們更有能力應付無可避免的挫折。它改變不了麻煩，卻能扭轉我們對麻煩的反應，因而大幅強化我們的韌性。學校已逐漸接受這項觀念，但教育制度長久以來對成績而非孩童全方位發展的重視，讓潘德賈斯特和許多父母一樣備感挫折。

「我們絕對低估了自己的潛力，」潘德賈斯特表示，「有時陷入棘手的情況，我們會覺得被困住了。我們通常不去思考解決辦法：我在這種情況下該如何表現、該如何跟那個人相處？一種方法是把眼光放長遠一點。如果跟人產生爭執，想想一個月後的感覺。我恐怕會忘得一乾二淨。如此一來，花那麼多時間悶悶不樂、心煩意亂，又有什麼意義？

「這一切完全無損我出賽時的好勝心，不過我確實會抱著長遠的眼光說：『既然我已拚盡全力，比賽過後，太陽明天依舊會升起。』當然，要在情急與壓力之下把持住自己，需要大量的練習，不過從解決方法出發的思維模式確實有幫助。生命中難免發生難以承受的事，但或許有人遭遇過類似情況，並且安然渡過。如果某個人有某種本事，那麼在同樣資源下，另一個人難道就無法應付？」

＊　＊　＊

艾絲特・費海爾（Esther Vergeer）同樣在八歲時認清生命可以跌到多深的谷底。她的脊髓有先天缺陷，最終需要動背部手術。遺憾的是，通往神經的血液運輸在手術過程中受到損傷。當這名年輕荷蘭女孩從術後甦醒，她的雙腿已失去功用。

「起初，我沒弄明白我會終身癱瘓，」費海爾回憶，「我很小，很痛，住在醫院裡，凡此種種讓我以為一切只是短暫的——等不痛了就可以再度行走。出院以後，我必須回學校上課、跟我的朋友玩，這才發現復原得花很長時間。事情不對勁，沒那麼簡單。然後我頓時領悟，這有可能是一輩子的事。

「一開始當然很難，因為我把每件事情都跟從前相比。以前能走的時候，日子比較好過、比較好玩。但是身旁的人讓我明白世界依舊運轉。我把焦點放在我能做什麼，而不是不能做什麼。如今，我沒把自己當作身障人士，因為我擁有美好生活，而且同齡人能做的事，我通通能做。」

事實上，費海爾做的事情比大多數人都多。以嚴謹態度重新學習更衣這類基本動作之後，這名年輕荷蘭女孩發現了一個宣洩出口。癱瘓以前，除了偶爾游泳，她跟運動八竿子打不著。坐上輪椅復健時，她首度拿起了網球拍——選得不錯。她後來成了名符其實的體壇奇蹟，是那種不甘於只是出來曬曬太陽的選手典範。

我認識費海爾時，她剛拿下第四百四十四場單打連勝；她從二〇〇三年起保持十年不敗紀錄，直到二〇一三年在倫敦第三次、也是最後一次奪下殘奧金牌後退役，總共連贏了四百七十場比賽。而當對手想方設法尋找她的弱點，費海爾確保自己成為一個無法捉摸的移動目標。

「維持巔峰的秘訣就是不斷進步，」費海爾說，「我每年增加或刪減一些元素，進步幅度之大，使我基本上成了一個不同的球員。受到教練幫助，我非但在戰術、體能和設備獲得提升，也改善了心理素質。光靠自己是辦不到的。周圍團隊讓我明白，即便一個小小改變，都能在球場上造成深遠影響。我在許多層面見到進步，但仍有很大的學習空間。我的主要動力來自內在。我熱愛比賽、熱愛打球、熱愛訓練，但我也看出自己可以有多方面的成長。」

這些話讓她的許多挑戰者心生恐懼，一年一年過去，她們變得越來越絕望。別管殘奧金牌了，最大的榮耀是成為「打敗艾絲特的人」。最後一位衛冕者是丹妮拉．狄托羅（Daniela di Toro），當她在二〇〇三年初膽敢擊敗費海爾，絕對無法相信體壇即將出現怎樣的傳奇。

費海爾當時已是世界第一，但她從嚴寒的阿姆斯特丹抵達酷熱的雪梨，時差還沒調整過來。她顯然得到了教訓。下一次的驚險狀況出現在五年後的殘奧決賽；對手柯麗．霍曼（Korie Homan）竟然一路撐到了賽末點，但是僅止於此，因為球場另一端蟄伏著一股強大的精神力量；費海爾甚至靠吊小球拿下最後這一分。當費海爾難得丟掉一盤（四百七十場比賽中只讓出十八盤），或發現自己瀕臨類似麻煩，她便運用高明的心智訣竅強迫自己回到化境。

「連贏的過程中，有些日子狀態很好，但也有些日子我一早起床心裡想著：『噢，天啊，今天應該不會很順』，」費海爾強調，「當我開始在球場上左支右絀，我就專心回想那場得心應手的比賽；那是美國公開賽的第一輪。大滿貫賽非同小可，所以那天，我的心理準備和警覺性都比普通比賽高一點。觀眾的注目讓我變得更有幹勁、更急切，所以我一上場就知道自己穩操勝券。那帶給我極大的活力與快感，整場比賽，我完全忘了原來的計畫，只是隨心所欲、順其自然而已。那感覺很棒，所以每次覺得緊張，我就回想那場比賽，細細玩味。等到回復狀態，我感到一股寧靜籠罩全身。」

費海爾在場外的訓練重量眾所皆知，不過上述的心靈訣竅，無疑是她得以維持驚人連勝紀錄的關鍵所在。她每天都能有效地回到「那一天」，複製當時的狀態。這種方法萬無一失，可以打消隨時準備佔據心智的消極意識——而且別忘了，心智控制著負責打網球的身體四肢。這種訣竅在生活的任何領域都能派上用場，不過對有時間限制、你必須立刻找到方法發揮實力的運動比賽特別有效。

這個例子就是神經語言程式學（Neuro-Linguistic Programming）所謂的「觸發」——一種依意願重新設定心智的做法。這種訣竅在網壇特別有用，因為不論你離勝利多近，你都不可能輕鬆取勝，仍然得拿下那致勝的一分。許多人因此崩潰瓦解。在重大時刻，費海爾的內在平靜跟對手判若天淵；後者腦中已浮現明天的頭條新聞，上頭寫著他們差點成為推翻女王的那一人。

「開賽之前，對手從不跟我說話，」費海爾承認，「但有幾次，我看見對手增強了自信，我就做一兩件事。有幾招心理戰術可以使用。而且我如果有一點緊張，或即將輸掉整場或一盤比賽，我就回到那安全的戰術模式。我維持百分之百的掌控，並且在正確時機作出正確決定。

「我也可以專攻對手弱點，藉此打擊他們的自信。然後我轉變自己、增強信心，再度拉高我的戰情。在此同時，我看見他們士氣潰散：一旦失去自信，他們就會開始咒罵自己。他們似乎無計可施，就像：『我到底該怎麼做？』即便賽後也是一樣。所以是啊，我很好奇他們究竟是怎麼想的。」

我們相識時，費海爾已接受了連勝紀錄終會結束的事實。她甚至聲稱期待那一天來臨，這樣就不必頂著無止盡的壓力起床，揣測一切是否就在今天告終。然而那天從未出現。她的連勝紀錄讓她在荷蘭聲名大噪，不過她承認自己並非無人不知，因為她聽說有其他坐輪椅的女孩被誤認為「艾絲特」。現在，艾絲特本尊希望回饋社會，她創立了一項基金會，旨在幫助身障兒童踏上她自認「救了她一命」的道路。

「運動對小孩子學習團隊合作和提高自信，都有很大的助益，」她說，「尤其對身障兒童更為重要。不只在於學習獨立、理解你能做到哪些事情和如何進步，他們還需要椅子或拐杖之類的實質支援，幫助他們應付日常生活。最重要的是讓孩子們覺得自己依然是孩子，依然歸屬於他們的朋友圈、歸屬於社會。他們周圍的人應該要有這樣的認知，並且以此對待他們。在我成長的環境中，人們尊重我原本的樣子，所以我從未受到排擠，從未受人惡言相向。我仍然是艾絲特，只不過坐在輪椅上。」

8
團隊合作

「Ka mate! Ka Mate! Ka ora! Ka Ora!」

這幾個字——毛利語的「我死！我死！我活！我活！」——替最傳統的哈卡戰舞揭開了序幕；那是紐西蘭國家橄欖球隊黑衫軍（the All Blacks）在開賽之前向對手下達的例行挑戰。面對十五名高大魁梧的男人鼓起胸膛、搥腿頓足、伸長舌頭對你又叫又喊，絕對不是進入化境的理想準備——除非你是他們其中一人。

「那是非常強大的開戰方法，」帶領黑衫軍在一九八七年第一屆世界盃奪冠，並在一九九〇年代長期擔任隊長的西恩．費茲派翠克（Sean Fitzpatrick）笑著說，「但用意不在於嚇阻對手。當然，我們有意向對方下戰帖，但更重要的是凝聚我們的團隊。重點在於它激發的力量與向心力，為了我們的國家、朋友、親人以及之前的球員而跳。哈卡舞的目的，是要振奮我們的士氣。」

難怪黑衫軍是橄欖球史上最偉大的隊伍。當然，那是他們的國民運動，但在臨開賽前如此公開宣示團隊力量，產生了極為震撼的巨大衝擊。

體育比賽中，隊伍很少有機會在關鍵時刻提醒自己及別人他們志在必得。唱國歌是差可比擬的方法；不過，穿透肺腑的吶喊，聲勢遠勝過演奏哀歌的管樂聲。有幾個例外——特別是威爾斯的《父輩的土地》（Land of my Fathers），這首歌總激昂得令人熱血沸騰。正因如此，二〇〇六年在威爾斯首府卡地夫，威爾斯國家橄欖球隊大膽要求黑衫軍只能在他們唱國歌之前跳哈卡舞，不能之後跳。

「我在想，『嘿，那太好了』，」當時早已退役的費茲派翠克回憶，「如果我是威爾斯人，我一定會那麼說。既然哈卡基本上等於紐西蘭的國歌，我們為什麼要讓他們在開賽前跳哈卡舞來占優勢？所以威爾斯人不讓黑衫軍表演。〔隊長〕里奇．麥考（Richie McCaw）說，『那好吧，我們不跳。』他們轉而在更衣室裡跳。我們只能從大螢幕觀賞哈卡戰舞，那很掃興，因為每個人都愛看。不過里奇後來說：『那是我們跳過最有力量的哈卡。我們直接對彼此吶喊，迸發出無與倫比的激情。』然後他們以四十五比十擊敗威爾斯。自此之後人們說，你們愛什麼時候跳哈卡就什麼時候跳……」

哈卡戰舞如此震撼人心，它在橄欖球世界享有神聖地位，未來肯定屹立不搖。如今，其他隊伍充其量只能尋找更新奇的辦法來面對它。直到一九八九年，愛爾蘭才率先想出矗立對手面前、直視哈卡戰舞的方法——儘管費茲派翠克堅稱這種戰術徒勞無益，但他坦承自己一時大感錯愕，心想：「搞什麼鬼？這裡是我們的空間……」，後來才恢復正常儀式。二〇一一年世界盃決賽前，法國隊穿上全身白衫，以令人印象深刻的箭頭隊型走上球場——不過這不足以動搖最被看好的隊伍，後者在奧克蘭家鄉父老面前以一分之差力克法國隊，贏得冠軍。

二〇一五年，里奇・麥考在退役前夕再度奪冠，成了接連兩屆率隊出征世界盃的唯一一人。這段事蹟一句話就說完了，聽起來很簡單，但長時間站在世界體壇頂端，其實是難得一見的偉大成就——而麥考認為是團隊精神讓黑衫軍得以獨霸世界。

「我們隊伍最棒的地方，就是我們總認為團隊比個人更重要，」麥考說，「我們全都抱持這樣的信念。聽起來簡單，但我在隊上那麼多年來，這一點深深幫助了我們。二〇一一年後，我們決心不斷提高水準，以便在二〇一五年以前連續四年維持世界第一。我們有一群很棒的兄弟共同經歷了許多風雨，並且有志一同追求卓越。你需要這樣的動力，才能找到決定勝敗的餘裕。」

麥考是橄欖球歷史上入選國家代表隊最多次的球員，在他創世界紀錄的一百四十八場對抗賽中，曾一百一十次出任黑衫軍隊長。當我請他追述那次在威爾斯的「哈卡戰舞前所未見的一天」，他露出燦爛的笑容：「有些比賽是在會議室裡打的，所以我們覺得有必要表明立場，結果奏效了。不過，儘管人們以為哈卡是一種恫嚇手段，我們的初衷真的不是想嚇阻對手。哈卡象徵著我們的身分與來歷，有一點像是國歌。我們以熱情和驕傲跳著戰舞，因為它代表我們紐西蘭人的精神。所以我們希望好好地跳，讓人們樂在其中、備感驕傲。

「最大的啟迪來自歷屆黑衫軍隊伍；他們樹立了標準。橄欖球最了不起的地方是，你奮力拚搏八十分鐘，不過你對球賽的尊敬，凌駕於場上發生的一切。我們盡可能求表現，但是比賽結束之後，我們跟對手握手言和、維護橄欖球的價值。那是讓我們腳踏實地的重要因素。輸的人不失風度，贏的人也要維持謙卑。那對我們非常重要。」

* * *

在世界體壇頂端，謙卑或許不像是最重要的成功元素。我希望到了現在，我們已經確認了自信對成功的重要性，不論任何領域。但是當你具備充分自信，並且進入下一個步驟，你就明白不論你施展了什麼法術，你絕非場上唯一的魔法師。在沒有人可以獨力贏得勝利的團隊運動中，這樣的洞察尤為重要。最優秀的隊伍奠基在尊重上——不只尊重隊友，也尊重對手、觀眾，以及賦予他們表現舞台的整個體育界。

「紐西蘭的橄欖球歷史淵遠流長，」二〇一五年得勝的總教頭史蒂夫．韓森（Steve Hansen）不諱言，「所以我們對自己的責任瞭然於心。多年來，傳奇故事不斷生根發展，引來我們必須贏得每一場對抗賽的期望——以不辱隊伍名聲的風格，打出一場漂亮的球賽。這提高了標準。

「有機會加入黑衫軍，你必須心存感恩。能夠入選是因為你具備卓越的技能，但那不代表你是超人，所以你沒有傲慢的權利。如果你被賦予那樣的才能，你必須好好發揮。對於自己的身分，我們並不懼怕，而是欣然接受。不論教練或球員，我們會說：『我們的角色只是短暫的，我並不擁有這身球衣，所以，我想達到什麼成就好將球隊的傳奇故事發揚光大、更甚從前？』如果人們長久以來以提升球隊為職志，那麼球隊必然會越來越好。

「團隊文化的秘訣在於每日實踐——由上到下。從教練到行李員到隊長到新進菜鳥，所有人上下一心。我們就像一個大家庭。你的家庭由不同的個人組成，但你們感情緊密。你有時候或許不喜歡他們的行為——一旦出現那種情況，肯定會有影響——但你照樣愛他們；你們照樣是一家人。」

只有膽大包天的人才敢跟韓森唱反調。韓森在二〇〇四年加入這個大家庭，當時擔任格雷安．亨利（Graham Henry）的助理教練，二〇一一年世界盃奪冠之後才繼任總教頭。剛開始承擔一個新角色會讓人戒慎恐懼，更別提登頂之後只可能走下坡路。這就是自信心真正帶來回報的時候。黑衫軍自此踏上一條甚至打敗了他們自己的高標準的道路，五年來只輸掉四場對抗賽。

化境通常是個別現象，是專家投入所愛活動時，腦中出現的私密感受。然而，團隊有時能完美交融，製造出似乎超越個體總和的表現。黑衫軍是少數總能出現這種終極化學變化的運動團隊之一。

「對我而言，『進入化境』就像無意識開車，」他說，「你從一地到另一地，但是你真的想過換檔、煞車或打方向燈這類的事嗎？不，那些動作自然而然發生。要在運動中達到這樣的境界，你必須排除所有讓你掉出化境的事。如果有人在車上幹了件傻事，你會突然感到威脅，瞬間凝聚注意力，因而離開了化境。所以橄欖球比賽中，你要確保自己準備好面對可能出現的閃失。那不表示你不會在化境裡進進出出，但你可以更快回到化境，洞燭機先作出反應，不去懷疑自己的判斷。

「我不認為你可以讓所有人完全進入化境。球員在比賽中來來去去，嚴重影響了節奏。對手也輪得到球權……很遺憾……但運動就是那樣。重點是你如何應付落在身上的好運或壞運。我們試圖贏得逼人的氣勢——尤其在最重大的時刻。成功帶來信心，而信心賦予你信念；獲勝會讓你比其他人更堅定。當你遇到棘手狀況，你必須相信自己能轉危為安，心裡想著：『我們不會放棄。』不只一個人，而是全體如此。一切就在於你的信念。」

二〇一五年，南非橄欖球隊側翼布萊恩．哈巴納（Bryan Habana）第十五次在世界盃達陣得分，打平了已故的喬納．羅姆（Jonah Lomu）的歷史紀錄。哈巴納透露，在這個專業的年代，要同時幫助個人及團隊達到巔峰狀態，需要費多大的心血。

「身為運動員，你知道需要靠什麼技巧進入白熱狀態，」他告訴我，「為了達到那種境界，許多工作是在場外跟心靈『大師』做的，但每個人狀況不同。有些人在開賽前一天練習，也許聽聽音樂，或做某件能打開心靈開關的事。重點是確保身體知道你即將面臨的挑戰和體能需求。理解什麼因素能帶你進入化境是很重要的，這樣你就能在進入大賽前回想那些觸發點。

「信念是創造和維持成功的重要元素，不只橄欖球運動，任何企業或團隊都是如此。大家總說團隊的力量取決於最弱的環節，所以在團隊中更難保持信念。好的領袖勇於任事，但他們需要隊友也同樣扛起責任。不論發生什麼事情，你必須持續相信自己、相信隊友、相信整個體系。黑衫軍領先群倫之處就在於此。其他隊伍偶爾會懷疑自己是否有機會獲勝，但黑衫軍信念堅定——不論超前或落後，他們終將贏得比賽。」

雖說如此，假如紐西蘭在開賽前一刻的團體治療，目的是讓十五顆腦袋集體進入狀況，韓森認為情況可能走火入魔了：「哈卡有時候出現反效果，因為你興奮過頭。它並未讓你過於自信，但卻讓你的情緒過於高張。你需要深呼吸一口氣，回到地球上來……」

即便在最極致的團隊環境，也需要隊上強者在必要時刻穩住團隊陣腳。二〇一五年世界盃決賽，黑衫軍因球員受黃牌處罰而少掉一名戰將，直到後來丹．卡特（Dan Carter）射門得分才擺脫澳洲隊糾纏，徹底扭轉局勢。

當里奇．麥考舉起韋伯．埃利斯獎盃[7]，他畢生的夢想達到了最高點，儘管這是他們舉國上下共有的夢想：「在紐西蘭長大的小孩，大多夢想加入黑衫軍，」麥考告訴我，「擁有夢想是很重要的，你得放手一搏……而我可以憑經驗說，夢想確實可能成真。我從小熱愛橄欖球，然而直到離開學校之後，打橄欖球才從夢想變成一種可能性。如果你當時預告我即將走過的經歷，我會哈哈大笑。我實現了夢想中的每一件事情以及更多。最重要的是享受過程。我要告訴孩子們的是：『追逐你的夢想』，因為你永遠無法預知未來……」

* * *

我們不得不問，如果每個人都以哈卡戰舞展開每一天，這個星球會變成什麼模樣？西恩．費茲派翠克如今巡迴全球演講，不遺餘力，向企業推廣這項活動。在我們見面之前不久，他才在邁阿密慫恿一群迷惑的美國聽眾嘗試看看；對這群人來說，橄欖球本來就是陌生的語言。

「他們愛死了，」他眉開眼笑，「他們說：『太棒了，我們需要設計屬於自己的哈卡，在開始工作之前跳。』大多數人都有一套晨間儀式，可能跟家人、也可能跟朋友一起做。說不定是站在咖啡機前，或者玩滑鼠——反正是某件可以打開開關的事。我問一個傢伙：『你

7 韋伯．埃利斯（Webb Ellis, 1806-1872），據傳是橄欖球運動發明人，世界盃橄欖球賽的獎盃便以他命名，以示紀念。

一早走進辦公室時，一定有一套儀式。』他說是的；他打開電腦，然後說『啊，我靠！』」

我隱約覺得這位仁兄並非特例。儘管某些企業已開始體會座右銘的力量，你倒說說沃爾瑪（Walmart）吟誦的標語是否曾達到同樣效果。不過話說回來，某些品牌比其他人更能激發熱情，遑論在對手身上注入適量的恐懼。

「黑衫軍制服背負的傳說，比任何對手更讓人聞風喪膽，」費茲派翠克補充說，「如果你在游泳比賽對上馬克．史匹茲，你會說，『老天爺啊，他拿過那麼多金牌，我得使盡全力才可能打敗他。』身為黑衫軍，我們也抱著同樣態度：『要打敗我們，你們得拚盡全力。』其他隊伍最大的問題，在於不相信自己可以贏過黑衫軍。所以說，品牌的力量非常強大。

「獲勝其實很簡單，不論橄欖球或生活其他層面都一樣。橄欖球是一種複雜的競賽，但假如你把簡單的事情做好，十之八九就能得勝。我參加過的最強球隊，陣中沒有太多超級球星，只有一群好球員形成一支強大的隊伍，因為我們知道自己該做什麼，也知道自己會善盡本分。如果你將失誤降至最低，那麼靠著你製造的壓力，沒有人可以打敗你。黑衫軍從不犯錯。對手能應付六十分鐘或七十分鐘，最後十分鐘就撐不下去了。」

照這麼一說，成功聽來易如反掌。然而不論什麼顏色的球衫，都需要有全然的信任。費茲派翠克認為球隊之所以可以維持巔峰，就在於願意「放下」成功、繼續向前。他取笑英國足球隊過了半世紀之後，仍決心慶祝一九六六年奪下的世界盃冠軍，而他自己生涯當中那些刻骨銘心的記憶，都已開始慢慢消退……

「只要大家一條心，領導團隊並不困難，」他強調，「身為黑衫軍，我們說自負是成功的必要條件，但你得把自負心留在場上。不過有時候，像一九九一年，我們把自負心帶到場外，以為自己真有什麼了不起。我們被打敗了，不是輸給了更強的球員，而是輸給更好的團隊。然後我們三十個人坐在房間裡，認清如何才能贏得一九九五年世界盃。那會需要全心全意的投入，意味著那將是我們生活中最重要的事，其餘一切皆屬其次。我們一個個問：『我們準備好了嗎？』大家都說：『算我一個！』這樣一來，事情就很簡單了。」

費茲派翠克的紐西蘭隊勢如破竹、連戰皆捷，一如預期進入決賽，對上南非的跳羚隊（Springboks）。黑衫軍是最具冠軍相的隊伍，這得歸功於全隊團結一心，以及側翼喬納．羅姆個人的偉大貢獻。遺憾的是，這也是哈卡戰舞在橄欖球歷史上唯一真正被比下去的一次。

一九九五年世界盃橄欖球是南非正式結束種族隔離政策之後，第一次舉辦的國際運動盛會——也是橄欖球最後的業餘時代。新上任的總統納爾遜．曼德拉（Nelson Mandela）穿著跳羚隊球衫，昂首闊步走進約翰尼斯堡的埃利斯公園球場（Ellis Park Stadium），不僅激勵了主場球隊，更鼓舞了這個久經動盪的國家團結一致——起碼接下來的八十分鐘，外加把黑衫軍擠下世界第一寶座所需的額外時間。難怪擔任隊長五年、率領跳羚隊在一九九五年奪冠的莫內．杜普利西斯（Morné du Plessis），特別沉迷於研究運動心理學。

「所有運動項目都有體能及心理準備兩大元素，」杜普利西斯說，「我見過數千名年輕高爾夫選手在業餘階段每星期打破標準桿。他們都有強勁的揮桿，可以把球擊到一英里外，但其中三十個傢伙總是贏球。那三十個人的心理素質肯定更強大，可以在壓力下控制肌肉、做出正確決定。幸運的是，在橄欖球的團體環境中，有關肢體的決策比較容易。不過你仍然得從頭到尾做出對的選擇。今天的職業球賽，所有人握有相同的資料、投入相同的體能準備，讓球員變得更強壯、更快速、跳得更高。所以優秀與偉大之間的界線越來越窄。

「重點在於信念，但我在生涯中時常見到人們過度自信，而我幾乎可以預測這會對團隊造成影響。打了一場好球之後，儘管你呼籲大家忘記勝利、準備好投入下一場比賽，但過強的自信仍會從更衣室門縫底下悄悄鑽進來。你準備了一個星期，為下一場比賽進行同樣的練習，但感覺完全不同。一個真正善於激勵人心的偉大教練，最大的特點就在於有辦法讓球員在自信與自負之間拿捏分寸。」

這就是最佳教練與隊長的厲害之處；他們就算在最精采的表現之後仍能維持務實。杜普利西斯相信教練需要「前後一致」和「誠實正直」，才能贏得部隊的尊敬——即便實話有時很傷人。他認為曼聯足球俱樂部（Manchester United）的長期教頭亞歷克斯・弗格森（Alex Ferguson）特別擅於在團隊之中或透過其他變數施加剛剛好的壓力，絕不讓球員過度膨脹。但弗格森也很懂得操作杜普利西斯認為讓團隊集體進入化境的終極秘訣：給予他們上場拚搏的充分理由。這麼一來，喋喋不休的埋怨、不公平對待以及無情的雙重標準，突然都說得過去了……

「在團隊環境中，你需要一套讓所有人理解並信奉的共同價值觀，」杜普利西斯說，「健康的價值觀通常比不健康的更有建設性。假如一半的人願意不計一切代價爭取勝利、即便作弊也在所不辭，但另一半的人卻不願意這麼做，那就無法發揮團隊力量。不過，為了某個目標而戰總能激發特殊效應。不論是為了國家而戰、為了剛從地震中餘生的災民而戰，或者只是為了勝利的感受而戰，有一個共同目標是很棒的。如此一來，就出現了壁壘分明的敵我之別。」

* * *

凝聚團隊所需的動力不必是某種堂皇的政治立場，也可以非常私密。體育界最單打獨鬥的項目無非高爾夫球，但萊德盃（Ryder Cup）讓高爾夫名將得以並肩作戰。二〇一二年，在芝加哥麥地拿（Medinah）鄉村俱樂部，歐洲隊在賽程最後一天絕地反攻，擊敗勝券在握的美國隊。讓歐洲隊凝聚在一起的，是他們對西班牙選手塞維・巴列斯特羅斯（Seve Ballesteros）的悼念；巴列斯特羅斯是隊長何塞・馬力亞・奧拉沙保（José Maria Olazábal）平時的搭檔。激勵隊伍扳回頹勢的大功臣——歐洲隊的伊恩・保爾特（Ian Poulter）告訴我，他是如何從這次難得的團隊經驗成長茁壯：「在洞與洞之間，高爾夫球選手必須有本事自己做好全面準備，自然而然進入化境。如果無法進入化境，那肯定是什麼地方出錯了。但我在萊德盃感受到更高層次的特殊時刻。」

在體育界，「主場優勢」通常是很強大的力量，因為當你的一舉一動都能引來大批粉絲歡呼助陣，任何一支隊伍都會士氣大振。但是荷蘭傳奇足球巨星路德・古利特（Ruud Gullit）堅稱，將負面情勢——例如走進讓人望之卻步的體育場——扭轉為正面力量，同樣讓他大感痛快。標準的「敵我之別」……

「不論去到哪裡，最重要的是感受和領略當下的氣氛，」他告訴我，「不要把自己封閉起來，要敞開胸懷擁抱環境。不論充滿敵意或友善親切都無所謂，重要的是去體味其中的脈動。有些球員只想把它阻擋在外，但我只想感受它。大問題是：他們為什麼對你抱有敵意？因為他們不希望你贏。難道他們怕你？噢，沒錯，他們很怕——他們不希望你有好表現。這是否讓我充滿幹勁？見鬼了，的確如此。當然，家鄉的觀眾也能振奮我的精神。所以我無論如何都是贏家。但秘訣是團結一致。你需要球員凝聚強大的向心力。一旦如此，凡事皆有可能。」

古利特舉一九八二年世界盃的義大利隊為例；這支隊伍因首輪表現平平而遭本國媒體抨擊，後來才接連打敗阿根廷、巴西和西德，奪下金盃。在義大利踢職業足球是古利特生涯中最璀璨的時光，特別是一九八〇年代末效力於米蘭足球俱樂部（AC Milan）的黃金時期。值得注意的是，他對化境的描述，和黑衫軍教練史蒂夫．韓森的說法相去無幾。

「那就像在高速公路進入自動駕駛模式，」他說，「在足球場上，你照樣做你該做的事，只不過一切變成一片空白，而你全神貫注，聽不到周圍的聲音。但是足球員很難百分之百進入化境，因為每次剛覺得揮灑自如，對手就設法箝制。一旦受傷就失去流暢，因為你停了下來。那就是籃球這類運動老是喊『暫停』的原因。網球也看得到這種現象：在地上多彈幾次球、跟裁判申辯、提出受傷暫停……這種種小動作都能打亂對手的節奏。正因如此，足球隊員會佯裝受傷，因為你不能喊暫停。你靠這種方法打亂或完全遏制對手的流暢性。

「團隊比個人更難進入化境，因為那表示每個人都必須達到百分之百。米蘭隊第一次打進歐洲冠軍盃，是在一九八九年對上布加勒斯特星隊（Steaua Bucharest）（米蘭最後以四比零獲勝，其中古利特和馬可．范巴斯滕〔Marco van Basten〕各踢進兩球）。我們整場比賽處於化境之中，那年以五比零擊退皇家馬德里隊（Real Madrid）的主場準決賽也是一樣。有時候你能夠百分之百融入化境，但這種情況非常罕見，因為你需要每個人都達到白熱狀態。任何一點分神，或許某個球員尚未進入化境或者遇上很強的對手，你們就已經掉到百分之九十九，然後百分之九十八。你琢磨著：『我該如何幫助他脫困？』或許我們可以多加把勁，把球從這傢伙身上搶過來。所以總會出現一些小狀況。」

不論因為被雙人盯守，或純粹因為精神負荷過重，在最大的舞台上，就連偉大選手也經常展現不出自己的身價。二〇一四年世界盃標榜足球界的兩大天王——梅西（Lionel Messi）和羅納度（Cristiano Ronaldo），但最後卻是德國隊靠著團隊精神風光奪下冠軍。古利特很同情無法在最大舞台上掌控好自己的大牌球星，他補充說：「困難的是，球員在俱樂部錦標賽耗用太多力氣。他們拚盡了全力，很難重新充電，因為身體需要休息。這也考驗著意志力。你指望在球季尾聲登峰造極，因為你踢足球就是為了這個目標。假如事情未盡理想，身體會瞬間洩了氣。」

古利特是個例外。他率領荷蘭隊精彩奪下一九八八年歐洲盃冠軍；那是全隊拿過的唯一重大獎盃。從他開始夢想發展足球生涯，就很習慣在人群中脫穎而出：「我十一、二歲時，加入了一支由阿姆斯特丹各地菁英組成的球隊，陣中包括幾位來自阿賈克斯俱樂部（Ajax）的球員。我發現自己一點兒也不比別人遜色，有時甚至更突出。所以我想：『嘿……』在那之後，我從不懷疑自己可以出人頭地。我全神貫注。我也是隊上少數幾名黑人球員之一。如果你是唯一，自然會受到注意。所以你必須勝過其他人。善用你的優勢，不論你是黑皮膚、紅頭髮或隨便什麼，你會受人矚目。要是你踢得很糟，人們更是看得一清二楚。別給他們機會。如今我告訴孩子們享受自己所做的事，但不要為日後留下任何遺憾：『要是當初這麼做，我現在說不定……』不。機會不會重來。要全力以赴，不留遺憾。」

不論一支球隊的企圖心多麼旺盛、訓練多麼扎實，在快節奏的球類競賽中，勝負之別往往源於天賦的閃現。化境似乎具有感染力，而隊友可以沾染彼此的優異狀態。這是馬塞爾．德塞利（Marcel Desailly）說的；他效力的法國足球隊是第一支在一九九八年和二〇〇〇年雙雙奪下世界盃及歐洲錦標賽冠軍的隊伍；這項成就直到後來才被西班牙超越。

「法國沒有取得一九九四年世界盃的參賽資格，不過一九九六年，我們開始打造新生代戰力，」德塞利說，「我們擁有天生的領袖；他們證明自己可以達到更高水準。我們擁有專業選手，他們在比賽中聚精會神、全心投入。最重要的是，我們還有席丹（Zidane）。只要席丹在場，一切便截然不同，就算只是練球也不例外。像他那樣的巨星，會為其他人激發直接的動力和更強的責任感。你會希望自己表現得當，你的注意力會變得更強、精神更集中。我們展現的專注力和一致性說明了一切。那就是我們維持霸主地位的關鍵所在；而連霸是最困難的事情。

「幸運的是，我們有能力發揮團隊實力。一九九八年到二〇〇一年之間，我們是全世界最強的隊伍。然後在二〇〇二年，我們成了強弩之末，突然間迅速下滑。原本激勵我們的正面壓力，突然變得很嚇人。我原先預料西班牙隊在二〇一二年歐洲錦標賽也會出現同樣狀況，因為他們不再需要證明自己。他們會開始猜想自己輸球，就像害怕在最後一局發球的網球選手。相反地，西班牙隊維持巔峰，因為集體而言，他們是最厲害的隊伍。團隊的凝聚力在足球場上非常重要，足以影響每一場比賽的勝負。」

*　*　*

球類運動是團隊進入高度專注的理想舞台：計畫只能用來參考，臨場發揮創意才是勝負關鍵。但跳出球類運動，不遠之處，還有一個長久以來被即興表現壟斷的創意世界。

「『進入化境』這句話簡直更適合音樂界，」搖滾天團平克佛洛伊德（Pink Floyd）的鼓手尼克．梅森（Nick Mason）說，「你憑直覺知道其他人要演奏什麼樣的樂曲，所以你知道你可以創造前所未有的作品，因為你可以感知其他人要做的事。也許只有一首特定曲子達到這樣的水準，不是整晚如此——或許甚至只是某個人在一小段獨奏中出現另一個境界，或者彈奏出全新的風格。當所有人進入白熱狀態，我們就爬上了新的層次。那是很特殊的感受。」

鼓手很少受人喝采——正如橄欖球隊的第一排前鋒——但任何團體要發光發熱，所有人必須同時進入狀態。比起進錄音室，樂手更常在現場演奏中進入化境；這得歸功於氣氛和次數：長年累月在路上巡演，演出次數遠超過偶爾造訪錄音室。但要進入化境，他們的努力可能跟運動明星不相上下。史黛西．肯特（Stacey Kent）是美國爵士歌手，有一副細膩柔美的嗓音。但是平靜的外表掩藏了她攀登高峰的才能；遠在她登上舞台之前，就展開了追求極致表現的旅程。

「樂手和運動員有很多共同點，你必須在當下展現實力，」肯特說，「化境的關鍵是全神貫注，你得努力達到那個境界。你不希望太早達到巔峰，也不希望精力過旺或死氣沉沉。所以從早上起床開始，每一件事情的目標都是那登峰造極的一刻。只要一不專心就可能跌跤，所以你得提防恍神。我從落後兩盤半最後卻轉敗為勝的網球選手身上得到啟發，因為他們如此擅於往前看。當你開始思索自己哪裡出錯，問題就來了；那時候，你不是輸給對手，而是輸給了自己。如果早上發生一件壞事，那可能毀掉一整天，相反地，你可以選擇保持專注，設法扭轉局勢。

「網球或音樂表演不僅要有肢體能力，也要有頭腦和性格。我小時候打過網球，但比賽讓我慌張，我無法維持專注。我不具備競賽性體育活動所需的頭腦，但我有做音樂的頭腦。我們經常拿自己跟運動員相比，差別就在於音樂無須競賽。沒有人跟你站在同一陣營或敵對陣營。各種音樂都能和諧共處。」

競賽並非進入化境的先決條件，甚至還可能造成阻礙。然而，不論我們追求的是完美的投球或完美的音準，就準備過程和感受本身而言，兩者具有不可思議的相似之處。當一群人同時展翅高飛，總會出現振奮人心的效果。

「尋找化境是一個學習過程，你總是不斷追尋，」肯特說，「我曾聽阿格西（Andre

Agassi）說他打了一場完美比賽，因為他眼中的球變大了。那是我們的隱喻。我們跟鋼琴演奏家的區別，就在於他們是獨自演奏。集體進入化境是一種無法言喻的境界。檢查了音響設備之後，我們試著不跟樂團以外的人交談。我們找到一個讓彼此緊緊相依的狀態，然後我們走上台，一起凝神專注。

「在漫長的巡迴旅行中，我們某一個人或許會在某一個晚上使不上勁，但你找到方法彼此鼓勵、相互扶持。你有時候想到演奏會以外的事，不知不覺分了心，還有些時候想太多了。維持心神不亂需要投注很大的專注力，應付例如麥克風晃動的狀況。但當你身在其中，感覺非常美妙。你揮灑自如、行雲流水，還沒意識過來表演就結束了，而你渾然忘我。那是很美的感覺，但假如能跟一群人一起進入化境，感受將無比強烈。」

* * *

「人我之別」或許是讓一群性格各異的個體凝聚起來的強大力量，但這留下空間誘使人踏上更崇高的一步、追求共有的目標——也就是「不分你我」。在我們照理所處的超級競爭世界，這種想法或許看似古怪、甚至荒誕不經，但有一支備受矚目的團體運用這項原則，在體壇上稱霸數十載，屹立不搖。半世紀以來，全世界都為肯亞在徑賽項目——從八百公尺到馬拉松——的卓越表現驚嘆不已。分別在一九六八年一千五百公尺和一九七二年三千公尺障礙賽奪下金牌、為肯亞的霸權揭開序幕的肯亞奧委會主席基普・凱諾（Kip Keino），慨然分享秘訣——並且知無不言，言無不盡。

「我們團隊合作，不求個人表現，」凱諾說，「我們彼此分享。這是肯亞全國上下共有的態度：團結一致；今天所有人到一家幫忙，明天到另一家，工作結束之後一塊兒吃飯。同樣的，在肯亞，你不會看見運動員單獨受訓，總是五到十個人結伴訓練。一個人先在前面帶頭，其他人在後面跟著，然後另一個人接下領跑的責任。這就是團隊合作的態度。團體是最重要的。

「我們訓練來自世界各地的選手，分享一切。我們也希望看到在這裡受訓的人擊敗肯亞選手。這裡有來自以色列、辛巴威和斯里蘭卡的跑者。一名蘇丹少年帶著奧運一千五百公尺銀牌回家。還有一名瑞典女孩在這裡接受越野賽跑訓練，最後打敗了肯亞選手，我們樂見其成。我們分享這個世界和這項運動，不論輸贏，你都跟贏家握手言歡。

「當你來到肯亞，我們希望你充分利用這裡的訓練。我們的宗旨是激發你的潛能，確保你帶著個人最佳成績或全國紀錄離開。這樣一來，你的國家會為了你的成就感到驕傲。我們希望你達到最佳表現，不想抹殺你登峰造極的權利。而當你達成目標，我們會為了你的成績深感自豪。」

在你死我活的頂級運動競賽世界，如此寬宏大度的氣量讓人耳目一新——但這種作風有其限度：不表示肯亞選手不會想盡一切辦法，佔據這「不分你我」的全球頂尖體壇的領獎台。從凱諾的年代開始，他們囊括了八十六面奧運中、長距離獎牌，看得出誰是這種作風的真正受益者。

「在肯亞的成就中，團隊精神佔了很大一塊元素，」一九九〇年代在肯亞受訓的英國跑者理察・內魯卡（Richard Nerurkar）說，「我之所以加入他們，也是基於同樣動機：如果擁有志同道合的訓練夥伴，比較容易下工夫苦練。打從一開始在學校跑步，我就喜歡在團隊中集訓，不過歐洲運動員沒有這種觀念，不像非洲選手。在衣索比亞，如果你獨自跑步，他們會想：『出了什麼問題？』其中一項因素是安全問題，不過你不會單獨受訓，因為大夥兒反正做什麼事情都在一起。那裡就是這樣的社會。我很愛在肯亞受訓，那裡沒有語言隔閡，他們心胸開放、笑容可掬，從一開始就歡迎你加入。

「英國運動員面臨的挑戰，在於你平常生活於海平面上。你不具備同樣的體能，因為你沒有高海拔的生活經驗。如今，大多數歐洲跑者會說成立自己的團隊比較有利，因為你聽說肯亞和衣索比亞選手接受的訓練，幾乎超出歐洲運動員的理解範圍。真有趣……」

在這塊地區成長的好處不僅限於體能狀態。二〇一六年奧運馬拉松冠軍埃利烏德・基普喬格（Eliud Kipchoge）八歲起光為了上學，每天就得跑二十公里。這類成功故事已成了陳腔濫調，但若能克服逆境，最後獲得的力量不只在於肢體，更在於真正的關鍵：身體頂端。

「比起獨自一人練習，運動員的心靈在團體訓練中可以發揮更大效力，」基普喬格的訓練夥伴、二〇一一年倫敦馬拉松賽冠軍伊曼紐爾・穆泰（Emmanuel Mutai）補充說明，「假如前面看不見任何人，後面也沒有人追著你，當你說累了，你的心靈便照單全收。但在團體中，當你覺得累了，你或許會看見後方的跑者逐漸追上來。於是你猛然說，『不，我可以維持速度。』這時候，你變得更有精力，心靈也更努力撐著。就這樣，你強化了你的心靈。

「心靈控制一切。有時候你感覺疼痛，但就算累了，最重要的是有始有終，一旦接受挑戰就得奮戰到底。只要你說『我累了』，那麼事情就此結束；那是失敗的心態。假如心靈說：『不，你不累，繼續跑下去』，你會找到力量。也就是說，你必須擁有堅強的心靈來控制你的身體。在頂級賽事中，我們全都具備同樣的跑步技能，所以勝負關鍵在於你的心靈比別人堅強多少。如果你漸漸疲憊卻往前邁進兩步，你的對手會明白他也累了，必須放慢腳步，這樣你就贏了。但儘管勝利的喜悅很甜美，輸掉比賽也不代表你失去什麼，因為不論你那天拿到什麼成績，都是你的成就。」

當然，並非每一位肯亞運動員都能嶄露頭角，但成功率極其驚人。近年來，為了獲得成功帶來的獎賞，有些人靠藥物走捷徑，玷汙了耐力賽跑運動。但對於光明正大的跑者而言，真正的祕訣無疑是團隊動能。在長跑的最後階段，當跑者全身上下每一塊肌肉都要求他們停止這樣折磨身體，團隊動能可以幫助心靈找到額外的鞭策力量。

「長跑的百分之七十五在於心智，」基普．凱諾說，「你在訓練階段慢慢做好比賽的心理準備。如果你認為自己辦不到，那你就已經輸了。所以你需要建立戰鬥心態。你不會在比賽當天做心理準備，必須在比賽之前完成。你研究你的對手，選擇跟哪些人一起跑。你必須知道他們的戰術和時間點，以便制定自己的計劃。比賽當天，只要他往前，你就跟著往前。你從不知道他是否能撐過另一個五碼，所以心理面的準備是確保自己隨時跟牢對手。為了奧運，每個人都經過一番苦練，你不知道前方會有什麼遭遇。所以你做好心理準備，並且知道就算發生了什麼事，你都有餘裕可以應付。」

在那些確實游刃有餘的選手當中，經常有人放棄伴隨成功而來的財富，頻率高得驚人。許多人選擇額外回饋社會。在肯亞部分地區，例如埃爾多雷特（Eldoret）和伊滕（Iten），選手將獎金重新挹注於學校或其他基礎建設，產生了明顯的經濟效應。基普．凱諾經營農莊五十餘年，為孤兒提供遮風避雨和接受教育的地方。當時，已有超過六百名年輕人受過他的照顧，形成一個巨大的家庭。他們情同手足，就連已經長大成人出社會的孩子，回家的時候仍然稱呼他「爹地」。

「我們為社會上的弱勢族群提供服務，」他說，「孤兒需要住處、教育和關愛。有些孩子走投無路，被警察帶來我們這裡；有些孩子的母親死於難產，三星期大就被送過來。然而，其中有些人最後上了大學、找到工作、展開了自己的生活——不只在肯亞，還有人跑到美國、中國或世界其他地方。人們透過觀察和模仿來學習，做他們認為對的事。如果具備某項知識，就必須能夠使用。那是最重要的。我一無所有來到這個世界，也將一無所有離開。假如在此期間能為人類做出貢獻，那該多好……」

＊＊＊

人類運用「人我之別」的力量已有上千年歷史，而且範圍遠遠超過體育場，用意是激起戰爭、衝突與動亂。分化統治的第一步驟就是宣稱「他們」比「我們」下等，所以他們活該任憑我們處置。前任馬拉松世界紀錄保持人泰格拉．洛魯佩（Tegla Loroupe）是肯亞的長跑健將，為了在這項議題撥亂反正，她訴諸於教育——她運用的方法，跟把她造就為一代名將的運動項目直接相關。二〇〇三年，她創立了和平基金會（Peace Foundation），在飽受種族對立之苦的肯亞、烏干達和蘇丹舉辦馬拉松賽——用意是以「假性」戰爭凸顯真實戰爭的缺陷。

「我自己在衝突地區長大，父母總是灌輸孩子某某人是我們的敵人，」洛魯佩告訴我，「但我看見當孩子們參加運動比賽，來自不同社群的父母只是談天說地、共享歡樂。所以我明白能將社會凝聚起來的，唯有體育。政治人物呼籲團結一致，卻沒有人聆聽；但身為運動員，我們可以創造向人民喊話的平台。我想要幫助他們攜手成長，明白我們屬於同一個家庭，不是敵人。

「要生活在一起，我們必須彼此信任、相互尊重、和諧共處——攜手開啟新的一頁。你尊重別人，讓別人以你希望的方式尊重你。當你用一根手指頭指著別人，另外幾根手指卻回指著自己。但是當你對別人懷抱著愛，你不會伸出指頭，而是對他們張開雙手。當你對其他人付出愛，善意最後會回到你自己身上。」

這就是真正自信的產物：「區區」運動明星對「真實世界」的影響。就像肯亞的許多偉大跑者，洛魯佩的瘦小會讓你大吃一驚；在她纖細的身軀裡，隱藏著巨大的精神力量。精神力量也可以帶到田徑場外。二〇一六年里約奧運，她帶領一群流離失所的運動員組成第一支難民奧運代表隊；其中半數是在肯亞的訓練營受訓。她也為四百名兒童創辦學校。當你的觸角延伸到體育的界線之外，你會發現獎牌的重要性相形失色。對洛魯佩來說，那包含了物質世界的種種傳統目標。

「我們沒有辦法帶走一切財富，」她說，「人死的時候都將孑然一身。那麼何苦總要追求更多？有些人爭奪資源，但我希望見到他們開始分享，透過教育幫助貧苦地區獲得力量。開發中國家和已開發國家同樣有窮人，只要貧窮依舊存在，富人永遠得不到保護：暴動絲毫無損於窮人，只有富人會蒙受損失，因為他們擁有那麼多。所以我希望見到人們站在平等地位、彼此分享，尤其當事關兒童的教育。

「這同樣適用於全球尺度。你為其他人製造越多麻煩，就會有越多麻煩回過頭來跟你糾纏不休。所以人們應在世界上尋找兄弟友邦，試著成為製造和平的典範，不要動用武力。戰爭無濟於事，只會滋生更多仇恨。如果我們可以挪用軍事經費，拿來以更好的方法解決問題，我們可以拯救生命，並且重新享有彼此之間所謂的『信任』。」

本書特別強調正向思維的重要；洛魯佩無疑體現了正向宣言與技巧的終極要領。追逐金牌需要一個層次的勇氣，踏進拳擊擂台需要另一個層次。但是把頭伸出保護牆外、大膽為你的信念發聲——尤其當這些話注定惹異議者震怒——則是更崇高的追求，因而需要相對應的更高勇氣。當你遇到一個人具有泰格拉．洛魯佩這樣溫和的磁性與動力，總會不由自主踏著輕盈的步伐離開。

「我只是一個例子，顯示一個人如何以一己之力推動一件事情，」洛魯佩說，「但是當你埋下一顆種子，你收穫的不只是種子，而是更多。在馬拉松的路上，你不是獨自一人跑著，你會呼朋引伴。那就是我希望見到的：其他運動員及生意人以和平之名投入其中，好讓我們今日的努力，能為明天帶來一絲絲改變。」

9 熱情

以「人類殺手」這個魔幻名號著稱的四百公尺跨欄，是田徑場上最殘忍的項目之一，需要融合跑步速度、耐力和跨欄技巧，缺一不可。但是有一個人在一九七〇到八〇年代之間徹底獨霸這項賽事，連續一百二十二場比賽勝過全世界（僅次於他的）頂尖跑者，在長達九年九個月又九天的期間痛宰了人類殺手。他的名字是埃德溫．摩西（Edwin Moses）。

摩西和「一般的」的冠軍選手截然不同，他原本是工程師，擁有物理學學位。這名美國選手從第一次參加四百公尺跨欄比賽，到一九七六年在蒙特婁奧運奪金並刷新世界紀錄，距離僅短短幾個月。當時他還無法像全職運動員那樣專心練習，必須以嚴酷的生活型態兼顧他的航太工作——每天甚至還沒開始上班，就得接受最高長達八小時的訓練。他善用科學知識，成為運用生物動力學原理提升運動表現的先驅。在電腦還只有16K記憶體的年代，他利用電腦衡量從呼吸到心律等種種數據，發展出每道欄架之間跑十三步的模式（每步步幅為九呎九吋），整場比賽始終如一。在此同時，對手卻只能維持半圈的穩定步伐。

我深深為他著迷，沒多久，我開始追逐摩西——走遍亞洲、南美和歐洲——以求聽到更多。有些人就是值得你如此付出。結果，造就他輝煌時期的秘訣，並不在於他的生理或雙腿。當我問摩西他是否在心理層面領先對手，他頷首同意。他接下來說的話，讓我的心跳漏掉了好幾拍。

「我活在化境中，」摩西說，「並非只為了一場比賽或一天而試圖進入化境；那是一種心理狀態。你的整副生命、你的一舉一動，全都在化境中。無時無刻……」

化境一般跟巔峰經驗聯繫在一起；那是凡事順利至極、無懈可擊的短暫神奇時刻，通常在極端壓力下發生。無時無刻處於這種狀態，聽起來似乎不太像人類，反倒更像……呃……《星際大戰》裡的絕地武士。然後你衡量摩西在田徑場上和場外達到的全面成就，突然恍然大悟。將一切串聯起來的主軸，就是熱情。

摩西的父親是校長，母親則是老師，經營一所名為啟蒙（Head Start）的幼兒暑期學校。埃德溫唸高中時在那裡打工，很早就培養出對教育及志願工作的興趣。基於這樣的背景，再加上一生處於化境，從田徑場上退役無非只是人生的一個小小頓號。他也放棄了從商生涯，因為財富不是他的動力來源。之後，他在二〇〇〇年榮膺勞倫斯世界體育學院（Laureus World Sports Academy）主席；那是一個非營利基金會，以運動和體育英雄為觸媒，在全世界最落後貧窮的地區推動社會改革。這項基金會多年來卓然有成，摩西很高興基金會如今支持的項目太多，他已無法憑記憶一一列舉。這不是讓個人做面子或滿足虛榮的基金會，摩西或其他六十名在體壇地位如神一般的勞倫斯學院成員——其中許多人出現在本書之中——也沒必要向任何人證明任何事。

「當你到達頂峰，你充滿了信心，因此再也不需要自信，」他輕描淡寫地說，「別人對我的評價其實無關緊要。我一早醒來，心裡不會這樣想：『我是埃德溫・摩西，我贏過一百二十二場比賽。』我只是很喜歡每天能醒來呼吸，只是很高興能活著貢獻世界，繼續做我在做的事。」

摩西說話聲音低沉單調，但他的每個字都出於熾烈的才智，引爆一股強大的人格魅力。參賽生涯中，這世界的貧富差距讓他震驚不已。他曾經看兩名肯亞小孩踢足球，一人穿著左腳的鞋，另一人穿著右腳的鞋。摩西承認他當時是純粹的「觀光客」，因為運動員生涯讓他沒時間採取行動。但是如今，他以等同於當初投入田徑場的心力進行慈善事業，以類似的忘我精神實踐他的目標。另外，他還學會隨時隨地處於當下。

「我直到今天還活在化境之中，」他告訴我，「一陣子之後就變得很簡單，你不需要費勁追求。我永遠處於白熱狀態——做任何事都一樣。大多數人從年輕時候開始，那時，彷彿什麼事情都毫無阻礙。你覺得自己無所不能，而你想在或許並非最適合你的領域頭角崢嶸。成為傑出運動員之前，我在其他領域也很優秀，而且從小就是個好學生。

「然後當我參加比賽，我開始思索各種事情，就像你坐在那裡，想著等會兒要提出哪些問題；我這種人會思考如何讓自己跑得更快。運動跟當個藝術家、演奏音樂或成為律師或醫生沒什麼兩樣，成敗取決於你希望自己有多強。每個人時時刻刻都在做選擇，但有些人付出更多努力，以求達到更高的境界。我想，所有人都有過同樣的經歷，只是人們多半不明瞭自己有多大的潛力。不是每個人都很懶散；有些人恰恰相反。」

當我問摩西他認識幾個人達到這樣的巔峰，他不需要多想。那星期倫敦正在舉行勞倫斯世界體育大獎頒獎典禮，體壇王者齊聚一堂，冠蓋雲集。就在那一刻，納迪婭．柯曼妮奇正巧從我們身旁走過。摩西回答：「學院成員：像納迪婭那樣不怕辛苦的人……」

＊　＊　＊

麥爾坎．葛拉威爾（Malcolm Gladwell）在二〇〇八年的著作《異數》中，探討各種因素（例如教養）對成功的影響。這本書讓一九八五年的一項研究聲名大噪（研究者為RH．巴恩斯利、AH．湯普森和PE．巴恩斯利等三位心理學家）；研究顯示，出生於每學年前三個月的球員，在NHL冰上曲棍球的選秀過程中獨佔鰲頭。看來，成長階段在同儕裡年紀最長、個頭最大的孩子，具備了某項優勢。不只體格高人一等，由於多年來醞釀並強化的自我信念，這些孩子的心理素質也大大增強。年紀較小的孩子遲早會追上只差幾個月的發育與成熟度，但由於小時候不常被選上，他們缺乏經驗，而且更重要的是，他們從沒機會痛宰比較弱的對手。

信不信由你，體壇巨擘摩西的生涯，得歸功於小時候個頭很小的事實。他的生日靠近同年級尾巴，他還記得美式足球教練沿著隊伍挑選隊員時，老是對他視若無睹——儘管他從來不怕去擒抱比較壯碩的小孩。籃球的情況也一樣，儘管他跑遍城裡各地打球，而且在雙人鬥牛賽中奪冠，贏了比他們高出許多的對手。

「我的發育很晚，」摩西說，「當你十二或十四歲的時候，那造成了天壤之別。大家都知道我跟體型較大的孩子一樣強悍，只是塊頭不夠。所以就算我用力衝撞，你也不痛不癢，但是其他傢伙傷得了我。我經常受傷，但我從不放棄。我從不把自己看做受害者，也從不替自己感到難過。

「跑步的時候，塊頭其實無關緊要。那就是我選擇留在田徑場上的原因。你可以決定自己的命運。當我頭一兩次擊敗比我高大的傢伙，我開始樂在其中。一切都是我應得的。我每天鍛鍊，跑得比其他孩子願意練習的還多。我就是這樣學會進行越來越重的間歇式訓練。這一路上，我看見其他人發生的事。我看見原本比我更強的小孩不喜歡跑步，而我卻堅持跑完每天的訓練。不到幾個月時間，我打敗了他們。在我心裡，你一旦被我打敗就很難有翻身機會。我會持續進步。只要我開始打敗某一個人，就絕不會讓他們有重新打敗我的機會。」

這話要是從別人口中說出，恐怕很難讓人認真看待。那可能是拳擊手為了炒作比賽而虛張聲勢的大話。但摩西顯然言出必行，自此展開所向披靡的連勝之路。儘管如此，他堅稱一場勝利的饗宴，原料來自接連吞下許多敗仗。

「一開始我總是輸，」摩西接著說，「我得拚命往上爬。高中生涯就像雲霄飛車：不斷上上下下、高低起伏。一旦開始贏，你就得面對更強的競爭。幸好我的軌道曲線持續上揚：我一次又一次輸給更厲害的對手。然後我開始擊倒他們。勝過這些人之後，我的殺手本能才真正被觸發。

「田徑場上沒有人沒輸過許多比賽，那是晉升世界級運動員的必經之路。就連尤塞恩．波特這樣的天才剛登上世界舞台時，也花了一點時間才進入狀況。輸是比賽的一部分，你得學會別往心裡去。儘管我後來很久、很久沒輸過，但害怕失敗是鞭策我的元素之一。那就是我連戰皆捷的原因。」

摩西也不讓自己迷戀勝利的喜悅。作為一路拿獎學金讀書的高材生，運動向來只是一項「消遣」。就算到了後來，他戰無不勝的動力並非結果，而是對進步的無止境追求。

「我從來不敢妄想摘下奧運金牌，」摩西強調，「心裡惦記獎盃的人，大概走不了太遠。許多人很早放棄運動，因為他們沒辦法繼續贏得比賽，產生了挫折。我不會一早醒來心裡想著：『我是個惡棍，我跑四十七秒整，我可以打敗任何人。』你只是著手進行需要完成的事。那是一種生活型態——而且多半跟贏得勝利無關。你起床，想著落日之前的時光有多難熬，想著你要如何撐過去。人們說：『你讓事情看來輕而易舉。』但他們忘了為求勝利，你必須付出更多心力、更勤奮練跑；他們忘了你是疼得最厲害的那個人。人們想的恰好相反，不過若要成功，首先得吃最多苦，全身疼痛……」

＊　＊　＊

「熱情」（passion）這個字源於拉丁文，意思是「痛苦」，實在非常貼切。不只身體上的疼痛，還包括突破極限所需的犧牲與投入。即便摩西終於開始獲勝，他也不是光露臉就能輕輕鬆鬆衝過終點線，抱著勝利回家。這名美國選手每年出賽時間總共十五分鐘，但關鍵是幕後那些漫長的艱苦訓練，成就了他令人嘆為觀止的紀錄。最重要的是，嚴苛的生活型態讓他具備別人永遠無法企及的堅定信念。

「在訓練階段，我總會回到原點、從頭開始，」摩西說，「很多人不喜歡受訓，我卻不以為意。當我達到頂峰，我說：『現在，我再也不會被打敗了。』我比其他人強很多，所以我不應該輸。為了確保這一點，我日復一日全力以赴。我練習十年，每一天都知道自己練得比別人更辛苦。我說服自己相信，我的訓練計劃是最周全的。我投入較多時間、跑較長距離，直到我更累、更盡力也更有彈性。沒有什麼能讓我相信我不是最優越的運動員。句點。

我以前常說你得早起晚睡；我每天都是如此。我花一整天時間做準備，那就是勝負的關鍵。「連勝紀錄持續攀升之際，我仍維持一模一樣的態度和訓練模式。除了某些惡劣情況，我覺得自己已無人能敵。所有競爭對手的目標都是把我擊垮，完成目標的人將一戰成名。說得沒錯。但是當丹尼・哈里斯（Danny Harris）終於贏了一次，他之後很難再跟我同台競技。哈里斯每次踏上田徑場，心知我可能會刷新世界紀錄，於是開始胡思亂想：『他今天會破紀錄嗎？』他永遠無法專注於比賽；他想著即將降臨的懲罰，知道我絕不會讓他再贏一次。事實上，這種情況的確未再發生。」

摩西留下鉅細靡遺的訓練筆記，生涯中總共跑了兩萬六千英里——比繞地球一周還長。馬拉松跑者的總里程數有可能超越他，但摩西跑過的路程，沒有一段是慢跑，全是高強度狂奔。跟這樣一位大神爭奪同一座獎盃，其餘選手必定在心裡打了退堂鼓。摩西原本可能成為唯一一位連續四屆奧運會奪金的徑賽運動員，但命運讓他無端蒙受損失。一九七六年摘下冠軍之後，由於美國抵制一九八〇年莫斯科奧運，他被剝奪了奪金的機會。摩西無法觀賞比賽，因為美國沒有電視轉播，但他根本不把它當成正式比賽，因為他閉著眼睛都能跑贏冠軍的秒數。

八年後的一九八八年漢城奧運，摩西認為自己狀態絕佳，有可能打破自己的世界紀錄。但勝利涉及在奧運選手村這種獨特環境保持健康；選手村是沿著一艘郵輪排列的跨國籍聚集地，正是疾病的溫床——摩西發現時已太遲，他在比賽三天前食物中毒。時程上的安排迫使他在下午五點跑完準決賽，然後參加隔天下午一點舉行的決賽。做完藥物檢驗，並到當地醫院找冰開水後，他直到凌晨才回到房間——時間不足以讓高度精密的新陳代謝機制恢復正常。最終，他在生涯的最後一場比賽，飲恨吞下他的第一面銅牌。

「我得八點起床，蓄勢待發，」他嘆氣道，「可是早上一下了床，我說：『天啊……』我的雙腿使不上勁，我一醒來就知道了。我還得再睡六小時，可是我必須起床出門了。我想：『噢，不妙，今天不是跑奧運決賽的好日子。』我仍然跑出四十七點三秒的成績，但我本來是計畫跑出四十六點五秒的；我原本狀態極佳。那是比賽生涯最糟的一天；情況就是那樣，諸事不順。」

相較之下，摩西在一九八四年洛杉磯奧運前夕身強體壯，不過他堅決認為：「名聲無足輕重。你或許連贏了一百二十二場，但有可能在決賽之夜輸掉第一百二十三場；那就是奧運。前一天晚上上床之前，我確保自己做足了一切準備。但即便我把所有事情在腦子裡過了一遍，還是深信自己漏掉了什麼。光因為參加奧運，不代表你做了百分之百的準備，或者擁有百分之百的心理素質。」

一幅不朽的經典畫面：決賽開始前，摩西躺在起跑器旁，其餘對手則琢磨著爭奪銀牌；那是他們的野心極限。然而我發現，這名從容不迫的美國選手，似乎被賽程中腦子閃過的意念嚇了一跳，我問他是否體驗到冼拿式的超現實感受。

「在洛杉磯奧運決賽中，我得到類似的體驗，」摩西透露，「現場有將近十萬名觀眾，非常、非常吵鬧。我從未聽過那樣的尖叫聲。由於有美國選手在主場出賽，當槍聲一響，現場陷入一片瘋狂。但躍過第三個欄架之後，剎那間萬籟俱寂。在鼎沸的觀眾叫嚷中，我聽得到身後那些傢伙踏在跑道上的腳步聲。種種喧鬧消失無蹤，我只聽得到那些傢伙跨越欄架；我聽得到他們的步伐模式和其餘種種。我聽得到他們每一次起跨和著地的聲音。

「然後到了第八欄左右，我說：『沒必要再擔心後面那些傢伙了。』你凝望前方三座欄架，專心確保自己過欄時不會絆到腳。最後一欄我跳得非常高。我不打算冒險，也沒做我習慣在比賽中做的事。我要確保自己越過欄架。我騰空躍起，然後著陸。對手甚至因此縮短了半公尺的差距，但那時已經太遲了。著地之後，我覺得沒有什麼能阻擋我，除非有人突然衝上跑道。當我跨越終點線，我先鬆了一口氣，然後才覺得欣喜若狂。那就是我的經驗。我從未發生類似的事情，但那天發生了。」

* * *

另一位奧運四百公尺跨欄兩屆金牌得主菲利克斯・桑切斯（Félix Sánchez）追憶類似的感受：「感覺很奇妙：每次走進運動場，腦袋總嗡嗡作響。你踏上起跑器：『各就各位，預備……』然後一片死寂。當槍聲乍響，我再也聽不見觀眾的聲音。我知道他們在歡呼，但最後二十公尺之前，我什麼都聽不到。很古怪。如果沒有欄架，事情也許有所不同。跟純粹的跑步項目不同，你得應付十道障礙。只要撞上一座欄架，情況就急轉直下。所以你得專注於欄架，聚精會神做你的事。外頭靜謐無聲……直到抵達終點才會聽到觀眾雷動的歡聲，並且但願自己是衝破終點線彩帶的那一人。」

桑切斯是多明尼加共和國有史以來最偉大的運動員，他的生涯開端，是為了樂趣而衝破終點線彩帶：他在二〇〇四年雅典奧運奪金之前，四年來累積了四十三場連勝，一度有機會超越偉大的摩西，然而這時，人類殺手展開了反撲。一星期內，腿筋拉傷讓他在比賽中遭遇挫敗，並且引發大腿、小腿、腳跟和腳掌接連受傷，導致他蟄伏多年。二〇〇八年，桑切斯硬拖著自己前往北京捍衛金牌，豈料摯愛的祖母莉莉安在他初賽當天早晨離開人世。他無緣晉級。

「在我們這個運動項目，你很難東山再起，」他承認，「你要嘛以冠軍身分光榮退役，要嘛逗留太久，最後因傷或甚至沒擠進決賽而黯然離開。我擁有比任何四百公尺跨欄運動員更長的生涯——十五個季節對我造成了損傷——但我仍堅信我能重返巔峰。每個表現不佳的賽季都事出有因：我若非受了傷就是體能不好，所以總有回到頂尖狀態的一絲希望，否則我老早就退役了。儘管我熱愛比賽，但是過程很辛苦，因為對於長期稱霸體壇的運動員來說，那麼長時間沒贏得勝利真讓人沮喪。但我很高興沒有放棄……」

當桑切斯站在二〇一二年奧運決賽起跑線上——再一個月就滿三十五歲，且歷經另一個苦難的四年之後——沒有人寄予他希望。對手陣容包括本屆世錦賽冠軍戴．格林（Dai Greene）、衛冕的奧運冠軍安傑洛．泰勒（Angelo Taylor），以及一整季所向無敵的冠軍熱門哈維爾．卡爾森（Javier Culson）。但桑切斯有他的後盾：「abuela」（也就是「祖母」）這個字寫在他的鞋上、一張照片別在他的背號後頭。他誓言為她再度奪冠，並且在「祖母一路引領我衝向終點線」的信念下跑完全程。

槍響之後維持了四十七點六三秒的祥和寧靜，菲利克斯．桑切斯摘下他的第二枚金牌——怪的是跟他八年前第一次奪冠、以及摩西在一九七六年蒙特婁奧運奪冠並創下世界紀錄時一模一樣的秒數。他在領獎台上淚如泉湧，成了奧運史上最令人難忘且動容的影像。

「衝線時感覺很棒，因為我知道比賽之前我的狀況不好，」他笑著說，「有那麼多強勁的奪牌熱門選手，沒有人注意我這個『老頭』。我不會說我很幸運，因為我不相信運氣——事出必有因——但我準備好拚盡全力，而那已足夠贏得勝利。然後情緒就這麼釋放出來。我也沒料到，但是當下百感交集。我站在領獎台上，當他們宣布銀牌得主，我瞬間痛哭失聲。

「我幾乎把二〇〇四年的第一枚金牌視為理所當然，因為勝利手到擒來。不管對手是誰，我知道我一定會贏。當你有機會稱霸，人們預料你會贏，但等著看你輸。不過當人們不再相信你，而你卻戰勝逆境、證明他們錯了，那樣的喜悅甚至更為強大。以三十四歲之齡傾其一切，試圖從傷後復原並維持健康，我得接受更為艱苦的訓練。所以二〇一二年的勝利給我帶來很大的滿足。」

筋骨或許較難乖乖配合行動，但比起年輕的競爭對手，這個「老頭」擁有一項重大優勢：他的腦子裡存著十四年來辛苦累積的知識與見解。

「參加奧運這項事實，讓許多運動員嚇得心慌意亂。他們深受外界影響，無法專心衝向終點線，」他補充說，「多年來，你學會全神貫注，不去擔心其他運動員。賽前在預備室裡，緊張和期許讓每個人嚴陣以待。但那只是一場比賽——我就是這樣看待的。我設法享受樂趣，因為能在眾人面前投入高水準的競賽，是很大的福氣。人人都想贏，但只能有一個贏家，所以你得想辦法進入化境，讓自己從容不迫。我的辦法就是享受當下、放鬆情緒、開懷大笑、不要太緊張或給自己壓力。然後到了場上，我喜歡靠現場氣氛振奮精神，好讓我拿出多年集訓下來擁有的本事。」

化境似乎是個矛盾的概念：在最不寧靜的環境中，進入全然放鬆的狀態。要在緊要關頭達到內在平靜，心靈需要知道多年的努力是它最可靠的後盾。你得到的報償是一股強烈的美妙感受。桑切斯如今已加入越來越龐大的化境老兵，樂於跟其他人分享心得。

「我想告訴孩子的第一件事，就是當你贏得比賽，盡情享受那份感覺，」他說，「其次：如果你有目標，就放手一搏。別讓任何人打消你的念頭。說你辦不到的那些人，有九成是因為他們自己辦不到。如果你真心相信自己的夢想，就奮勇向前，不達巔峰絕不停止。如果連試都不試，你永遠不會知道自己究竟能不能辦到。所以盡力去做吧。在那八年裡，我的道路上荊棘叢生。那是堅強意志、決心以及永不放棄的見證。我從來不是最高大、最強壯或最快速的那一個，但我確實具備的，是一顆絕不遜於任何人的遠大的心。而且我從不放棄。

「韌性和求勝意志就是關鍵所在。我們都希望快速見效。然而生活中有些事情能立竿見影，有些事情得慢火細熬。你得接受過程，並且從一開始就知道自己會面對什麼。生活中任何一件事，不論你最後成功與否，只要投入越多、知道自己已付出並犧牲一切，就越能體會其中的趣味。如果你想登峰造極，必須準備好專心致志，犧牲掉朋友們認為好玩的事，例如開派對和吃速食。如果你真心想成為勝者，你必須百分之百投入，並且結交一群支持你的正向人士，即便遇到難關也是如此。然後持續向前。」

* * *

世界級的個人體育競賽並非一場單打獨鬥。賽巴斯蒂安・科伊（Sebastian Coe）深深體會後援團隊的力量；他是一九八〇年及一九八四年兩屆奧運一千五百公尺金牌得主，後來擔任倫敦奧運籌委會主席。這名英國選手的兩枚金牌讓他備受推崇，但他堅稱兩次都不是靠他一己之力獲得的。

「當你衝破奧運終線，席捲而來的感受是如釋重負，知道自己沒讓人失望，」科伊強調，「運動員生涯中，你或許將大半青春歲月投注於你的運動項目，但那不是單人的使命。你有教練、勵志老師，還有在你背後默默犧牲的家人。你有俱樂部，以及陪你一路走來卻始終沒接受過採訪或拍照的志工；他們是幕後的無名英雄。所以在那一刻，你最不掛念的人就是自己。籌辦倫敦奧運會時，我也有這樣的感受。我跟幾位才華洋溢和熱情的人共事：我或許從來不曾跟如此高度專注的人一起工作。所以第一個本能反應是鬆了一口氣，知道自己沒有讓籌委會的數千名伙伴、在倫敦各地工作的數萬民眾，以及英國和全世界數百萬人失望。之後，你才允許另外一兩股感受湧上心頭。」

科伊承認他從未使用「進入化境」這種表達方法，但那或許因為他是埃德溫．摩西這類從未離開化境的菁英份子之一：「重點是為當下做好全副準備，」他告訴我，「假如你完成一切訓練，而你的生活中沒有什麼能讓你分心，你自然而然進入化境。如果你以為能在賽場上隨意打開或關閉化境，那你就錯了。你也可以說我在化境裡活了三十年；你時時刻刻處於那種狀態。你想辦法讓自己每一天比前一天更好、每個小時比上一個小時更好，高度專注在自己的工作，以至於往往對周圍的事渾然不覺——遺憾的是，有時候甚至忽略了我的對手……」

我問科伊，實現夢想的人跟其他人有什麼不同，他舉出兩項特質：「他們往往充滿好奇。我的整個運動生涯建立在無可滿足的好奇心上，我渴望知道下一個轉角會發生什麼事情，想更深入了解自己和明年的比賽。我從來不光為了贏得獎牌或打破世界紀錄而戰；我的目標是知道得更多。另外還有熱情。人們常說要發掘人才，但更重要的是發掘熱情。我認識一些人具有極高天賦，但偶爾缺乏熱情。偉大的運動員具備無可滿足的好奇心，並且對自己所做的事充滿熱情。」

* * *

說到熱情與好奇，「人類殺手」項目的偉大運動員堪稱典範。英國四百公尺跨欄選手大衛．赫默里（David Hemery）學生時期每天做五百下仰臥起坐，並且計算從宿舍到教室所走的每一步。一九六八年奧運前，他前往美國波士頓受訓；當地嚴冬的惡劣氣候舉世聞名。當跑道被大雪覆蓋，教練比利．史密斯（Billy Smith）派他拿起鏟子，清出他所謂「通往墨西哥市的道路」。赫默里付出額外心力，因為「最艱困的路有時就是最好的路」。凡此種種造就了一九七〇年在牛津的一次超現實經驗；當時，他正在練習較短距離的一百一十公尺跨欄。

「我把欄架放在跳遠的助跑道上，因為徑賽場地並非全天候跑道，」赫默里回想，「我大約以每秒十碼的速度移動，每隔一點一秒跨過一座高三呎六吋的欄架。然而，儘管速度飛快，身旁一切卻徹底變慢──彷彿我從外面看著自己。過欄的時候，我可以稍微調整手部姿勢，追求更好的平衡與協調。這是很罕見的狀況，時間慢得超乎尋常。能夠在你快速奔跑的時候看見自己、察覺需要調整的地方，真是一次不同凡響的經驗。」

赫默里的心理準備也同樣周全；他在心裡演練了每一條跑道及各種天候和風向。他預先決定初賽和準決賽所需的速度，不管其他選手以如何出人意料的速度起跑，他的配速和步幅都堅持按照原定計畫。當他躺在床上進行意象訓練，畫面細節栩栩如生，以至於他的脈搏和呼吸完全吻合實際跑步時的生理狀態。

果然，儘管赫默里進入墨西哥決賽的成績在八位選手中名列第七，但其他人不知道的是，在他腦中，他已決定以四十八點四秒的成績打破世界紀錄。他算錯了。展現渾然天成的極致運動表現之後，赫默里以四十八點一二秒奪金，幾乎贏了整整一秒──當年，徑賽獎牌在英國還是一種稀有的貴重金屬。

然而直到四年後的衛冕之戰，赫默里才明白心智對賽事有多大的主宰力量。前往慕尼黑的路上，他完全甩不掉腦中的畫面：前面三百公尺以世界紀錄的速度飛馳，最後直線跑道卻耗盡力氣、無以為繼。當時的傳統觀念認為運動員在二十四歲達到巔峰，所以他認為自己既然已到「過了黃金時期」的二十八歲，應該要對最壞情況做好準備。他的腦中充斥著負面影像，他如今認清自己預先規劃了結局。事實上，他的狀態極佳，奪牌呼聲無人能及，但是當他站上跑道，他感覺不到自己平常賽前的精神狀況。為了打起精神，他急切地用指甲戳手心。太遲了。和他事前的畫面一模一樣，他起步衝得太猛，最後力不從心，只拿到銅牌。

「一九六八年是進入化境的典型經驗，」赫默里追述，「我的身心靈合而為一——這話只適用於起跑前的預備階段和比賽當下。聽起來很怪，但如此融合與平衡的感覺非常美妙。然後在一九七二年，我的心智狀態恰恰相反，專門跟我作對。我以為在心裡預演輸掉的情節是很合乎常理的行為。不過與其自問：『沒錯，但你難道不能做得更好？』我卻變得麻木：就算輸了也不會是世界末日。

「肢體上，我甚至比一九六八年更使勁，所以當心智……不是說壓過生理，而是抹煞它的部份力量，真的讓人備受挫折。失去對害怕的恐懼，腎上腺素也就不分泌了——而腎上腺素能幫助我們跑得更快。如果被恐龍追著跑，或者有人拿刀追殺我們，不論你是否受過訓練，腎上腺素都會源源湧出，而你會跑得比平常更快。那是自然而然的反應，但我們可以靠大腦營造許多類似狀況。」

赫默里在一九七二年奧運之前讀了李察・巴哈（Richard Bach）寫的《天地一沙鷗》；這本書當時位居美國暢銷排行榜榜首，故事是關於一隻不甘心每天只將雙翼拿來跟其他同伴爭食的海鷗，相反的，牠決心探索自由飛翔的喜悅，將自己推向極限，尋找可能達到的成就——最終戰勝了自然法則。

「這本書頗值得一讀，因為它真的能拉高我們為自己設下的極限，」赫默里強調，「極限確實存在：我發現在四百公尺跨欄中，你不能從頭到尾全力衝刺。一九七二年那場比賽，我沒有一絲懈怠、拚命衝刺，大概在第八欄的時候開始付出代價。但我們有力量影響自己的幾乎整個未來；靠著集中心智，我們得到自己期望的結果，就像自我應驗的預言。

「我的確相信心智是關鍵，是上天賜予我們的禮物。不論你表現好壞，人們說：『欸，都是運氣。』但某種程度上，我們左右了自己的運氣。如果我們在心裡預想自己全力一搏，並且做好準備，我們更可能充分發揮實力。這並不表示活在幻想世界裡，只是意味著：『在這種條件下，我能達到怎樣的最佳成績？』如果你抱著最壞打算，就增加了出現最壞結果的可能。如果我們老想著負面情況或疾病，結局恐怕就跟你想的一模一樣。古羅馬詩人維吉爾（Virgil）說過：『只要相信自己辦得到，就一定辦得到。』這是至理名言。我們會證明自己說的話。如果你認為你辦不到，那麼你也會證明你自己說的話。」

這句箴言——後來經亨利・福特採用而名聞遐邇——出自維吉爾的《埃涅阿斯紀》（Aeneid）。我們不得不問，為什麼這句古老格言，至今還未普遍傳授給兒童？赫默里創立了「二十一世紀傳承」（21st Century Legacy）慈善團體，企圖將這項知識傳播給更廣大、更年輕的聽眾。他對使命充滿熱情，十多年來寫過好幾本相關書籍。

「頂尖企業如今明白，要激發員工最大潛能，你必須輔導他們；企業認清了受員工認可的目標能產生多大的力量，」赫默里說，「我希望這項理念最後也能開放給整個教育界。你不會花時間練習不感興趣的事，所以我們必須讓孩子找出他們的熱情，然後詢問：『如果著手做這件事，第一步驟是什麼？』他們可以有任何選擇：健康、健身、人際關係、價值觀、企業或體育。如果我們努力投入自己熱愛的事，就有可能出類拔萃。

「我們的意圖是挑戰年輕人追求夢想。不論他們具有某方面障礙或是天才，孩子們經常被迫接受別人給予的目標：如果你很聰明，你應該當醫生或律師、通過考試、進入大學，諸如此類。如果你鼓勵孩子選擇自己的目標，他們會有參與感，因為你加入了他們的計畫，而不是強迫他們遵照大人的計畫。我試著將這個觀念帶入教育界，幫助孩子們認清假如他們主宰自己的目標——不見得以天空為極限，但你確實可以『成為最優秀的你』。」

* * *

沒有幾個領域像運動這樣成敗分明，但四年才有一次機會施展身手的奧運選手，從中得到了補償。只要在重要關頭表現到位，說不定可以一輩子名利雙收。其他領域恐怕需要更長久的奮鬥。那就是純粹為了熱情而努力，永遠勝過任何外在報酬的原因。

一九七六年，正當納迪婭．柯曼妮奇以完美的二十秒一舉成名，一位年紀更輕的少年——才十三歲——贏得了世界風帆衝浪冠軍。羅比．納許（Robby Naish）十多年後依舊獲獎無數，直到一九九〇年代才轉戰風箏衝浪，同樣稱霸一方。在那些跟大風大浪搏鬥的人心目中，納許是個傳奇。然而，他從事的運動項目極其「小眾」，或許就連運動迷都沒聽過他的大名。幸好納許在乎的不是榮耀。想要一次又一次攀登高峰，維持動力的關鍵非常符合人性。唯有當地球上沒有別的事情是你更想做的，你才能穩居一個領域的巔峰。

「許多運動員以目標為導向：一旦實現目標，隨時可以轉向生命的下一個階段，」納許告訴我，「我從不以目標為導向；我愛的始終是其中的經驗。我從不試著達成什麼。我並不想一朝登上世界冠軍寶座，然後轉行當廚師或打高爾夫。我明白這是我最想做的事，遠勝過其餘一切，而且能做多久就做多久。重點在於過程，並且享受隨之而來的一切。

「我很幸運，我的運動項目讓我置身於相當美好的環境——但並非總是如此。我們的活動也可能在北海這類苦寒地帶舉辦。但你得隨遇而安，享受活動本身帶來的樂趣。這一點，我比其他運動員做得更好。他們會苦哈哈站在海灘上，而我只想著：『放馬過來！』我樂在其中。我一直非常感激竟然有人付錢請我做這件事，讓我得以維持生計。多年以來，這樣的體悟幫助我持續鞭策自己維持白熱狀態。情勢依舊沒變：人們仍然付錢請我衝浪。我已經不再參加比賽，但在我眼中，我還是一名職業運動員。我明白能夠一輩子當個運動員，真的十分幸運。」

把納許描繪成一個無憂無慮、只想玩樂的人之前，我們必須知道他之所以能夠維持巔峰，背後有幾項熟悉因素。和柯曼妮奇一樣，他也是從小開始練習（只不過是在陽光明媚的夏威夷海浪上，不是在簡樸嚴肅的羅馬尼亞體育館裡），長大後全心投入。

「在我們這一行，還沒抵達海灘就得開始賽前準備，」納許說，「你有許多裝備，所以必須收拾妥當、開車前往海灘、準備上場。我在整個生涯當中，向來早睡早起。我想比其他人先到海灘，這樣他們一抵達就會看到我，心裡想著：『糟了，他已經到了。』這種種因素幫助我明白，我已經在心理、生理和裝備等層面做好準備——而且做得比其他人都好。

「我很幸運，我的個性就是那樣。我痛恨輸的感覺，所以我會盡一切可能讓自己立於不敗之地。勝利的快感倒沒那麼重要，我只是不遺餘力避免落敗。比賽就是我的一切，身心靈百分之百專注。那份快樂感受，值得犧牲生活的其餘一切。不論是跟朋友聚會或別的事情，為了替比賽做好充分準備，所有事情都可以犧牲。」

聽起來，納許絕不是你心裡那種吊兒郎當的衝浪小子典型。事實上，他最新的後繼之人——同樣奪下數屆世界冠軍的德國選手菲利浦·柯斯特（Philip Köster），也抱著同樣一絲不苟的態度，得到同樣耀眼的成果：「我永遠第一個抵達海灘，也是第一個入水的人。我熱愛這項運動，一到海上就精神奕奕。不過我高度專注，而當我進入白熱狀態，所有事情便水到渠成。我掌握了節奏、揮灑自如，樂在其中。生活中沒有任何事情可以跟身處化境的感受相提並論……那是完美的一刻。」

這麼一來，摸黑早起、放棄生活享受等等額外付出都有了道理：化境如此特別，值得犧牲一切。另外，如果你發現自己面對身處化境之人，你最好趕快開始乞求僥倖。納許雖然會挫對手的銳氣，但那並非他在賽前如此兢兢業業準備的主因。最關鍵的效果是，兩者結合可以幫助他進入正確的比賽心態，讓他成為自由進出化境的菁英之一。

「不同運動員有不同方法進入化境：引領他們進入狀態的各種小儀式，」納許說，「我從沒弄明白自己的方法，因為我不需要靠數烏鴉來集中精神；化境自然會來。不過我向來非常緊張，所有事情往心裡去，嚴重到我明白只要一緊張，就代表我迫切想贏。如果從容自在，比你更想贏的人就會打敗你。要是無精打采，就到了轉行的時候。

「所以我從來不需多加思索——除非我不在狀態內，那時我就會明白身處化境之外的感覺。幸好這種情況不常發生：在我的整個生涯，我有百分之九十九的時間處於化境。但狀態不好的時候十分明顯。當怎麼做都不對勁，你會知道自己沒進入狀況。你永遠搞不清楚怎麼一回事。你偶爾能把自己彈回正確狀態，但是如果不行，那天做什麼都不對。

「運動員要進入化境，有一部份需要有能力放下所有精神包袱。不論早上、昨天或上星期發生了什麼事，或者是一直困擾著你的那個運動傷害，你必須徹底把它們拋到腦後。你得摒除一切雜念，全神貫注於那一秒鐘——或八分鐘，或半個小時，視比賽時間而定。在那一刻，全世界其餘一切都煙消雲散。」

* * *

美國心理學家馬斯洛（Abraham Maslow）窮其一生探索人類的動力來源。他最著名的研究是「需求層次」——一個簡單的金字塔圖，將我們的每一個需求和渴望分門別類，並依重要性排列。最底層是生存的原始條件，包括食物、水、睡眠和性——適用於地球上所有動物。下一個層次是「安全」：健康、工作、遮風避雨的地方和一般資源。然後是「愛與歸屬」，例如家人與朋友。唯有當這些基本需求獲得滿足，我們才能開始開發讓人類區分出高下的領域，尤其是「自尊」以及成就感和尊重別人並受人尊重。再往上提升，我們可以探索環境美學、激發自己的智力，滿足我們對和諧、秩序與美感的需求。

金字塔頂端保留給「自我實現」；我們拋開所有偏見，找到道德、創意與自發性，外加解決問題的能力。人類在這個層次發揮最大潛能、追逐夢想；生活變得有趣而誠實、自我而圓融、光榮而不費力、豐富卻簡單。我們最可能從金字塔頂端找到「巔峰經驗」，得到愛、幸福、頓悟的深刻體會，感覺自己生機盎然、和宇宙萬物相契合。這是無可比擬的美妙經驗——化境。

有鑑於我們必須先在其他層次打下穩固基礎，難怪化境如此難以企及、稍縱即逝。全世界絕大多數人口仍陷於每天為生存基本條件掙扎的困境。在這種條件下仍有可能達到巔峰，不過是在動物性的層次。

馬斯洛堅決主張人生不該如此；頂層應是常態而不是例外：重點不在於擁有「額外」事物，而在於不該受到任何剝奪。他認為我們的最終目標是獲得個人成長，而這個過程就是通往真正幸福的途徑。然而要達到更高的巔峰，他知道首先必須具備某些條件，例如追求新知和表達意見的自由。這就將獨裁政治和其他較微妙的鎮壓模式排除在外。馬斯洛明白，就算是擁有一切先決條件並且滿足了金字塔較低層次的幸運兒，都不見得會去追求自我的最大實現。

二十世紀中葉以前，心理學深受精神分析學派創始人佛洛伊德的影響；這門學問研究「受損」的心靈，力求幫助他們恢復「正常」。馬斯洛提出「正向心理學」這個名詞，開拓了一個全然不同的新範疇：幫助「正常」心靈，看看人類能達到怎樣的高度。

馬斯洛在一九七〇年過世之後，米哈里．齊克森特米海伊成了正向心理學的新一代掌門人。這名匈牙利學者童年經歷了二戰的結束，之後便展開畢生的學術生涯——透過二戰，他有充分證據顯示成人的生命錯得離譜。熱情的任何展現，幾乎全侷限於這個字的原始意義：痛苦。

「大多數兒童以否認應付戰禍，他們活在假裝一切安好的虛妄世界，等待戰爭結束，」

他告訴我，「我也不例外，只不過我還試著學習跟現況完全無關的活動，讓我覺得擁有掌控。當炸彈轟炸布達佩斯、人們在街頭垂死之際，我在學西洋棋。在棋盤上，我走我的棋，感覺自己掌握大局。我或許會輸給更強的對手，但一切有理可循：雙方遵守遊戲規則，輸贏都是我應得的。對手不會因為輸棋就對我的棋子丟石頭或翻桌子。所以這是一個有理可循的世界，不像外頭那個淪入無謂暴力的『真實世界』。

「我也從健行、走入大自然而得到幫助，直到戰爭最後幾年無法繼續這麼做。有些人學習語言，或者鑽研哲學或宗教。投入你能掌控的活動，那是一種逃脫；並非遁入無意義的消費行為，而是進入有理可循的世界。你可以學習這些活動，不會因為失敗而遭受身體上的痛苦。」

齊克森特米海伊認為這類策略——奪回內心世界的真正掌控——可以賦予我們面對逆境的能力，甚至承受外在世界強加諸我們身上的最大苦難。「索忍尼辛（Aleksandr Solzhenitsyn）的《癌症病房》描述人們如何在惡劣的醫院環境中求生；情況很類似，」齊克森特米海伊補充說，「你靠著找到一項讓你忘記外在現實的活動撐過去。這並不容易，但能奏效。甚至連你可能死於癌症的現實都會被擱在一旁，起碼暫時如此。另一個選擇是自怨自艾，或者服用藥物讓自己麻木。

「根據維克多．法蘭可（Victor Frankl）對納粹滅絕營的描述，就連在那裡，都可能透過對別人施以關心和援手，雕塑出屬於自己的一小方現實。你記得外頭的生活，想著或許有朝一日能回歸正常。只要你積極地做，就能幫助你克服現實生活在你周遭發生的許多事。關鍵是要明白，很大程度上，你掌控著自己的心靈。」

戰後，齊克森特米海伊受到卡爾・榮格（Carl Jung）的演講啟發，搭船到美國攻讀心理學。他影響深遠的心流理論詳細描述當我們全心融入一項活動，不論工作或玩樂，我們能感受到最大的生命力。在心流狀態中，我們不受外在目標驅策，相反地，一切力量源於內心：也就是他所謂的「內在動機」（intrinsic motivation）；這時，我們全然活在當下，入神地沉浸在手上的工作，渾然忘卻其餘一切。我們喪失時間意識，連帶遺忘了現實生活的憂慮，例如飢餓、自尊和金錢——允許真實的自我和過程中所需的一切技能源源不絕湧出。齊克森特米海伊一開始是從運動——少年時期的攀岩經驗——發現這種感受，後來也從繪畫和撰寫短篇小說得到心流經驗，透過數十年的科學研究，他致力於協助每個人實現夢想、進入流暢表現的狀態。

「當然，你需要維持生計，」齊克森特米海伊說，「如果得不到溫飽，填飽肚子比你的音樂素養或西洋棋棋力更為重要。但假設你的生活不成問題，或者你擁有一份工作，那麼生活的附加價值便源於你自選的挑戰。那能讓你認清自己是誰、有什麼本事，而且似乎比外在或物質上的成功更有助於活出精彩的一生。

「從前，攀岩、繪畫和寫作幾乎佔據了我的所有時間；如今我的心流經驗多半來自我的工作和家庭。幸運的是，內人和我結縭半個世紀，仍舊享受彼此陪伴，並且盡可能花時間和兒孫相處。夏天，我們會到某一座山莊度假，一起踏青、煮菜、談天、聽音樂和製作音樂。我依然喜歡寫作，以及跟一群優秀學生做研究。其中一大部分是準備工作，不過等到資料開始湧進，你逐漸摸索出如何詮釋結果，會變得非常有趣。所以說，心流有許多來源，但我並非為了追求心流而選擇這些活動。我最初是因為不得已才開始烹飪——當時我自己一個人住，也沒有錢出去吃飯。只要你全力以赴，任何事情都可以帶來喜悅滿足，而變成一項心流活動。」

好消息是，我們每個人都可以從盥洗到彈鋼琴等任何活動進入心流狀態。一旦培養出特定領域的熱情，我們只需要維持心流狀態、純粹陶醉於過程中，就無異於達成了「實現」階段。這樣通常就已足夠。但假如我們後來出現把事情做好的衝動，我們可以更進一步突破極限。不論做什麼事，當我們試圖提高品質，便在過程中增強了技能，結果必然出現進步。最後，我們開始在更高的層次進入流暢表現的狀態，而這個層次的心流通常有另一個名稱：沒錯，「化境」。

結論

「人類擁有如此龐大的未開發潛力，實在不可思議，真讓人難以相信。這是我從自己的旅途得到的感受和體悟。我始於一個卑微的起點，但我的故事所要傳達的，就是偉大事物往往從小地方開始。我們每個人都擁有魔力，不論我們處於怎樣的環境、面對怎樣的掙扎、抱持怎樣的懷疑。發現這份魔力，然後走出去設法實現，這一切需要勇氣。我想，那就是愛自己並且給自己一次機會的力量。」

在我研究人類挑戰極限的這幾年當中，有幸認識全世界最偉大的許多位運動明星。但他們的話仍不時讓我目眩神迷。這一次是澳洲國寶，凱西・弗里曼；她剛剛以短短一兩百字總結了這整本書的大意。

卓越表現的神奇魅力，在於永遠從小處開始：一個夢想。頂尖運動好手透過培育、雕琢和呵護夢想，讓我們看見人類心智的一切未開發力量。當我們相信自己懷想的目標，化境能帶領每一個人實現任何事情，不只是運動而已。

這句話並非只是陳腔濫調：不論任何領域，化境是一個人發揮絕對實力所需的心理狀態。這是「天才」的大本營：藝術家在這裡達到最大的創造力、音樂家在這裡演奏出最美妙的音樂、科學家在這裡找到突破性發現。而且不局限於巨星。不論你是教師、廚師、護士或太空人，假如你要參加考試或在酒吧講笑話，進入化境保證能讓你達到最佳表現。你或許甚至記不得一切如何進行，或為什麼如此得心應手。簡單地說，一切恍如夢境。

有一個要點在我個人追蹤化境的過程中逐漸明朗：每個人狀況不同，沒有單一而絕對的經驗。即便當中有共通的主題，感受的本質也因人而異。事實上，我探索得越深，就越難以一句話概括說明。那是最棒的部分：生命的豐富，足以容納數不盡的不同活法——而深入鑽研任何一項重大主題的報償，就是領悟人們對事物本質的理解多麼渺小。話雖如此，化境確實自始至終顯示我們低估了自己真正的實力。

不論是在公園或是在世界盃決賽踢球，人們可以在任何層次進入化境。那是一種充滿喜悅的狀態，內心一切雜音消失無蹤，我們完完全全跟著感覺走。我們以為意識思維是驅策的動力，但是當我們縱容潛意識自由發揮，才是真正散發光芒的時候。潛意識往往帶領我們發揮最大潛力，超越意識層面所能想像的地步。極限的提升，跟我們累積的練習時數以及場合的強度成正比。當化境結合了超強實力以及爆滿的熱切觀眾，就會引爆出激情的表現。這本書舉了許多例子，但好消息是，只要我們願意不辭勞苦實現夢想，每個人都有足夠的火花媲美書中贏家的成就。

＊　＊　＊

「大成就者、贏家、發明家、音樂家和畫家全都是大夢想家，」心靈教練唐．麥克弗森說，「令人振奮的是，每個人都有意象訓練的能力。我們可以用來應付日常生活的挑戰，例如學校考試或駕駛測驗。假如你得當伴郎上台致詞，首先運用各種感官——視覺、聽覺、嗅覺和觸覺——盡可能鉅細靡遺地想像你的觀眾。你看見自己從容自信地致詞，聽見觀眾哄堂大笑、掌聲如雷，然後走上前來向你道賀。

「在腦中上演這些情節，可以為自己注入許多信心，因為潛意識分辨不出真實與想像。所有技術都一樣，練習越多就會越熟練。大腦喜歡有目標，所以不妨給它一個大的目標，例如一次巨大的成功。將目標嵌入潛意識之後，緊接著逐一想像實現目標的每一個步驟，將焦點轉移到過程上。」

孕育夢想永遠是實現的第一步，但真心相信夢想卻不見得容易。於是，接下來的第二步就是堅持到底；這不是身體要打的仗，而是心靈的掙扎。有些夢想需要數年或數十年不為外人所知的堅持與專一，讓人接近崩潰邊緣。就連看似戰無不勝的明星，一開始必定也吃足了挫敗與苦頭。和我們所有人一樣，他們腦中也有一個聲音絮絮叨叨，叫他們放棄。這句「你辦不到」的老調往往得到親友的善意背書，然後在人們最低潮的時候聲音漸強，達到頂點。

當「渺小的我」這個觀念重回腦海，說不定會讓人覺得快慰。它提供誘人的機會，叫我們鬆懈下來，任憑命運給予無情的打擊。要忘記我們每個人都具備廣闊無垠的創造能力再容易不過；就像書中這些勝者，他們也需要跟這項簡單的事實搏鬥——而且從年輕開始。

多次贏得F1世界冠軍的路易斯．漢彌爾頓樹立了典範，他強調：「我告訴孩子們，如果有夢想，千萬別讓任何人打消了念頭——因為我小時候就常常有人說我做不到。老師這些大人會跟我這個十歲小孩說：『你不會成功的。』我無法苟同。現在，每當想到那些時刻，我就會咧嘴微笑——因為我很確定那些老師如今會對著電視機說：『我就說他辦得到。』所以我希望孩子們要對自己有充分的信心。

「成功人士和一般人之間的區別就在於心理動力。看著喬科維奇和梅西，你無法想像他們還能變得更好，但他們仍不斷進步。他們超越尋常人的地方，就在於一心一意追求目標。但他們每一個人身旁都有幾位了不起的人幫忙，不論是團隊或家庭。」

如果你年紀夠大、能夠一直讀到這一頁，你在溫布頓或世界盃奪冠的機會或許早成了泡影。即便如此，我們都是某個還有機會的人的團隊或家人，我們可以幫助他們，不要橫加阻礙。孩子們以空白的潛意識展開生命，然後慢慢塞進他們的所見所聞。澳洲板球員史帝夫．沃瓦強調：「孩子們在正面回饋中滋長，所以要鼓勵他們，讓他們知道自己具有龐大潛力：

『只要不斷練習，你可以達成一切目標。』」

終於有人向我證實了這句格言背後的真理，這人就是將「凡事皆有可能」奉為人生座右銘、並且堪稱全世界最出名的板球運動追求者：尤塞恩．波特。

「父母親是我的榜樣，他們鞭策我追求我想做的事，」波特說，「但我一開始是打板球的。我對田徑一無所知——我根本不在乎，因為我熱愛板球。然後等我開始接觸田徑，我一心只想進軍奧運、奪取一面金牌。突然之間三面金牌入袋，一切就此開始：我想要更多。我努力練習，就算受傷也從未懷疑自己。我經常受傷；這是我意料中的事。但我有很棒的後援團隊，我不斷奮勇向前，很滿意我的生涯表現。

「現在我經常提醒小孩：前方道路艱難，但如果你像我一樣真心渴望成功，就得咬著牙往前走，堅強一點，而且要專心致志。那就是關鍵所在。我跑一百公尺的時候，我可以告訴你從起跑到終點之間的所有事情，因為我全神貫注，高度覺察周圍發生的一切。回想那些時刻的感覺很棒——尤其當你觀看比賽的時候，因為你對自己的意念和狀態瞭若指掌。」

* * *

遺憾的是，即便成人也無法對懷疑免疫，儘管這些破壞力量往往是我們自己加諸自己身上的。如果可以拋開一切束縛與顧慮，不管金錢或其餘種種，大多數人或多或少知道自己真正熱愛的是什麼。當一開始看似異想天開的念頭不斷啃嚙你的心，你就會明白自己的真正所愛。那就是你的夢想。但實際追逐夢想涉及了各式各樣的複雜狀況，我們的內心批評家盡責地逐項列舉，日復一日、夜復一夜地折磨著我們。

最初幾條打著生存的旗幟；我們的內在聲音非常樂意舉出極其嚴重的論點，編織出我們付不出帳單的可怕畫面。接下來比較微妙的第二波攻擊，建立在我們是否真的夠好的問題上，並且說明失敗的代價。第三招則是鼓動想像中的同儕壓力，預先設想親人和朋友的負面反應。有鑑於內在聲音還洋洋灑灑準備了第四條到第九十九條宣言，怪不得我們通常在這場辯論中敗下陣來。

贏家的特徵就在於不理會這些聲音。他們對夢想抱著神聖不可侵犯的信念，並且明白有意義的目標絕非一蹴可幾。因此，過程中必定充滿艱難險阻，但他們知道沒有衝不過的難關。與其無助隨命運擺弄，他們證明了當你掌握自己的道路，能得到怎樣的成果。偉大的人以正向思維支撐信念，一路披荊斬棘大步向前，跨過通往夢想世界的重重障礙。

那就是我們如此衷心頌揚開路先鋒、冠軍選手和其他偉大成就者的原因：他們贏了爭辯，而我們輸了。然後就算歷經不計其數的痛苦挫敗，他們仍在自己選擇的道路上持續戰勝內在聲音，數年或數十年始終如一，視成功所需的時間而定。我向摩托車手荷黑．洛倫佐請教成為贏家的元素，他回答道：「永不放棄。重點是以積極態度面對失敗。就算遭遇失敗，只要抱著正面心態，最後終將獲勝。」

輸掉比賽——正如書中每一位冠軍選手一再遭遇的——跟當個輸家之間，存在著天壤之別。然而負面與正面思維的激烈爭戰，在全世界數十億顆腦袋持續上演。癥結點在於：每個人隨時都能掌控這場辯論，只要編織出更遠大的夢想就好。

「假如留在舒適圈中，你不會有太大收穫，」「無畏」的菲利克斯・鮑加納說，「不論你想做什麼都一樣。人們想：『我以前沒做過，所以我做不來。』但重點不是你以前做過什麼，而是你有多聰明，以及你是否願意額外付出。我這一生認識許多人——阿姆斯壯、拳王阿里、登山家艾德蒙・希拉里爵士（Edmund Hillary）——沒有誰的成就得來不費吹灰之力。當他們提出心中的願景，所有人瞪著他們，彷彿說著：『你哪根筋不對？這是不可能的。你爬不上全世界最高的山、你打不破音速障礙……』但人們應該明白，如果想要成就偉大事業，你必須離開你的舒適地帶。」

如果化境始於舒適圈結束的地方，或許我們每個人都該重新思索哪一種選擇才是真正的豪賭。如果我們追逐夢想，當然得承擔失敗的風險。要是放棄夢想、「打安全牌」，我們就可以安安穩穩留在舒適圈裡。然後有一天，當舒適圈也崩潰瓦解，我們徒留知道自己曾擁有黃金機會、卻連試都沒試一下的遺憾。讓我們對內心批評家提出這個小小的質疑，看它能有什麼說法。

「沒有瘋猴之心就沒有『我』：我們將失去自我，只是單純地存在，」唐・麥克弗森接著說，「我們會脫離現實，活在流動的世界——只有此時此刻，沒有恐懼、擔憂和壓抑。你只是閒蕩著，跟宇宙萬物的大美合而為一。聽起來很棒，但有一個大問題：如果失去瘋猴心，你恐怕有安全之虞。

「你腦海中的這個聲音——你的意識思維——替你過濾了來自四面八方的訊息。接下來該怎麼做？逃跑還是搏鬥？去或留？質疑、憂慮、判斷、計算、預測，瘋猴心負責的是生活中的必要工作。它還掌管邏輯與覺察，幫助你衡量表現好壞、學習如何進步。遺憾的是，它有可能太自以為是，因此老愛插手干預、不知道何時閉嘴，並且在應該放手一搏的時候犯下太過謹慎和分析過度的錯誤。

「瘋猴心寧可你舒舒服服待在家裡，尤其當你威脅著要幹一件高風險或危險的事。所以進步的唯一方法，就是練習嚇嚇它、經常帶它走出舒適圈。這會增加大腦的轉速，提高它的能力與表現。當你衷心信任自己的本事，瘋猴心就能放鬆讓潛意識自由發揮，進入自動駕駛模式。這時，化境自會對你招手。」

這不表示你得從飛機上一躍而下或者索性辭掉工作；許多人覺得一時興起扔掉手機、聞聞玫瑰花香也同樣恐怖——和有益處。不論我們的舒適圈在哪兒結束，那裡就是通往夢想國度的起點。奧運七項全能冠軍丹妮絲・露易斯是希望我們胸懷大志、力爭上游的運動員大軍之一。「釋放心靈的潛能，」她說，「首先不要給自己的身心設限。如果你每天早晨抱著那樣的心態醒來，就會一邊做著日常工作一邊想著：『我要去哪裡生出那麼多時間？』我們都低估了自己；我以極大的熱情向孩子們灌輸這個觀念：學著不要侷限自己。每個人腦中都有負面聲音，但重點是想辦法壓制它，勇往直前……」

* * *

當然，以上所說的不是非做不可。在一本幾乎完全以贏家為主題的書中，此刻聽到「輸贏並非一切」這句話，恐怕是一大震撼。但在運動冠軍選手的施展環境中，勝利具有明確定義，不論是奧運金牌或其他東西。日常生活並非如此黑白分明，成功的定義比較模糊。如果你是個上班族，勝利的本質究竟是什麼？透過暗箭傷人爬過中階管理層？

不論任何領域，爬上巔峰都需要全神貫注和頑強的決心，但這兩者也可能造成缺憾——尤其是人際關係。為了單一目標付出一切，本質上是自私的：這樣的動力意味著忽略一切不相干的旁騖，不論是人或其它。相較之下，絕大多數人擁有不只一個夢想，總是馬不停蹄地在家庭生活、人際關係、事業和嗜好之間來回奔波。然後還有生命中突如其來的轉折，有可能徹底改變我們的優先順序。

索拉・芮恩（Thora Rain）是在英國劍橋執業的健康保健醫師。這名冰島醫生的專長是解決醫學無法解釋的「福爾摩斯式」症狀；她本人在攻讀博士的六年間，罹患了肌痛性腦脊髓炎（ME）和纖維肌痛症（fibromyalgia）。芮恩後來完全康復，如今利用自身經驗幫助人們進入「心流」狀態，對象從企業高層到受疾病所苦、只求活下去的人都有。

「心流發生在我們的專注力、身體和其餘種種合而為一的時候，」芮恩告訴我，「我們有時候因為一切正巧結合起來而闖入這種狀態，但問題是如何讓它一再出現。我們在馬斯洛的需求層次爬得越高，越有機會進入心流狀態。人在一帆風順時很容易得到心流，但當你很想大聲喊『啊……』的時候，就特別需要懂得如何盡可能活在當下。如果你受到高度痛苦或飢寒，要進入心流狀態就困難許多。透過大量練習是可以做到的，但你不可能從絕望狀態直接跳進心流，你得一步一步來。」

有趣的是，芮恩認為絕大多數宗教與信仰儀式都是以進入心流為目標，「感受自在、和諧、平靜以及渾然一體的愛」。但人的一生不可能時時刻刻幸福快樂，所以心流狀態的重點並非只是充分發揮極限；它也可以在生命遭遇重大挫折時給予扶持。

「追求高績效的人幹勁十足，」芮恩補充說，「但是病後初癒的人或許只求擁有理想的健康狀況，而這就需要大幅放慢生活步調。那也很好。所以關鍵是『理想的表現』。如果你想遊手好閒度過餘生，那就是你的『理想表現』。重點在於維持幹勁，同時當生活太過艱難時，允許自己癱倒在角落裡。有些病人誤以為康復之後，所有事情將完美無缺。但生活仍繼續進行……你照樣會感冒、照樣希望自己有更多錢、家人照樣會生病。所以我想，我們應該對自己更寬容一些。」

* * *

彼得・普利斯（Pieter du Preez）立志代表南非參加二十三歲以下組別的鐵人三項比賽──直到二〇〇三年騎單車時被汽車撞到。他撞斷了頸椎，導致胸部以下癱瘓。當他第一次嘗試自己穿衣服，花了十五分鐘才穿上一隻襪子。這時，他激起了運動生涯鍛鍊出的拚勁，加上身為精算師對數字的執著，他開始為自己設立不切實際的挑戰，以求回歸正常生活。

「回家以後，我為自己計時，看看多久能換好全套衣服，」普利斯說，「總共花了五十一分鐘，我累死了。我告訴自己，每天這樣搞不是辦法，所以我設定了十五分鐘內著裝完成的目標。以頸椎第六節以下四肢癱瘓的患者來說，這樣還不賴。所以一開始我穿十五分鐘，然後停下來請別人幫忙。我每天計時，慢慢接近目標，一個月後做到了。但我不打算停在那裡。我給自己設了『不可能』達成的七分鐘世界紀錄，心裡並沒有把這個目標當真。但有一天我睜開雙眼，十分鐘內穿好衣服，大約兩個月後，達到了七分鐘的目標。

「我的動作越來越快，但我其實不是能夠動更多條肌肉，而是越來越懂得如何運用我所擁有的過日子。當人們對我說『你辦不到』時也有幫助，因為我心裡想：『去你的，我做給你看……』我沒有每天計時，但目前的紀錄是兩分四十一秒。這讓我知道凡事皆有可能。看見障礙沒關係，障礙就是拿來突破的。」

普利斯無法緊握手掌或移動手指，他的力量完全來自二頭肌和肩膀。他承認運動員背景幫助他應付額外的肢體需求、面對「所有事情都很費勁」的生活。正因如此，他對其他類似殘疾人士面對的巨大掙扎充滿同情。但當他開始克服日常生活，為何不繼續往前？何不重返他最熟悉的領域？儘管他只能以類似雙臂仰式的動作游泳，他的腦中很快蹦出一個行不通的念頭：成為第一個四肢癱瘓卻完成鐵人三項的運動員。

「像我這種情況的傢伙會告訴你那是不可能的，」他說，「他們抱著懷疑，說我肯定有更多肌肉功能。但那跟穿衣服一樣，是一個無法企及的夢想——不可能一步到位。你一路設定小小的目標，不斷嘗試，一步接著一步走，一天天訓練下來，你慢慢地、穩穩地攀登那座大山。然後你開始擁有越來越多信念。第一次參加半鐵，我的成績優異，我開始思索或許可以參加全距離比賽。心態的轉變真讓人驚訝。一旦完成一件『不可能』的任務，事情突然變得可能了。

「我知道進入化境的方法；我在運動中有多次『化境』經驗——但沒有一次可以媲美那第一次鐵人比賽。我不只比賽當天得心應手，接下來六個月都處於白熱狀態。我一心一意追逐夢想，達到前所未有的專注。那是冥思和性靈上的事。我是個有信仰的人，所以對我而言，這也是一趟與上帝同行的旅程。我無法形容那份感覺有多麼特殊。進入化境是一種特別的感受，一旦身處化境就會明白……」

普利斯長期沉浸在這樣的人間天堂，就算不可想像的厄運降臨也沒有將他打入凡塵。賽前六星期，在他前面的另一名單車手突然迴轉，害他前臂斷成三截。沒時間癒合，於是醫生幫他裝上了骨板。前方有超過兩百公里的煉獄等著普利斯，是到了好好計算的時候了。

「我只靠手臂就完成所有事情，」他笑著說，「所以顯而易見的，每個人都說你辦不到。但是我熟讀資料，試圖了解我所運用的每一處肌肉，以及該如何使用。我每星期照X光並且增加訓練強度，看看身體能否承受，或者我是否造成了任何傷害。然後我們在開賽前兩星期打電話說：『好吧，我們會拚拚看。』我冒了一個風險，但卻是經過精心計算。鐵人比賽向來是一場心理戰：心靈才是真正的戰場。每個人都知道這一點，但唯有當你著手做一件重大事情時，才會明白這場心理仗有多難打，你得設法抵抗這些念頭：『你不會成功的，別亂來……』

「以我的種種條件和一條斷掉的手臂來說，情況簡直瘋狂。但這是一趟信仰之旅。只要你用了對的、聰明的方法，任何事情都有可能。天候絕佳，所有事情都照計畫進行。儘管如此，過程並不容易。我無法在手臂上施加任何重量。但我還是以一條斷掉的手臂完成了第一次鐵人比賽。事情就是那麼瘋狂。你得明白這其實多麼不可思議……而我做到了。真是奇蹟。」

沒有人會反駁這句話——但這是他自己創造的奇蹟，源於一顆不達目的絕不罷休的心靈。要將不可能的夢想化為奇蹟般的現實，還得仰賴種種小細節，例如和職業選手一樣每週訓練四十小時。聽起來，這個「過程」把痛苦推上了一個新的境界，但這卻是普利斯最珍視的部份。

「重點在於攀登的過程，」普利斯強調，「的確，峰頂的景觀很棒，但最美好的部分是一路往上爬的整趟旅程。我們應該盡情活著、勇於追逐夢想，但過程是最重要的。『活出你的夢想』是一句老話，但人們需要知道自己在說什麼；那就像結婚時說的『我願意』。你必須全力以赴、持續嘗試、不要卻步。你必須平衡所有重要的事情，別忘了家人、朋友和其餘一切。那麼就算始終無法實現夢想，你也不會失望。比起從未踏上嘗試的道路，你跟夢想的距離已接近了許多。

「意外之後，所有人都告訴我：『你得到了生命的第二次機會。』我完全不同意，因為那天我沒有做錯什麼事情。意外不是我造成的，我也沒有嘗試任何新把戲。我可以選擇晚一秒鐘出門，那麼事情就不會發生了。所以我不覺得那場意外是個必然。不過那一年出了很多事，這場意外是一切的頂點。我的精神狀態和心理準備達到了巔峰；我原本把生命發揮得淋漓盡致，完全不遺餘力。後來我就這麼保持下去——只不過身體稍有改變。所以那不是第二次機會，我只是接著做原本在做的事。

「那就是我衷心相信自己天生要當個殘疾人的原因。或許事情本該如此吧。我不能說我喜歡坐輪椅；我熱愛自由奔跑，那是我最愛的事，所以當我見到人們跑步……我不是不懷念這一切，不過我已做好調適。我繼續生活、繼續追逐夢想。最美妙的是，坐上這張輪椅以後，我還沒碰上任何一個倒楣的日子。我還是我。彼得．普利斯只是變得越來越強大，而我從生命中得到多出許多的體悟。」

不論生命在他面前設下什麼阻礙，普利斯決心持續學習。如今又有一項新的挑戰在前方虎視眈眈；由於無法治療的眼部退化病變——一種遺傳疾病，跟那場意外無關——他正「忙著變瞎」。「超級彼得」承認在體育競賽上，他現在是在跟時間賽跑，但他有許多夢想，包括鐵人比賽達到低於十二小時的成績、創下馬拉松世界紀錄，以及成為第一個游泳橫渡英吉利海峽的四肢癱瘓人士。

即將承受的痛苦值回票價，因為普利斯不是只想著自己受益；還有一整個星球等著他鼓舞。事實上，他堅稱每個人都可以把這些原則運用在自己的生活上；事情無關乎追逐獎牌、奪冠或其他榮耀，重點是活著的每一刻，不論當時看來多麼微不足道。每一次跟別人接觸，我們都有機會留下自己的印記。當我們留意自己的存心，就能引來真正的偉大。

「我覺得自己天生是當殘疾人的料，因為我現在幫助的人，遠比以前多得多，」他補充說，「然而，甚至在意外之前，我就已在不知不覺中影響了許多生命。來醫院看我的人，有一大半我不認得，如果是他們出意外，我不會去探望他們。這麼說讓我很羞愧，但也讓我領悟我們每天在人們的生命中起到什麼作用、我們如何在無意間影響和激勵彼此。這應該能讓每個人覺醒，因為我們應該思索自己時時刻刻所做的事情。的確，偶爾幹幹傻事很有趣，但請想想你對別人造成的影響。

「重要的是明白我們都有啟迪的力量，不論身體健全與否。每個人告訴我我有多麼激勵人心，但他們不知道當他們跑來對我這麼說，對我是多大的啟發和鼓勵。所以人人都具有力量。當我遇到難關、苦苦掙扎時，不禁納悶：『這麼做到底所為何來？』不過我是為了其他人而努力，因為我們彼此砥礪。那傢伙今天看到我，而我激勵了他；他看見我這項事實激勵了我，幫助我更努力訓練。這是一個完整的循環，彼此相連。

「我最喜歡格言是，當壞事發生，就是成就大事的機會。激勵別人要從自己內心做起。你首先必須搞定你的內心。在諸事不順時維持正向思維，聽起來非常困難。那不是個容易的選擇，而且需要花時間。但你越常練習，越容易變成第二天性，習慣成自然，然後負面選項就很難出現了。人們以為必須成為世界冠軍才能激勵別人，事實上只要親切對待超市結帳人員就可以了。每個人都又累又忙，但在那一刻，你給了他們一個笑容。你也許不認為這麼做能啟迪人心，但那個笑容改變了他們的一天。親切待人是件簡單的事。你不一定要當個超級英雄才能激勵人，一個面帶微笑的正常人就行……」

* * *

這本書借重全世界最偉大的夢想家和最專注的謀略家的證詞，顯示我們每個人都有機會成為魔法師。任何一個有夢的人，只要全心全意追逐自己的夢想，就可以跟隨這些偉大人物的腳步一路爬上世界巔峰。

贏家如何思考？他們不思考。原始的夢想並非來自頭腦，而是來自心中：懷想。不論過程多長，他們不是認為自己辦得到，而是知道自己辦得到：相信。最後，要真正爬上峰頂，他們索性停止思考：實現。

只要我們停止壓抑自己，或者停止相信那些還沒體會這項普世真理的人，每個人都有實現夢想的潛力。當我們終於給予夢想應有的關注，回饋是從自信到自律、從自知到自尊等種種巨大轉變。然後我們猛然領悟，每個人心中都藏著讓夢想成真的力量，即便過程一開始更像一場惡夢。

請多包涵，我並非完全不切實際。我們生在一個不平等的世界，許多人一心只求溫飽，根本沒有機會像這些明星一樣追求夢想。英國運用樂透基金讓有前途的運動員能夠專心受訓，不必時時刻刻擔心付不出帳單；之後，英國的奧運獎牌數便突飛猛進，這一切並非巧合。不過絕大多數夢想家拿不到天外飛來的現金，把他們推上馬斯洛需求金字塔的更高層級；我們只能靠自己加油。

即便有餘力懷抱遠大夢想的人都應該好好算一算：每一名贏家背後，都有不計其數看似失敗的夢想家。不論我們試圖實現什麼夢想，就算我們一絲不苟地完成每一個步驟，到頭來說不定仍得面對精神力量達到另一個境界的競爭對手：另一個艾德溫·摩西、納迪婭·柯曼妮奇或亞歷克斯·辛尼迪。

當最後的「成功」並非十拿九穩，追逐單一夢想似乎是一場豪賭。而且追逐夢想的路上必定會遭遇重重阻礙，任何一個阻礙都可能成了過不去的難關，特別是對那些仍然相信「渺小的我」的人而言。儘管人們樂得假設自銀牌以下的每個人都是輸家，但這類「挫敗」並不丟臉。不論我們熱衷於藝術、生意、家庭或「區區」生存，成功的秘訣是享受全力以赴的過程，知道自己沒有浪費任何天賦。不論我們在哪個領域付出心血，每一筆投資都會帶來回報——往往還附帶利息。如果這本書中的例子足堪典範，那麼能量守恆的普世定律就不只是物理定律，還能套用在生活中的廣大領域。

幸運的是，有多少不同的物種，就有多少種實現夢想的方法。勝者之間的共通點，在於他們學會駕馭心智，懂得如何剷除多餘的負面思惟。他們持續編織有違勝算的夢想，因為他們知道真正的快樂來自追逐，而非獲得。那些射中星星的人，後來往往認為過程——不論當時看來多麼艱苦——帶來的滿足，遠遠勝過一開始吸引他們投入其中的耀眼報酬。而且，夢想家在過程中必然有機會造訪化境，沒有什麼比得過這樣的經驗。

所以，或許是時候給予夢想應有的尊重了。夢想很容易遭到忽略——起碼暫時如此——但不會被糊弄到放棄我們。那是因為夢想具有引領我們走向生命真正意義的超強本領。在這條寬闊無邊的道路上，甚至有足夠空間讓數十億台夢想機器橫衝直撞——而不致於引發重大行車糾紛。

如果你自己的夢想機器熄了火，有許多人會奮不顧身來推一把。最燦爛的夢想總會驅策我們幫助別人，而不是自顧自地追求勝利。這並不是說靠別人來實現我們的夢想，而是讓他們的夢想透過我們獲得實現，而我們最後也必然因此而受益。

凱西．弗里曼之類的人物顯示，要鼓起堅定的勇氣來展開夢想，最主要的後盾不是金錢，而是愛。愛也是毅力的基礎，幫助我們堅持到最後。在愛的包圍中成長的幸運兒會將愛傳遞給下一代，同樣地，我們當中的夢想家也決心幫助下一代勇敢築夢。他們知道真正的「幸運兒」是那些享有最大榮幸的人：有機會成為別人夢想的一部份。

順帶一提，我們每個人都是幸運兒。我們不需要奧運獎牌來激發自信，幫助我們展開這趟旅程。不論你是一名家長、朋友、老師或全然陌生人，你有機會幫助或阻礙周圍每一個人的夢想。每天如此。不論你喜不喜歡，我們全都注定成為不經意的催眠師，所以不妨散發正面力量。幫助他們綻放笑容，雙方最後都是贏家。

致謝

這本書是根據上百次的採訪寫成的，所以我最需要感謝的，莫過於那些付出時間跟我交談的運動明星。從小到大，這些人的事蹟讓我折服，每次跟他們碰面，我總會激動不已，從未改變。所以能得到他們慷慨分享關於這項超現實主題的心得，真的是一大榮幸。遺憾的是，書中幾位英雄如今已離開人世——我要拿這本書來緬懷漢尼斯・亞克、席德・華金斯和丹・威爾頓。

勞倫斯體育公益基金會值得拿到最多張感謝票。他們的年度世界體育大獎首度在倫敦頒獎時，我有幸參與大典；那是我廣泛結識超級名星的開端，從勞倫斯體育學院的成員開始，全都是貨真價實的傳奇人物。我曾不辭千里跑到全世界五座不同城市參加這項盛會，因為那是體育專欄作家的天堂。特別感謝幫我敲定這麼多採訪機會的每一個人——尤其是 Aby Hawker、David Alexander、Nadia Nightingale、Mark Baldwin 和 Roger Kelly。

見到大人物的另一個絕佳機會是古德伍德競速嘉年華會，感謝 Gabby Zajacka、Sarah Alexander 和其他人的熱心協助。我也曾在其他場合捕獲傳奇人物，例如紅牛空中競技飛行大賽、倫敦馬拉松、跨體壇書籍大獎（Cross Sports Book Awards）、印第系列賽事電信會議，以及英國奧運代表隊的行前訓練營。

在我報導F1賽事的十年經歷中，曾有許多人對我提供幫助；我在《狂飆》書中羅列出他們的名字。這次還得向他們致謝，因為我就是從那些年的經歷學會撰寫體育專欄。不過我特別要再度感謝Gerald Donaldson；他對洗拿的採訪動人心弦，促使我在二十五年前踏上這條路。

《狂飆》出版後，我也認識了幾位有趣的運動心理學家和心靈教練。書中最常提到的是唐．麥克弗森；對於唐以如此生動的方式描繪心智的運作方式，我不勝感激。有鑑於眾多運動明星的故事佔了書中大量篇幅，我決定限縮心智專家的洞見，但另有許多人分享了他們的研究成果——包括Thora Rain、Mo Costandi、Enzo Mucci、Ben Chell、Robert Bailey、Gavin Gough和Linda Keen，後者慷慨地提供了她所引用的Alex Zanardi的話。最後還有「心流教父」本人——米哈里．齊克森特米海伊；能跟他討論他的畢生研究，我深感榮幸。

在漫長的七年寫作過程中，我受到無數人協助，無法在此一一提及，尤其是那些來自生活各個層面、告訴我他們曾親臨化境的幸運兒。不是每個人的故事都出現在這份定稿中；事實上，為了行文流暢，我甚至捨棄了幾位大人物的故事。我誠實引述每個人的話，相信沒有誤解任何人的觀點。話雖如此，這本書的結論完全出自於我，如同書中的任何錯誤。

在此特意向United Agents的Jon Elek和Millie Hoskins致謝；他們立即領悟我夢想實現的成品，並且勾起Blink Publishing的Matt Phillips關注這本書。自費出版《狂飆》之後，我無法表達跟業界專業人士合作有多喜悅——特別是Oliver Holden-Rea在編輯過程中的見識與耐性，另外還有Nicky Gyopari、Madiya Altaf、Beth Eynon和Amy Llambias。特別感謝Nathan Balsom設計出如此精美的封面，也要感謝Lizzie Dorney-Kingdom的大力宣傳，讓這本書能送到你的手上。

在毫無資金的情況下投入任何一項計畫，七年都是一段漫長的時間——而且前面六年，我根本不知道這本書是否找得到人出版。在那段期間，我的家人得忍受我沒完沒了地待在圖書館或外出旅行，而這一切完全沒有報酬。他們的愛與支持讓我銘感於心，沒有他們，這本書永遠不可能寫成。

在整本書中，我不斷強調實現夢想並不容易，但可以做到。幸好，每當我心生動搖，我只需要重讀書中這些超級巨星的意念，就能讓我回到正軌。我自己的夢想向來非常清晰：吸引你一路閱讀到這一頁。謝謝你讓我夢想成真。現在，我希望他們的智慧也同樣對你產生啟發，不論你的夢想將帶領你前往何方。

為什麼贏家不思考？：
金牌運動員教你決勝時刻駕馭心智、開發潛能、主宰全場
In The Zone: How Champions Think and Win Big

作　　者：克萊德．布洛林（Clyde Brolin）
譯　　者：黃佳瑜

執 行 長：陳蕙慧
總 編 輯：陳郁馨
責任編輯：張瑜珊
行銷企劃：吳孟儒
社　　長：郭重興
發行人兼出版總監：曾大福
出　　版：木馬文化事業股份有限公司
發　　行：遠足文化事業股份有限公司
地　　址：231 新北市新店區民權路 108-2 號 9 樓
電　　話：（02）2218-1417　　傳真：（02）2218-1009
E-mail：service@bookrep.com.tw
郵撥帳號：19504465 遠足文化事業股份有限公司
客服專線：0800-221-029
法律顧問：華洋國際專利商標事務所 蘇文生律師
內頁排版：中原造像股份有限公司
印　　刷：中原造像股份有限公司
木馬臉書粉絲團：http://www.facebook.com/ecusbook
木馬部落格：http://blog.roodo.com/ecus2005

初　　版：2018 年 2 月
定　　價：360 元
ISBN：978-986-359-485-7

國家圖書館出版品預行編目（CIP）資料

為什麼贏家不思考？：金牌運動員教你決勝時刻駕馭心智、開發潛能、主宰全場 / 克萊德．布洛林（Clyde Brolin）著；黃佳瑜譯. -- 初版. -- 新北市：木馬文化出版：遠足文化發行, 2018.02
面； 公分
譯自：In the zone: how champions think and win big

ISBN 978-986-359-485-7（平裝）

1. 運動心理 2. 運動員

528.9014 106024286